一度読んだら
絶対に忘れない

WORLD HISTORY
PERSON ENCYCLOPEDIA

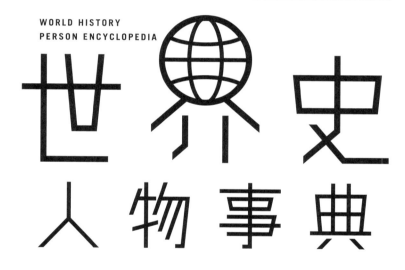

世界史
人物事典

山﨑圭一

 はじめに　人物の業績から読む 世界史のストーリー

　2018年の秋、私はYouTubeチャンネル「Historia Mundi」で配信している授業動画「世界史20話プロジェクト」のエッセンスを詰め込んだ『一度読んだら絶対に忘れない世界史の教科書』を出版しました。

　内容は、ヨーロッパ、中東、インド、中国を中心とした4つの地域を「主役」にして、年号を用いずに古代から現代までを「1つのストーリー」で読み解いた歴史入門書です。

　年代や地域が目まぐるしく変わる一般的な教科書と比べて、「とてもわかりやすい！」という評価をいただき、おかげさまでベストセラーになりました。

　そして、今回、『一度読んだら絶対に忘れない世界史の教科書』で身につけた教養をさらに深めるための「人物事典」を出版することになりました。

　1作目で私が表現したかったのは、歴史の「大きなストーリー」でした。そのため、ひとりひとりの人物のエピソードよりも、国家の動きや王朝ごとの流れを重視した構成になっています。

　そのため、私の元には「もっとひとりひとりの人物にスポットを当てた本が読みたい」というような要望が寄せられています。今回、こうした要望にお応えして、1作目に登場する人物のひとりひとりの業績や人間性に迫るような「人物事典」を執筆しました。

　また、この本から読む方にとっても、一味違った「人物事典」として、十分に楽しんでいただくことができる内容になっています。

　初めて歴史を学ぶ方にとって、歴史への関心と愛着を深めてもらう一番

の方法は、その時代に生きる人物の人間性やドラマを知ってもらう、ということです。また、歴史の転換点でそれらの人物がどのように生き、どのように判断したかを知ることによって、「つながり」や「因果関係」など、より深く歴史の背景を知ることができ、大きなストーリーがよりつかみやすくなります。

　私は公立高校で主に歴史の授業を担当している現役の教員なのですが、よく生徒から登場人物の「ウラ話」をせがまれます。そうしたときに、この本に書かれているような話をすると、生徒の目がかがやき、ぐっと歴史への興味が増していることを感じます。テスト前には「この人物は先生の話で覚えました！」というような生徒の言葉もよく聞かれます。

　そのような私の経験から、この本には背景や周辺知識が歴史への興味を高め、記憶の「接着剤」になって忘れなくなるという、「記憶の助けになるウラ話集」という性格を持たせました。

　この本は、人物に関する短い経歴と、その人物の生涯や歴史的な役割を浮き彫りにする「イチオシ」のエピソードの２つの構成をもっています。この「イチオシ」のエピソードを、私は次の３つの視点から選びました。

---

①「共感的理解」ができるエピソード
②「背景を深く知る」エピソード
③「現在とのつながりを知る」エピソード

　紙面に限りがありますので、この本で紹介した人物にはもっと多くの魅力的なエピソードがあるはずですし、この本に書ききれなかった魅力的な人物がたくさんいます。ぜひ、この本を起点に、より多くの人物の人生に触れ、その魅力も知っていただきたいと思います。

　本書が、さらに歴史を楽しく学びたい、教養をさらに深めたいという方々の少しでもお役に立てば幸いです。

山﨑 圭一

第2章 中東（古代～オスマン帝国）

第3章 インド（古代〜ムガル帝国）

第4章 中国（古代〜清王朝）

CONTENTS

第5章 一体化する世界の時代

第6章 革命の時代

第7章 帝国主義と世界大戦の時代

第8章 近代の中東・インド

第9章 近代の中国

🌐 第10章 現代の世界

本書の構成について

 古代から現代まで、11のブロックを2つのパートに分ける

「はじめに」でも触れたとおり、本書は、「一度読んだら絶対に忘れない」シリーズ第1弾となる『一度読んだら絶対に忘れない世界史の教科書』の「人物編」という位置づけで執筆しました。そのため、本書の章構成についても、第1弾を踏襲しています。

第1弾の構成を表したのが、右の図です。

まず、古代から現代までを11のブロックに分けます。そして、「一体化する世界の時代」を境に、前半を「4つの地域史」、後半を「4つの地域が一体化する世界史」という2つのパートに分けるのです。

次に、各ブロックについてご説明します。1つ目のブロックは、人類の出現や文明の誕生です。2〜5つ目は、「ヨーロッパ」「中東」「インド」「中国」という4つの地域について、古代から世界の一体化の時代までのそれぞれの歴史になります。

そして、大航海時代やヨーロッパ諸国の海外進出をメインとする6つ目のブロック「一体化する世界の時代」以降、4つの地域が一体化する世界史に入ります。7、8つ目は近代のヨーロッパ世界が世界中に影響力を強めていく過程になります。9、10のブロックは、近代のヨーロッパ世界に大きく影響を受けた中東・インド・中国などのアジア世界の変遷です。

最後の11のブロックが、第二次世界大戦後から現代につながる世界の歴史になります。

右の図は、世界史を学ぶうえでのフレームワーク（枠組み）です。要は、世界史の道案内の地図になるのです。

図 H-1 前半は4つの地域史、後半は4つの地域が一体化する世界史

❶ 人類の出現・文明の誕生

4つの地域史

❷ ヨーロッパの歴史

❸ 中東の歴史

❹ インドの歴史

❺ 中国の歴史

❻ 一体化する世界の時代

4つの地域が一体化する世界史

❼ 革命の時代

❽ 帝国主義と世界大戦の時代

❾ 近代の中東・インド

❿ 近代の中国

⓫ 現代の世界

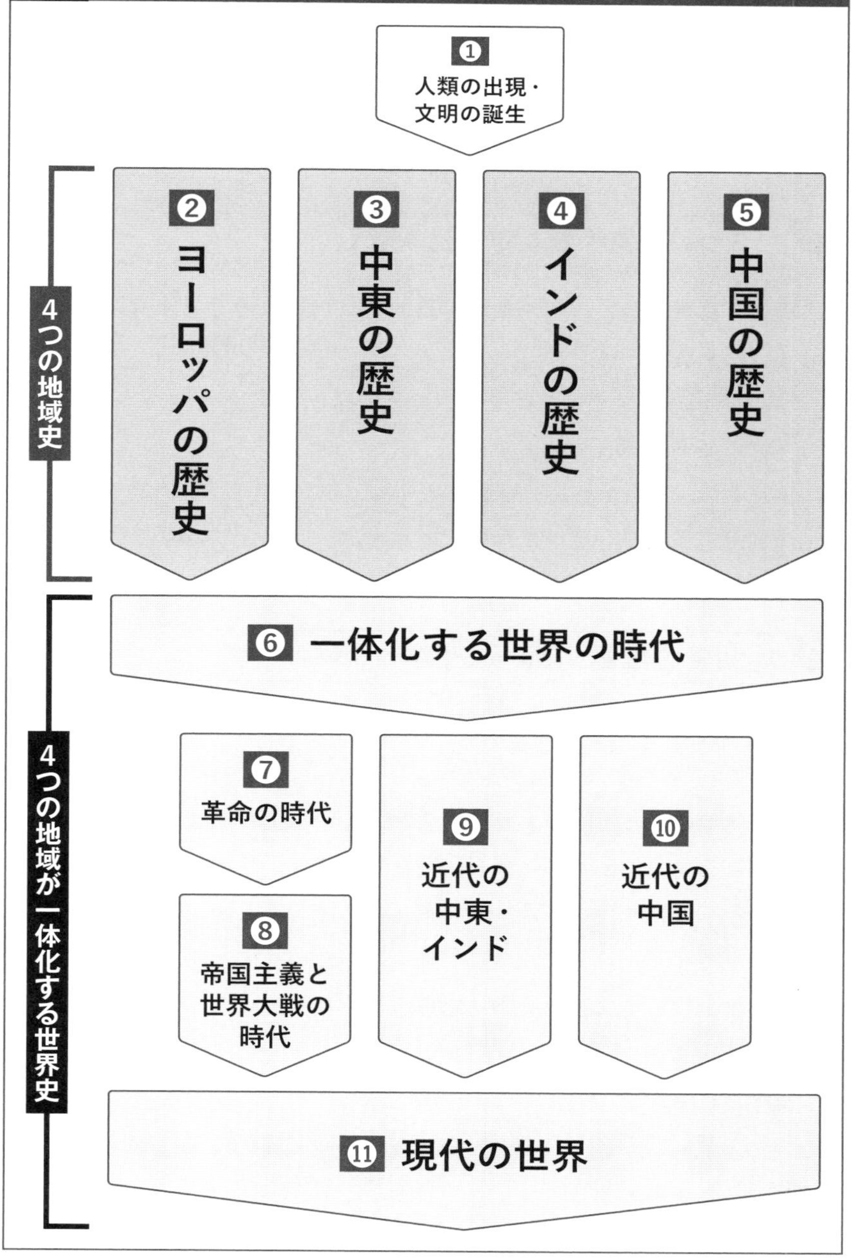

世界史の登場人物を「一度読んだら忘れない」知識にするために

「3つの視点」で人物を読み解く

　本書は、以下の3つの視点を取り入れて、世界史の登場人物233人を紹介しています。

1．"共感的理解"をすること
2．"背景"を深く知ること
3．現在との"つながり"を知ること

　私の動画授業がご好評いただいているのは、この3つの視点を取り入れた人物エピソードの紹介も1つの理由だと思います。

「共感的理解」によって「忘れない」

　まず、「忘れない」視点の1つ目、人を理解するうえで重要と言われる「共感的理解」についてご説明します。

　歴史的人物といってもひとりの人間なので、現代に生きる私たちのように喜怒哀楽があり、私たちと同じような良さや欠点があるはずです。

　そうした人間性に目を向け、「共感的理解」をすることで、その人間像がイメージしやすくなり、忘れない知識になっていくのです。

　たとえば、フランス革命の中で処刑されたルイ16世は、当時の民衆にとっては王権の象徴で、倒すべき「悪人」というようなイメージが一般的には定着しています。

　しかし、実際の人間性は、錠前づくりが趣味というほど手先が器用な、民衆思いの人物だったようです。

　フランス革命期のフランス王ではなく、職人の子にでも生まれていれば、

腕のいい職人さんとして幸せな人生だったかもしれません。

　こうしたエピソードを知ることにより、ルイ16世がグッと身近に感じられるようになると思います。

　すると、ルイ16世を悲劇に招いた事件である「フランス革命」も人間ドラマとしてより身近に感じられ、忘れない知識となるのです。

「背景を深く知る」ことにより「忘れない」

　2つ目は「背景をさらに深く知る」ことです。「そういうことだったのか！」と理解した瞬間に、「忘れない知識」になります。

　たとえば、ルイ16世の妻のマリ＝アントワネットは「オーストリア女」と言われ、フランス国民から嫌われてしまいましたが、その理由は彼女の浪費だけではありませんでした。

　フランスはマリ＝アントワネットがフランスに嫁ぐ14年前まで、300年以上もオーストリアと戦っており、フランスとオーストリアは「宿敵」のような存在だったのです。

　ですから、国民の多くは長らく「宿敵」だったオーストリアと、その王女であるマリ＝アントワネットに大きな反感を持っていたのです。

　マリ＝アントワネットがフランスに嫁ぐことになった理由は、マリ＝アントワネットの母であるオーストリア王のマリア＝テレジアがいわゆる「外交革命」を行ったからです。マリア＝テレジアは強敵のプロイセンと戦うため、外交方針を大きく変え、フランスと手を組むことにしたのです。マリ＝アントワネットは、その「友好のしるし」として嫁いだのです。

　このエピソードからも、マリ＝アントワネットがフランス国民から嫌われた理由の1つがオーストリアとの長年の敵対関係であることがわかり、マリ＝アントワネットがフランスに嫁いだ背景がその母によるオーストリアとフランスの「外交革命」であることが「数珠つなぎ」にわかります。

　第一弾でもお話ししましたが、「数珠つなぎ」にした一連の知識は忘れにくい知識となるのです。

「現在とのつながりを知ること」によって「忘れない」

　３つ目は、私たちが実際に目や耳にできる作品や遺産、テレビや新聞で目にする現代のニュースと、歴史上の人物の「つながり」を知ることです。

　たとえば、プロイセンの「大王」として有名なフリードリヒ２世は作曲家としても知られ、YouTubeで検索すればその曲を聴くことができ、その宮殿であったサンスーシ宮殿を訪れれば執務室と同じように「音楽室」が宮殿の中心になっていることがわかります。

　このことから、プロイセンを一大強国にのし上げたフリードリヒ２世は芸術や文化も愛した王であることがわかり、その宮殿はサンスーシ宮殿であることもわかります。

　本書で紹介する世界遺産や文学、映画、音楽などに触れ、ニュースの背景を知ることでますます歴史を身近に感じていただければと思います。

 ## 「イチオシ」のエピソードに絞って紹介

　こうした３つの工夫をするために、本書ではそれぞれの人物について、「人間像」や「歴史的背景」、「現代につながるもの」など、私が最も興味深いと思う「イチオシ」のエピソードに絞って紹介しています。

　そのため、その人物の主要な業績であっても、本文中でご紹介できていないものもあります。

　主要な業績などは用語集のような「プロフィール」を見出しの部分に載せています。

　前作を読んでいない方や、用語集のように使いたい方は、そちらのプロフィール欄で主要な業績に目を通していただけると、一般的な「人物事典」のように使えます。

　世界史を彩った様々な人物たちの業績を知ることで「タテ」や「ヨコ」、そして「現代との関連性」がさらに明らかになります。この一冊で教養をより深めていただけることと思います。

第1章

ヨーロッパ
（古代〜中世）

ソロン

紀元前640年頃〜紀元前560年頃

貴族と平民の仲をとりもった
アテネの改革者

アテネ（現在のギリシア）出身。直接民主政成立の過程で、最高官となり、対立する貴族と平民の調停者として改革を行った。市民を財産によって等級分けする財産政治を行い、平民の参政権獲得への道を開いた。

 ## 「板挟みにあう改革者」の先例

　私たちが古代ギリシアを学習するとき、アテネの民主政は成人男子の市民全員が政治に参加する「直接民主制」である、と学習しますが、民主政が成立する前には貴族と平民の差があり、平民には政治に参加する権利が与えられていませんでした。また、貴族に借金をしてお金を返せず、奴隷に落ちぶれてしまう平民もいました。こうした、貴族と平民の差や貧富の差が社会の分断を招いていたのです。

　アテネにあって、こうした社会の分断をなんとか調停しようとしたのが**ソロン**です。納税額によって市民を等級に分け、富裕な平民に参政権を与える「財産政治」を始めるとともに、平民が抱えた借金を帳消しにして、「債務奴隷」という奴隷に落ちることを防ぎました。

　しかし、この改革はあまりうまくいかなかったようです。貴族にとっては、平民の権利が拡大することや、自分が貸したお金が帳消しになってしまうのは納得がいかなかったでしょうし、下層の平民たちは、財産という条件がなくても政治に参加できる権利を求めます。

　「改革者」はしばしば、このような板挟みに陥ります。**既得権益者からは改革が行き過ぎていると批判され、もっと恩恵を受けたいという者からは改革が不十分だと批判されてしまいます。**ソロンはそうした、「板挟みにあう改革者」の先駆けといえるでしょう。

ペイシストラトス

紀元前600年頃〜紀元前527年
中小農民を保護し
国力を増大させた僭主

アテネの代表的な僭主。ソロンの改革後も続いた貴族と平民の対立の中で、戦争で活躍して名声を得て、農民らに迎合され、権力を握るようになった。農民救済や積極的な経済政策などで平民の支持を得た。

 ## 国家を変えたのは「人気のある独裁者」

ペイシストラトスといえば、「僭主政治」を始めた人物です。「僭主」とは、「君主を勝手に名乗る独裁者」という意味で、あまりいい意味では用いられません。しかし、ペイシストラトスは、人々にとても人気があったようです。

歴史上、何人もの「独裁者」が登場しますが、その共通点は一定の「人気」があったということです。**国内の人々をその人物の言うことに従わせるためには、カリスマ性がなければなりません。**カリスマ性がない人物はただの「ほら吹き」で終わり、その人物は無視されるだけです。

前ページのソロンは貴族と平民の対立の調停を行うため懸命に「改革」をして努力しましたが、ペイシストラトスは下層の民衆を味方につけ、親衛隊を率いて一気にアテネのアクロポリスを占拠し、僭主政を開始したのです。途中、2度にわたってアテネを追われますが、そのたびに復帰をして18年間にわたって政権を維持しました。その政治は公平で民主的であり、中小農民を保護育成するなどの業績がありました。

「改革者」のソロンがいろいろとやろうとしてもうまくいかず、**「独裁者」のペイシストラトスが強引に国を乗っ取ったほうがうまくいき、むしろ民主政が大きく進展した**、というのはなんとも皮肉ですが、とても興味深いひとつの歴史の典型を示しているようです。

第1章 ヨーロッパ（古代〜中世）

第2章 中東（古代〜オスマン帝国）

第3章 インド（古代〜ムガル帝国）

第4章 中国（古代〜清王朝）

第5章 一体化する世界の時代

第6章 革命の時代

第7章 帝国主義と世界大戦の時代

第8章 近代の中東・インド

第9章 近代の中国

第10章 現代の世界

クレイステネス

生没年不明

**アテネの民主政を
大きく前進させた改革者**

ペイシストラトスやその子の僭主政が続いた後、広く平民の支持を得、改革を行なった。陶片追放（オストラシズム）の制度により僭主の出現を防止し、民主政が大きく前進した。

 ## 歴史上稀な「逆投票」制度

　クレイステネスは「陶片追放」の制度を創設し、「アテネの民主政を大きく前進させた人物」として知られます。ペイシストラトスの息子が失政により追放されたあとに統治者となり、改革を行いました。

　「個人」に国のゆくえを任せるという独裁は、有能な人物であった場合には国が発展することが長所ですが、失政を行う人物の場合には急速に国が傾くことが短所です。クレイステネスはそのため、権力が集中しやすい血縁をもとにした（貴族は「誰それの子」ということでいばるものです）しくみをやめ、地域ごとに要職を選ぶというしくみにしました。

　そして、「陶片追放」を行うのです。この不思議な制度は、民衆に「僭主」になりそうな人の名を陶器の破片に書かせ、一定の得票率に達した者を10年間アテネから追放することができるという、いわば「逆投票」です。

　このしくみは、独裁を防ぎ、市民が政治に参加するという民主政を大きく前進させる画期的なものでした。世界史にはひどい粛清を行った人物がたくさんいるため、「こういうしくみが後世にもあればいいのにな」と、私自身もしばしば思います。しかし、このような「逆投票」のしくみは政争の具になりえるため、その後、歴史に登場することはあまりないようです。アテネでも、陶片追放は口がうまい人に利用され、政治が混乱したということです。

テミストクレス

紀元前528年頃〜紀元前462年頃
サラミスの海戦で
アテネを救った策士

アテネ近郊のラウレイオン鉱山で発見された銀で利益を得て三段櫂船を建造し、サラミスの海戦でペルシア戦争に勝利した。が、その後、陶片追放にあい、アテネを追放された。

第1章 ヨーロッパ（古代〜中世）

第2章 中東（古代〜オスマン帝国）

第3章 インド（古代〜ムガル帝国）

第4章 中国（古代〜清王朝）

第5章 一体化する世界の時代

第6章 革命の時代

第7章 帝国主義と世界大戦の時代

第8章 近代の中東・インド

第9章 近代の中国

第10章 現代の世界

 あだで返された「アテネを救った恩」

興味深い「逆投票制度」である「陶片追放」にまつわる話はさらにあります。高校の世界史の授業で用いる教科書や資料集に掲載されている陶片の写真の多くが、「テミストクレス」という名前が書かれたものです。**テミストクレス**は陶片追放によってアテネを追放された代表的な人物なのです。

しかし、**テミストクレスといえば、高校の授業では「サラミスの海戦」でアテネを救った「恩人」として教わります。**テミストクレスは、ペルシア戦争に際してアテネの海軍を育成し、ペルシアの大艦隊を狭い海域に誘いこんで反転攻勢をしかけ、壊滅させました。この「サラミスの海戦」によってテミストクレスは、アテネはおろか、ギリシア世界全体を救った大恩人になったのですが、そのような人物が陶片追放によって追放された、というのは、アテネの市民に「恩をあだで返された」ような仕打ちをされたように思えます。しかし、テミストクレスにも原因があったようです。独善的で、謀略や策略を好むテミストクレスは、ペルシア戦争後、スパルタに対する敵対心と権力に対する野心をあらわにし、人々に危険視されてしまったようです。

追放されたテミストクレスも「恩をあだで返す」のです。アテネを追放された後、かつての敵であったペルシアの王に身を寄せ、重く用いられたのです。じつに「策士」らしいふるまいだと思います。

ペリクレス

紀元前495年頃〜紀元前429年

「アテネの黄金期」をもたらした
大政治家

アテネ（現在のギリシア）出身。ペルシア戦争後、アテネの直接民主政を完成させ、美術・文芸の振興やパルテノン神殿などの建設で「ペリクレス時代」と呼ばれる黄金時代を築いた。また、ペルシア軍の再来に備え、デロス同盟の盟主として地位を高めた。しかし、スパルタなど他のポリスの反発を招き、ペロポネソス戦争中に病死。

 直接民主政なのに「15年の独裁」

　財産政治や僭主政、陶片追放などの段階を経てアテネは「直接民主政」を完成させます。アテネでは貧富や身分の差なく成年男子市民の全員がポリスの議決権を持ち、重要な公職もくじ引きで選ばれます。支配する者とされる者の区別がない、まさに「民主的」なポリスとなりました。高校の世界史では**ペリクレス**はアテネにおいて15年間にわたって独裁的な権力をふるい、民主政を「完成」させた人物と学びます。

　これは一見、矛盾のように見えます。権力を集中させないはずのアテネの民主政の中で、ペリクレスは長らく「権力の座」にいたわけですから。その理由は、ペリクレスが「将軍職」にあったからです。最高官である執政官をはじめ、アテネのほとんどの公職はくじ引きで決められていましたが、軍事指導者だけは優秀な人物が選べるよう、市民の挙手による選挙だったのです。**「他の役職はくじ引きだが、将軍職だけは選挙」**というしくみにう

第1章 ヨーロッパ（古代～中世）

第2章 中東（古代～オスマン帝国）

第3章 インド（古代～ムガル帝国）

第4章 中国（古代～清王朝）

第5章 世界の一体化する時代

第6章 革命の時代

第7章 帝国主義と世界大戦の時代

第8章 近代の中東・インド

第9章 近代の中国

第10章 現代の世界

まく乗った人物がこのペリクレスだったのです。

この「将軍職」は軍事上の指揮官という名目でしたが、「選挙」で選ばれるため、いつしか政治的にも力を持つようになり、事実上の最高職になります。演説が巧みなペリクレスは15年連続でこの職に選ばれ、「民衆に選ばれた独裁者」パターンのひとつとして、「地上のゼウス」とも言われた権力を持つことができたのです。

 ## 裏目に出た「ペリクレス戦術」

ペリクレスの政策は、下級の役人に日当を支払い、貧民に観劇料を支給するなどの、ローマの「パンとサーカス」のような政策や、アテネを中心とした都市国家の同盟である「**デロス同盟**」の強化などが代表的です。デロス同盟はアテネの「帝国」のようになり、アテネは「ペリクレス時代」の繁栄を迎えました。**デロス同盟の資金をアテネに流用したことは、同盟の都市国家から反発を招きましたが、そのおかげでパルテノン神殿が建てられた**ので、世界の文化史的にはありがたい業績かもしれません。

しかし、ペリクレスに最大の敵が迫ります。それがペロポネソス同盟の盟主であるスパルタとの、**ペロポネソス戦争**です。ペリクレスは「将軍職」である以上、軍事指導者としてアテネを率い、強敵のスパルタと戦わなければなりません。

スパルタとの戦いに際して、ペリクレスは一計を案じました。陸軍にすぐれたスパルタと海軍にすぐれたアテネが戦うのですから、アテネの城壁の中に市民を入れて籠城し、海上での反撃のきっかけをうかがうという戦術です。

この戦法は一時的には効果を発揮しましたが、城壁の中にいるために外の農地が焼き払われて戦意が低下し、城壁の中での密集状態により、疫病がまたたく間に広がってしまいました。ペリクレス自身もこの疫病で亡くなってしまいます。「地上のゼウス」と言われたペリクレスは、独裁者の判断が国を弱体化させるという好例も、我々に見せてくれるのです。

フィリッポス2世

紀元前382年頃〜紀元前336年
マケドニアを強大にした
「アレクサンドロスの父」

ペラ（現在のギリシア）出身。幼少期、テーベの人質になった際テーベ軍の戦法を学ぶ。王即位後は、内紛を鎮め軍制を改革。さらに、カイロネイアの戦いで勝利し、コリントス同盟の盟主としてギリシア世界を制圧した。

 ## 「大王」を生み出した新戦術

ペロポネソス戦争をはじめとする戦争で疲弊したギリシア世界を飲み込んでいったのが、**フィリッポス2世**率いる**マケドニア**です。ギリシア世界の北のはずれにあり、**「異民族（バルバロイ）」扱いだったマケドニアを一躍、強国にのし上げたのが、このフィリッポス2世なのです。**

フィリッポス2世は「**アレクサンドロスの父**」と紹介されることが多く、イメージとしては「トンビが鷹を生む」という印象がありますが、業績を見た場合、むしろこの父こそが「鷹」なのではないかと思えます。

フィリッポス2世は、ギリシア世界の重装歩兵で使われていた槍の倍以上の長さの槍を用いる重装歩兵部隊を組織します。5ｍ近い槍を持つと当然、機動性は失われますが、この重装歩兵部隊を正面に用いて敵の主力を引き受けて足止めし、騎兵で弱点をつくという重装歩兵と騎兵を組み合わせた戦術をつくり出しました。この戦術を大いに活用して大帝国を築いたのが息子のアレクサンドロスというわけです。

また、フィリッポス2世は13歳のアレクサンドロスの家庭教師に**アリストテレス**を招くなど、人を見る目も確かなものがありました。

アレクサンドロスが20歳の時にフィリッポス2世が暗殺され、世代交代したというタイミングも絶妙で、「若き英雄」アレクサンドロスの活躍は、この偉大な父がいたからこそと言えるでしょう。

アレクサンドロス大王

紀元前356年〜紀元前323年

世界帝国を夢見た
若き大王

ペラ（現在のギリシア）出身。フィリッポス2世の息子で、アリストテレスに学ぶ。混乱したギリシア世界をまとめると、東方遠征を行い、ペルシア帝国を滅亡させた。さらに、エジプトからインド西部にかけ、広大な帝国を築いた。征服した各地にアレクサンドリアを建設すると、そこにギリシア人を入植させ、ヘレニズム文化が発展した。

第1章 ヨーロッパ（古代〜中世）

第2章 中東（古代〜オスマン帝国）

第3章 インド（古代〜ムガル帝国）

第4章 中国（古代〜清王朝）

第5章 一体化する世界の時代

第6章 革命の時代

第7章 帝国主義と世界大戦の時代

第8章 近代の中東・インド

第9章 近代の中国

第10章 現代の世界

 ## 教科書でも別格扱いの「大王」

　世界史を学んでいると、「端麗王」「雷帝」「欠地王」といった、ニックネームを冠した君主がたくさん登場します。その中でも、「別格」扱いなのは、「大王」や「大帝」（英語にすると、どちらも "The Great" です）と称えられる人物です。フランク王国のカール大帝、神聖ローマ帝国のオットー大帝（オットー1世）、ロシアのピョートル大帝（ピョートル1世）、プロイセンのフリードリヒ大王（フリードリヒ2世）など、世界史の中でもそうそうたるメンバーがおり、まさに「別格」扱いといえるでしょう。

　しかし、なんといっても、「別格」中の「別格」は、**アレクサンドロス大王**でしょう。多くの高校で使われている教科書でもアレクサンドロスは「アレクサンドロス大王」と書かれています。アレクサンドロス大王の前にはアレクサンドロス1世、2世という人物もいるので、父のフィリッポス2世のように、本来は「アレクサンドロス3世」とするべきですが、客観的

25

な記述が要求される教科書の執筆者にも勢いあまって「アレクサンドロス『大王』」と書かせているわけですから、その影響力は絶大です。

 ## 世界中に残る「アレクサンドロス」の痕跡

　アレクサンドロスはすぐれた戦略、戦術をもってペルシア帝国を滅ぼし、ギリシアからインドにわたる大帝国を築き上げました。ギリシアから率いてきた重装歩兵と騎兵に加え、征服地で得た軽装歩兵を巧みに組み合わせて戦い、常に先手をとって戦いの主導権を握ったのです。

　また、**率いてきたマケドニアの兵士とペルシア人女性を集団結婚させ、自身もバクトリアの女性やペルシアの皇女と結婚するなど、アレクサンドロスなりのギリシア世界とアジアの東西融合政策をとりました。**東西の融合により経済が活発になり、ギリシアとアジアの文化が融合したヘレニズム文化が花開きます。

　帝国内にはアレクサンドロスの名を冠された「アレクサンドリア」という町が各地にできました。最も有名なものはエジプトのアレクサンドリアですが、アフガニスタン第二の都市のカンダハール、トルコのイスケンデルンなど、アレクサンドリアという言葉が現地語に変化した町の名も多く残っています。アレクサンドロスとは無関係のはずのアメリカ合衆国にも、「アレクサンドリア」という町が20近くあり、各地で英雄の名前が「借用」されているのが興味深いと思います。人名でもロシアの皇帝の「アレクサンドル１世、２世」のように使われますし、日本のロックバンドにも「アレキサンドロス」があります。ドイツの管楽器メーカーの名称に「アレキサンダー」というものもあります。

　そればかりではありません。この名前は創作意欲をもかき立てるようです。アニメ「キン肉マン」に登場する超人の名前はアレクサンドリア・ミートですし、アニメ「宇宙戦艦ヤマト」で主人公たちが向かう惑星は「イスカンダル」です。アレクサンドロスの生涯は短いものでしたが、その名前は今も昔も、多くの人に「英雄」のイメージを与え続けているのです。

ハンニバル

紀元前247年〜紀元前183年

宿敵ローマと戦った「世界一の名将」

カルタゴ（現在のチュニジア）出身。イベリア半島を拠点とした。ローマとカルタゴが対立したポエニ戦争のうち、第2回ポエニ戦争でアルプス山脈を越え、イタリア半島のローマに攻め入り、カンネーの戦いでカルタゴを大勝に導いた。しかし、ザマの戦いでローマの将軍・スキピオに敗れ、小アジアに亡命したのち、自殺した。

「ローマ人よりも有名」なローマのライバル

　多くの高校で用いられている世界史Bの教科書でローマの歴史を学習する場合、おそらく、はじめに登場する人物が「ハンニバル」でしょう。ローマの学習をするはずなのに、ローマ人ではない、ローマにとって最大のライバルのハンニバルが先に、そして太字で登場することは違和感を与えますが、それだけ、ローマにとってこのハンニバルが特別な存在であったことを示します。

ローマと戦う宿命だった「親子鷹」

　ハンニバルが生まれた**カルタゴ**は、ローマよりも古い歴史を持つ、フェニキア人が北アフリカにつくった植民市を中心とした国家です。カルタゴはイタリア半島を統一しつつあったローマとは地中海をはさんで向かい側にあり、現在のスペインからリビアまでの広大な勢力圏を誇っていました。

古くから地中海交易で繁栄していた「古豪」のカルタゴに対し、イタリア半島を統一して次のステップを踏み出そうとした「新興」のローマが地中海の覇権をめぐって戦った戦争がポエニ戦争です。

　ハンニバルの父、ハミルカルは第1回ポエニ戦争でローマに善戦しますが、敗北します。ハミルカルはこの敗北でローマに恨みをもち、幼いハンニバルにローマと戦い、何があっても降伏しないことを誓わせたと言われます。ハンニバルがローマと戦うことは「宿命」であったのです。

 ## イベリア半島の兵を率いてローマを急襲

　第2回ポエニ戦争に際してカルタゴは、新たに勢力範囲にしたイベリア半島の軍の指揮権をハンニバルに与え、ローマと対抗させます。そこで、ハンニバルがとったのは「アルプス越え」という手段でした。現在のスペインからイタリアまで、37頭の象を含む5万人の兵で冬のアルプス山脈を越えたのです。この行軍で半分以上の兵が脱落したといいますが、**地中海をはさんで向かい側にあるカルタゴが、まさか「裏手」のアルプス方面から攻めて来るとは思わなかったでしょう。**ローマは大混乱に陥り、滅亡の危機に立たされました。ハンニバルはその後、17年間にわたってローマ領内で戦闘を続けました。しかし、本国の都、カルタゴがローマの攻撃を受けたという知らせが入ると、ハンニバルは急遽、カルタゴに召還され、待ち受けていた**スキピオ**との戦いに負け、屈辱的な敗北を受け入れます。

　しかし、ここで終わりではありません。ハンニバルはカルタゴを立て直し、ローマへの反撃のチャンスをうかがいます。しかし、ローマとの戦争を避けようとする反ハンニバル派にカルタゴを追われると、セレウコス朝シリアに保護を求めます。軍事顧問として迎えられたハンニバルは反ローマの国際同盟を画策したのです。セレウコス朝がローマに負けるとアルメニアに、さらに小アジアのビュテニアに亡命し、ローマへの抵抗を続けます。ローマがビュテニアにハンニバル引き渡しの圧力をかけると、ハンニバルは自殺しました。まさにローマと戦うための人生だったのです。

スキピオ

紀元前235年〜紀元前183年

ハンニバルを破った「ローマの切り札」

第2回ポエニ戦争においてイベリア半島を制圧し、ザマの戦いでカルタゴ軍に大勝し、ハンニバルを破った。息子の小スキピオは第3回ポエニ戦争で、カルタゴを陥落させた。

ハンニバルと重なるその人生

「ローマ人よりも有名なローマのライバル」ハンニバルの、ローマ側のライバルとなった人物が**スキピオ**です。このスキピオがハンニバルを打ち破り、第2回ポエニ戦争をローマの勝利に導くのですが、スキピオの人生は、不思議なほどハンニバルの人生と合わせ鏡のように重なります。

ハンニバルの父が第1回ポエニ戦争でローマに敗れ、ハンニバルが父にローマへの復讐を誓ったように、スキピオの父も第2回ポエニ戦争でカルタゴと戦い、戦死しています。父とともに戦っていたスキピオもカルタゴへの復讐を誓ったことでしょう。戦略面でも、ハンニバルがアルプスを越え、ローマを急襲して「意表をついた」ように、スキピオは南イタリアで転戦していたハンニバルの裏をかいてハンニバルの本拠地であったイベリア半島を襲い、アフリカにある本国のカルタゴも襲うのです。

ハンニバルは急いでカルタゴの救援に戻りますが、**迎え撃ったスキピオのローマ軍とカルタゴ軍の間で戦われた決戦が「ザマの戦い」です**。スキピオの作戦は、ハンニバルが用いた、歩兵で敵の足を止め、騎兵で包囲しローマ軍をほぼ全滅させた「カンネーの戦い」を、そっくりそのまま再現したような包囲作戦でした。ハンニバルと戦ううちに、いつの間にかスキピオはハンニバルの戦略や戦術を吸収し、「ハンニバルの一番弟子」となっていたのかもしれません。

カエサル

紀元前102年頃〜紀元前44年

**ローマに独裁をもたらした
突出した人気と実力の持ち主**

ローマ（現在のイタリア）出身。ポンペイウス・クラッススと第1回三頭政治を結成。ガリア遠征が成功し、名声をあげた。クラッススの死後は、ポンペイウスを破り、独裁者となった。プトレマイオス朝のクレオパトラと結婚し、一児をもうけた。最後は共和主義者のブルートゥスらにより暗殺。『ガリア戦記』などを著した。

 巧みなカエサルの「イメージ戦略」

　古今東西、カエサルについて書かれている書物は山のように存在しています。**カエサルはローマ軍を率いて豊かなガリアを征服し、終身独裁官に就任して事実上の帝政を行いました。**その政治的な能力、軍事的な能力はそれらの書物の中で十分に紹介されていますし、高校の教科書や資料集からも、その偉大な業績を学ぶことができます。

　その業績を支えたのがカエサルの高い人気です。カエサルは人気を維持するため、今でいう「イメージ戦略」を巧みにとったのです。

　元老院とのやりとりを壁新聞にしたり、戦場でのレポートをローマに送ったりしたことなどは、さしずめ現代の「ブロガー」のようです。この戦場レポートはのちの『ガリア戦記』になっていますので、「ブログから待望の書籍化」といったところでしょうか。

　また、カエサルの名言のいくつかは、短いセンテンスで印象的なものが

多く、現在でも多くの人の頭の中に残っています、現代の政治家も、Twitter
などSNSの活用が必須のように、もし現代にカエサルがいれば、良いSNS
の使い手となっていたかもしれません。「ハゲの女たらし」と言われたこと
を逆手にとり、そのキャラを逆に利用し、憎めなさを演出するようなとこ
ろも巧みだなと思います。

短く、力強いカエサルの名言

　カエサルの名言とされる言葉には、のちの創作も多く、本当にそう言っ
たのか定かではないものもありますが、いずれも短く力強い言葉で、いか
にもカエサルが口にしそうな言葉たちです。その名言がカエサルの人生の、
どの時期にあったかを考えると興味深いものがあります。

「賽は投げられた」という言葉は、軍を率いてルビコン川を渡り、「公然と
ローマの法をおかして元老院に挑戦する」という意志を示した名言です。こ
の結果、カエサルは「第1回三頭政治」の一角である**ポンペイウス**を倒し、
ローマは「三頭」から「一頭」の帝政への移行期となりました。カエサル
にとっても、ローマにとっても転機となった言葉です。

「来た、見た、勝った」という言葉は「賽は投げられた」の2年後、現在
のトルコの黒海沿岸にあるポントゥスという国の軍に勝ったことをローマ
に報告した手紙にあるものとされています。この戦いの前年にはカエサル
はエジプト遠征で**クレオパトラ**と出会っており、子どものカエサリオンも
生まれていますので、カエサルにとっては良いこと続きだったのでしょう。
ラテン語では「Veni,vidi,vici」と、頭のVと終わりのIで韻を踏んでおり、
そのリズムの良さにカエサルの高揚した気持ちが伝わります。

　そして「ブルートゥス、お前もか」です。暗殺された時に、一時は親子
同然の関係であったブルートゥスに裏切られたことを悟って放った言葉で
す。古い伝承では「息子よ、お前もか」という言葉が伝わっています。そ
ちらのほうが本当ならば、さらに親密な関係にあった者に裏切られた絶望
が伝わってきます。

第2章　中東（古代・オスマン帝国）

第3章　インド（古代～ムガル帝国）

第4章　中国（古代～清王朝）

第5章　一体化する世界の時代

第6章　革命の時代

第7章　帝国主義と世界大戦の時代

第8章　近代の中東・インド

第9章　近代の中国

第10章　現代の世界

ポンペイウス

紀元前106年〜紀元前48年

**人気、実力ともにカエサルを
しのいだローマの凱旋将軍**

ピケヌム（現在のイタリア）出身。閥族派スラの後継者。
反乱の鎮圧の功によりコンスルに選出され、ローマ東方
を制圧した。第1回三頭政治に参加した後は、カエサル
と対立し、内戦に敗れると、亡命先で暗殺された。

 ## カエサルに敗れた三頭政治の「真の主役」

　高校では「共和政」から「帝政」への移行期に、**カエサル・ポンペイウ
ス・クラッスス**」の第1回三頭政治が行われた、と学習します。この3人
を並べられると、後世の我々からすれば、第1回三頭政治の主役はカエサ
ルのように見えますが、当時のローマの主役は何といってもポンペイウス
のほうでした。年齢の順でいえば、第1回三頭政治の開始時点で、クラッ
ススは55歳、ポンペイウスは46歳、カエサルは40歳と推定されており、カ
エサルは「若造」扱いでした。また、「財力のクラッスス、軍事力のポンペ
イウス、人気のカエサル」と称されていたように、カエサルはその時点ま
で軍事的な手柄が少なく、クラッススから金を借りて、剣闘士競技を開い
て人気をとる、「人気だけの奴」という見られ方をされていました。一方、
**ポンペイウスはすでに3度の凱旋を行った凱旋将軍であり、実力も人望も
絶大なものがあったのです。**カエサルがいなければ、高校の教科書で大き
くとりあげられていたのは、間違いなくポンペイウスのほうだったでしょ
う。

　しかし、人気だけではなく、軍事的な才能もカエサルのほうが一枚上手
だったのです。ガリア遠征の成功によって「出る杭」となったカエサルを
討つために元老院派はポンペイウスと結びます。ポンペイウスは2倍の軍
でカエサルの軍と決戦しますが、敗北してその主役の座を譲ったのです。

オクタウィアヌス

紀元前63年〜14年

数多くの称号を持つ

ローマの帝政の創始者

ローマ（現在のイタリア）出身。初代ローマ皇帝。養父のカエサルの死後、アントニウス・レピドゥスと第2回三頭政治を結成。レピドゥス失脚後はアントニウスを破り、地中海世界を征服。元老院から「アウグストゥス」の称号を受け、共和政の伝統を尊重する「元首政（プリンキパトゥス）」を始めたが、実質は帝政だった。

第1章 ヨーロッパ（古代〜中世）

第2章 中東（古代〜オスマン帝国）

第3章 インド（古代〜ムガル帝国）

第4章 中国（古代〜清王朝）

第5章 一体化する世界の時代

第6章 革命の時代

第7章 帝国主義と世界大戦の時代

第8章 近代の中東・インド

第9章 近代の中国

第10章 現代の世界

 「オクタウィアヌス」か「アウグストゥス」か

　高校の世界史の授業を担当していて、しばしば、生徒が混乱するのは、「カルロス1世」、「カール5世」のように、同一人物が違う名前で登場するときです。ローマを学習するときにも、ローマの初代皇帝である「オクタウィアヌス」と「アウグストゥス」が同じ人物を示すという例があり、先生たちは「オクタウィアヌスが……」とか、「アウグストゥスが……」というように、ごく自然にその2つの名前の両方を使ってしまうので、頭の中で結びつかない生徒は混乱してしまうのです。

 オクタウィアヌスに与えられた多くの称号

　2つの名前（アウグストゥスは称号ですが）を持つ**オクタウィアヌス**ですが、この人物はこの2つの名前だけでなく、様々な称号も持っています。「アウグストゥス」の最終的な称号は「インペラートル・カエサル・ディウ

ィ・フィリウス・アウグストゥス、ポンティフェクス・マクシムス、コンスルXIII、インペラートルXXI、トリブニキアエ・ポテスタティスXXXVII、パテル・パトリアエ」というとても長いものになります（以後の皇帝の称号も同じくらい長いものです）。このオクタウィアヌスに冠された様々な称号を知ることで、オクタウィアヌスの生涯に迫ることができるのです。

「インペラートル」は「最高司令官」のことで、カエサルやポンペイウスなどの凱旋将軍が名乗りました。この言葉は「エンペラー」となり、「皇帝」の意味を示すこととなります。次の「カエサル」は、カエサルが自分を後継者に指名したことを知ったオクタウィアヌスが、カエサルの後継者という意味で名乗った言葉です。これも、英語の「シーザー」やロシア語の「ツァーリ」と姿を変え、「皇帝」という意味を持つようになり、後世のローマ皇帝のほとんどが「カエサル」という称号を名乗ります。そして、「ディウィ・フィリウス」は「神の子」という意味です。これに、「尊厳者」という意味を持つ、元老院から贈られた称号の「**アウグストゥス**」が加わります。すなわち、「最高司令官でカエサルの後継者である神の子・アウグストゥス」としてローマの帝政を始めたのです。

「ポンティフェクス・マクシムス」は「最高の司祭」という意味です。ローマの神官の長として、ローマの神々をまつる役割ですが、のちのローマ帝国がキリスト教を公認し、キリスト教の影響が拡大すると、皇帝たちはローマ教皇にその地位を譲ります。この称号は現在もローマ教皇が名乗っています。そのあとの「コンスル13」は「執政官」に13回当選し、「インペラートル21」は「凱旋将軍の歓呼」を21回受け、「トリブニキアエ・ポテスタティス37」は37年間「護民官」を務めていたことを示します。そして最後の「パテル・パトリアエ」は「国家の父」を示す尊称です。

まさに、皇帝にふさわしい堂々とした称号の数々ですが、**オクタウィアヌス自身は、自ら「第一の市民」という意味の「プリンケプス」を称し、あくまでも市民の代表という建前で実質的な帝政を始めたのです。**その政治は「ローマの平和」と言われる安定をもたらしました。

アントニウス

紀元前82年〜紀元前30年

**クレオパトラと結んだ
オクタウィアヌスのライバル**

ローマ（現在のイタリア）出身。カエサルの部下として、ガリア遠征などで活躍。第2回三頭政治の間にエジプトのクレオパトラと結ぶが、オクタウィアヌスと対立し、アクティウムの海戦で敗れ、自殺した。

第1章 ヨーロッパ（古代〜中世）
第2章 中東（古代〜オスマン帝国）
第3章 インド（古代〜ムガル帝国）
第4章 中国（古代〜清王朝）
第5章 一体化する世界の時代
第6章 革命の時代
第7章 帝国主義と世界大戦の時代
第8章 近代の中東・インド
第9章 近代の中国
第10章 現代の世界

 ## カエサルの後継者はまさかのオクタウィアヌス

　ローマ市民から圧倒的な支持を受け、独裁的な権力を持ったカエサルが暗殺されたことで、その後継者は誰かということに注目が集まりました。人々にその一番手としてみなされていたのは、ガリア遠征ではカエサルの部下として功績を重ね、騎兵長官に指名されていた**アントニウス**でした。また、カエサルが暗殺された年には、2人の「執政官」のうち、カエサルと並ぶもうひとりがこのアントニウスだったのです。アントニウス自身も、自分が後継者になると信じて疑わなかったでしょう。

　しかし、カエサルの遺言状で後継者に指名されたのは、弱冠19歳の**オクタウィアヌス**でした。アントニウスにとって20歳も年下の、しかも無名だったオクタウィアヌスが指名されたことはショックなことだったでしょう。

　しかし、死後の2人のふるまいを見ると、やはりカエサルの目は節穴ではなかったようです。同時代の政治家にも「身体だけは丈夫な無教養人」と言われたアントニウスはカエサルの死後、その遺産を着服します。一方、オクタウィアヌスは個人的に借金をして元のカエサルの兵士たちに給与を支払ったことで、人望を集めました。

　さらにアントニウスは妻であったオクタウィアヌスの姉と離婚し、クレオパトラに溺れたことでローマの人々からの支持を失います。オクタウィアヌスとの決戦に敗れたアントニウスは自殺に追い込まれました。

クレオパトラ

紀元前69年～紀元前30年

斜陽の王朝を守ろうと
奔走した女王

アレクサンドリア（現在のエジプト）出身。弟プトレマイオス13世と共同統治を行ったが、対立し排斥される。その後カエサルやアントニウスと結び、エジプトの存続を図るが、失敗に終わりプトレマイオス朝は滅亡した。

 ## エジプトの存続のために走り回ったその人生

「世界三大美女」「クレオパトラの鼻がもう少し低かったら歴史が変わっていた」などとその美を称えられた**クレオパトラ**ですが、そんな美女でも、傾きかけた**プトレマイオス朝エジプトの滅亡という運命は食い止めることはできませんでした。**

クレオパトラがエジプトの女王になったのは18歳の時。父の死後、クレオパトラは7歳だった弟のプトレマイオス13世と結婚し、共同の王となることになりました（きょうだい間の婚姻はエジプトにはよくあることです）。クレオパトラはローマと同盟関係を結ぶことでエジプトの存続を図りますが、ローマを危険視するプトレマイオス13世の一派はこれを良しとせずにクーデターを起こし、クレオパトラは国を追われます。

国を追われたクレオパトラが頼ったのはローマのカエサルでした。カエサルの愛人となったクレオパトラは弟をエジプトから追い出し、カエサルとの間に一児をもうけます。**しかし、このカエサルが暗殺されてしまうと、こんどはカエサルの部下、アントニウスの愛人となります。**アントニウスがオクタウィアヌスに敗れると、クレオパトラは自殺し、プトレマイオス朝は滅亡します。斜陽の国を必死に守ろうというクレオパトラの姿は、「絶世の美女」というよりも、現代でいえば社内派閥に翻弄されながら倒産寸前の会社のために走り回る社長…そんな姿に見えてしまいます。

イエス

紀元前4年頃〜30年頃

「神の絶対愛」と「隣人愛」を説いたキリスト教の創始者

ナザレ（現在のイスラエル）またはベツレヘム（現在のパレスチナ）出身。アウグストゥスの時代にローマの属州のパレスチナ地方に生まれる。30歳の頃、ヨハネの洗礼を受け、神の絶対愛を説き、宣教を開始。ユダヤ教の形式的な律法主義であるパリサイ派を批判し、ローマの反逆者として十字架刑に処せられる。

第1章 ヨーロッパ（古代〜中世）

第2章 中東（古代〜オスマン帝国）

第3章 インド（古代〜ムガル帝国）

第4章 中国（古代〜清王朝）

第5章 一体化する世界の時代

第6章 革命の時代

第7章 帝国主義と世界大戦の時代

第8章 近代の中東・インド

第9章 近代の中国

第10章 現代の世界

 ヨーロッパ世界の根幹をなす宗教の創始者

　キリスト教の始祖とされる**イエス**は、ローマでいえばアウグストゥスに続く2代皇帝ティベリウスの頃、パレスチナの地で宗教活動を行ったとされる人物です。

　それまでパレスチナの地で信仰されていたユダヤ教では、神が定めた律法を厳格に守ることこそが人としての正しさであると信じられていました。しかし、**イエスはこのユダヤ人の社会の中で、貧しいがゆえに律法を守れない罪びとにこそ神の愛が注がれるのだ、と、「神の絶対愛」や「隣人愛」を唱えました。**

　それまで「戒律」や「神の罰」が唱えられていたユダヤ社会において「神の愛」を唱えたのですから、さぞかしイエスは人々の心をつかんだのだろうと想像できます。しかし、それはユダヤ教の司祭たちの批判につながります。ユダヤ教の神の掟に反したものとして反感を買い、反逆者としてロ

ーマ帝国に引き渡されて十字架にかけられます。しかし、復活したことで、人間が持っている根本的な悪である「原罪」を自らの死であがなった「贖罪の死」と解釈され、イエスを救世主、すなわち「**キリスト**」とする原始キリスト教が生まれました。

　また、聖書では目の見えない人を見えるようにしたり、死人をよみがえらせたり、水をワインに変えたりといった様々な奇跡を起こしたとされています。

　その後、弟子たちによってその教えが広まり、キリスト教は様々な宗派に分かれながらも、世界23億人以上が信仰する巨大な宗教となり、絵画や文学、音楽など、文化的にも様々な影響を与えています。イエスが世界史で最も重要な人物のひとりであることは間違いありません。

 ## わずかに残る「実在」の手がかり

　しかし、イエスのこれらの奇跡や伝説はどこまでが本当なのでしょうか？じつは、**客観的な「史料」の中のイエスは極端に少ないのです。**『新約聖書』の中のイエス像はのちの弟子たちや信者による「キリスト教徒によるキリスト像」ですので、多分に「盛られた」イエス像でしょうから、本当に信用できるのは、「イエスと同時代の」、「キリスト教徒以外」の手によるイエスの「記録」です。

　しかしこの記録は２、３点しか残っておらず、極端に少ないのです。有名なタキトゥスの『年代記』でも「ティベリウス帝の時代に十字架にかけられた人物がおり、それが『キリスト』と称されていた」ということが、わずかにわかるのみです。

　そのことが、かえって歴史学者の興味をかき立てることは間違いありません。もし、イエスの存在を裏付ける同時代の客観的な史料が発見されたら、世紀の大発見となるからです。実在の人物であることは間違いないとされていますが、実在を疑う学説もあります。しかし、その「愛」という理念は今も23億人の信者をひきつけてやまないのです。

ネロ

37年〜68年

歴史に名を残す
「暴君中の暴君」

アンツィオ（現在のイタリア）出身。典型的な暴君として知られる。ローマの大火の罪をキリスト教徒に問い、大迫害を行った。これにより、ペテロとパウロが殉教したとされる。その反面、ギリシアの芸術を愛好した。

第1章 ヨーロッパ（古代〜中世）

第2章 中東（古代・オスマン帝国）

第3章 インド（古代〜ムガル帝国）

第4章 中国（古代〜清王朝）

第5章 一体化する世界の時代

第6章 革命の時代

第7章 帝国主義と世界大戦の時代

第8章 近代の中東・インド

第9章 近代の中国

第10章 現代の世界

 ## 民衆に人気があった「暴君」の真の姿

　数ある「暴君」の中でも、ローマの5代目の皇帝の**ネロ**は、「暴君中の暴君」のように言われます。たしかに、記録では2人の妻や実母、義弟を殺し、政敵を処刑し、資産家たちを処刑してその財産を没収するという「暴君」の名にふさわしい暴れっぷりを見せてくれます。また、ローマの大火災をキリスト教徒の放火のせいにして、**キリスト教徒の迫害と処刑を行ったことで、後世のキリスト教徒からも「暴君」と言われ続けることになります。**戦車競技の騎手や歌手にあこがれ、「ネロ祭」と言われる大イベントを起こし、自ら竪琴を奏で、歌を歌ったということも、元老院から皇帝にふさわしくないと言われる理由になるでしょう。

　しかし、これは歴史の「書き手」である元老院や後世のキリスト教徒たちの目を通した「暴君像」であり、民衆にとってネロは「それなりにいい皇帝」ではなかったかと思います。ネロの治世のはじめの5年間はのちの皇帝にも「名君」とたたえられる安定した政治でしたし、ローマの大火災後の被災者の救済は迅速だったようですし、政争や身内の争いも、民衆にとっては遠い世界の話でしょう。また、民衆にとっては皇帝自身がイベントの仕掛人として「エンタメ」を提供してくれたわけです（元老院からは「乱行」と言われましたが）。ネロは元老院から死を迫られ、自殺をしましたが、庶民たちはその後何年もネロの墓に花を供えたといいます。

ネルウァ

35年〜98年

賢帝にならざるを得なかった「老人皇帝」

ナルニ（現在のイタリア）出身。五賢帝最初の皇帝。暴君と称された前ドミティアヌス帝の政治を改め、元老院とも調和し、秩序再建に努めた。トラヤヌスを養子に迎え、その後の安定した五賢帝時代へと続く。

 ## 強要されて「賢帝」にさせられた皇帝

　ネルウァ帝はローマの黄金期をもたらした「五賢帝」の一番手として、トラヤヌスやハドリアヌス、マルクス＝アウレリウス＝アントニヌスなどと並び称される人物です。しかし、この人物はどうやら、**自らの能力ではなく、置かれた状況によって「賢帝」にならざるを得なかったようです。**

　ネルウァが皇帝となったのは60歳のことです。ネルウァ自身はその前の２代の皇帝に抜擢され、執政官になった有能な人物ではありますが、ローマの基準ではすでに老人といってもいい年齢でした。ネルウァが選んだ執政官も80歳を超えており、「老人政治」と言われました。その前の皇帝が暴君として「恐怖政治」を行っていた反動からか、元老院は無難な老人を選んだのです。

　しかし、先代の皇帝は軍隊には人気があったため、次第にネルウァと軍の関係はうまくいかなくなり、確執が始まりました。親衛隊が反旗をひるがえし、ネルウァの宮殿が兵に囲まれることもありました。

　そこで、ネルウァがとった策は（事実上、軍に強要されたのですが）、軍にも元老院にも評判がよい**トラヤヌス**を後継者に指名することでした。子どもも後継者もいなかったネルウァにとって、**ローマに黄金期をもたらすトラヤヌスを養子にしたことは最大の業績だったでしょう。**ネルウァは強要されて「賢帝」にさせられた、不思議な皇帝です。

トラヤヌス

53年〜117年

ローマの最大領域をもたらした「賢帝中の賢帝」

イタリカ（現在のスペイン）出身。五賢帝のうち、2番目の皇帝。初の属州生まれの皇帝。旧来の元老院と新興勢力議員の均衡を図り、統治を安定させる。積極的な対外政策で、ダキアやアルメニア、パルティアを獲得し、ローマ帝国最大版図を実現。また、ローマ水道整備やアッピア街道の修築など、ローマの都市造営にも力を入れた。

第1章 ヨーロッパ（古代〜中世）
第2章 中東（古代〜オスマン帝国）
第3章 インド（古代〜ムガル帝国）
第4章 中国（古代〜清王朝）
第5章 一体化する世界の時代
第6章 革命の時代
第7章 帝国主義と世界大戦の時代
第8章 近代の中東・インド
第9章 近代の中国
第10章 現代の世界

 ## 皇帝のハードルを上げた「賢帝中の賢帝」

　トラヤヌスは、ローマの五賢帝の中でも、とりわけすぐれた皇帝として紹介されます。数多くの戦争に勝利し、**ローマの最大領域をもたらし、内政においては善政をしき、イタリアの道路網を整備し、貧者や子どもたちの福祉を充実させた**という、まさに、非の打ちどころのない人物です。

　ローマ皇帝にとって、圧力をかけてくる二大勢力というのが、「軍」と「元老院」なのですが、トラヤヌスはもともと軍がネルウァに強要して後継者にしてもらったほどですから、軍には絶大な人気がありました。また、元老院はトラヤヌスにオプティムス・アウグストゥス（最善の君主）の称号を授けていますので、その双方から支持を受けていたことがわかります。トラヤヌス以後の皇帝は「トラヤヌスより優れた皇帝であってほしい」という願いを常に元老院からかけられ続けるのですが、のちの皇帝にとってはとても高すぎるハードルと言えるでしょう。

名声を高めたダキア征服

　トラヤヌスの名声を最も高めたのがローマの最大領域をもたらしたダキア遠征です。ローマにある観光名所、「トラヤヌスの記念柱」にもその遠征の様子が描かれており、トラヤヌスの代表的業績として知られます。

　この「ダキア」というのはローマ帝国にとってはドナウ川の「向こう側」にあたる現在のルーマニアのことで、トラヤヌスが帝国の防衛戦略上、最も重視していた土地でした。

　そのため、トラヤヌスは**ダキアの地をローマの基地とするため、ローマ化を推し進めます。**ダキアの都を破壊し、ダキア人の捕虜を追放して大量のローマ人を入植させます。これは、ルーマニアの人々の目には「よそ者」のローマ人に征服されたように映ります。

 ## ルーマニア人の誇りとなったトラヤヌス

　一般的に、その地域の民族にとっての「よそ者」ではなく、その国の英雄や伝説を民族の誇りとします。ローマに支配された地域でも、エジプトは「ファラオの末裔」だし、ギリシアは「神々の子孫」だし、ドイツはジークフリートなどのゲルマン神話をそのルーツに求めています。どちらかと言えばイタリア以外の国にとってローマ帝国は「よそ者」で、一時的に支配されただけ、という位置づけなのです。

　しかし、ルーマニアは違います。国名をローマに由来する「Romania」としていますし、よそからやってきて支配を「された」はずのトラヤヌスが英雄の扱いになっており、一時は紙幣に描かれていたほどです。また、ルーマニアの国歌でもルーマニア人はローマ人の末裔であることが高らかに歌われ、トラヤヌスの名を挙げて称えるという歌詞になっています。

　それだけトラヤヌスの植民政策が徹底していたということでしょうが、トラヤヌスの名が東ヨーロッパの国歌の歌詞になっていることをとっても、トラヤヌスの「名君ぶり」を感じることができます。

ハドリアヌス

76年〜138年

ローマの平和を守った
守りのスペシャリスト

属州ヒスパニア（現在のスペイン）出身。五賢帝
のうち、3番目の皇帝。先代トラヤヌスが征服し
た地域を放棄し、ハドリアヌスの長城の修築など
周辺地域の防衛策をとって領土拡張政策から安定
維持路線へと転換した。また、帝国内各地を巡回
したことでも知られる。イェルサレムをめぐって
ユダヤ人から反発を受け、戦争へと発展した。

第1章 ヨーロッパ（古代〜中世）

第2章 中東（古代〜オスマン帝国）

第3章 インド（古代〜ムガル帝国）

第4章 中国（古代〜清王朝）

第5章 一体化する世界の時代

第6章 革命の時代

第7章 帝国主義と世界大戦の時代

第8章 近代の中東・インド

第9章 近代の中国

第10章 現代の世界

 ## 拡大志向から現実路線へ

　ネルウァに続き、トラヤヌスも子がいませんでした。ネルウァがトラヤ
ヌスを養子にしたように、トラヤヌスは**ハドリアヌス**を養子にしています。

　ハドリアヌスはトラヤヌスの死の間際に養子になった「末期養子」です
し、養子にするという証明書も偽造されたものではないかという陰謀論が
ありますので、疑惑の皇帝就任と言われます。しかし、ローマ帝国の歴史
にとっては、トラヤヌスのあとにハドリアヌスというのは、非常によい組
み合わせでした。

　私の授業動画や本でも、「攻め」のトラヤヌス、「守り」のハドリアヌス
と表現しているように、**ハドリアヌスはトラヤヌスが戦争によって拡大し
たローマ帝国の「守りを固めた」人物です。**

　皇帝となったハドリアヌスがまず行ったことは「捨てる」ことでした。先
代のトラヤヌスはダキアの他にも、メソポタミアやアッシリア、アルメニ

アにも遠征を行い、非常に広大な領土を実現していたのです。しかし、遠方に広大な領地を持っていることは非常にコストがかかりますし、その東に広がる大国、パルティアとの戦争が避けられなくなります。

　そのため、ハドリアヌスはこのメソポタミアやアッシリア、アルメニアを放棄し、パルティアとの和平をすすめるのです。そのかわり、帝国防衛の要所であるダキアは放棄せずにがっちり固めました。**「捨てるところは捨て、守るところは守る」**という現実路線の政策をとったのです。

 ## 「足で守った」ローマの平和

　ハドリアヌスの「守り」の政策は続きます。ハドリアヌスは「足」で帝国の守りを固めました。ハドリアヌスは21年間の在位のうち、3回に分けて延べ12年間の旅を行って、帝国の各地を見て回り、各政庁や軍団を視察して引き締め、守りを固めます。

　その業績のうちのひとつが現在もイギリスに残る**「ハドリアヌスの長城」**です。この長城は「万里の長城」には及ばないものの、5mほどの高さの壁を、120km近く（東京から日光付近までの距離です）も築くという壮大なもので、北方のケルト人などの侵入を防ぐために設けられました。

　ネルウァ、トラヤヌスに引き続き、さらにハドリアヌスも子がいませんでした。ハドリアヌスは後継者に**アントニヌス＝ピウス**を選びました。アントニヌス＝ピウスは手堅い政治を行い、帝国も安定した時代なので、大きな業績の記録があまり残されていないという「真の」善政をしいた後継者です（この本でも「五賢帝」で唯一、ページを割いていません）。

　建築を好んだハドリアヌスが自らの墓として建てた霊廟が、ローマの観光名所として知られるサンタンジェロ城です。ここにはハドリアヌスからカラカラまでの皇帝が埋葬されました。この廟は中世には要塞化され、「城」と言われるようになり、現在ではその円形の特異な姿で観光客の目を楽しませてくれています。

マルクス＝アウレリウス＝アントニヌス

121年〜180年

ローマが動揺期に入った
五賢帝最後の皇帝

ローマ（現在のイタリア）出身。五賢帝のうち、最後の皇帝。ストア派の哲学者で「哲人皇帝」とも呼ばれる。パルティアや辺境の異民族の侵攻を受け、防戦に努めた。また、洪水や地震などの災害や疫病にも見舞われ、国力は疲弊した。困難の中で自分を省みる『自省録』などを著す。中国の『後漢書』では「大秦王安敦」と称される。

ストイックに徹したその人生

　歴史の先生たちは授業で**マルクス＝アウレリウス＝アントニヌス**のことを「『五賢帝』の5人目にあたり、ストア派の哲学者として『自省録』を著したことでも知られます」と説明します。

　マルクス＝アウレリウス＝アントニヌスというとても長い名前が教科書に太字で記述されているため、生徒たちは逆に興味をもち、案外面白がってこの名前を覚えるものですが、教科書の記述は「五賢帝の最後」としか説明がありません。マルクス＝アウレリウス＝アントニヌスという長い名前の割に、著書以外に皇帝としての具体的な業績が残されていないことに多くの生徒は肩透かしをくってしまうのです。

　それもそのはず、この**マルクス＝アウレリウス＝アントニヌスの皇帝としての業績は、とにかく侵入してくる異民族を追い払う「防衛戦」に終始するものだったからです。**トラヤヌスが広げ、ハドリアヌスが守った帝国

の防衛線は長くなりすぎていました。至る所に異民族が侵入し、「傷口」ができたのです。マルクス＝アウレリウス＝アントニヌスの業績の大半はその傷口を「ふさぐ」ことだったため、教科書にとりあげにくいのです。

　また、マルクス＝アウレリウス＝アントニヌスは「禁欲」を旨とする**ストア派の哲学者**としても知られます。マルクス＝アウレリウス＝アントニヌスの著した『自省録』は、その名のとおり「虚栄心を捨てよ」とか、「一心に働け」とか、「時間を大事にしろ」といった、「苦労人の人生訓」のような、自分に対しての戒めの言葉が果てしなく連なっています。**「ストイック」という言葉は「ストア派」からきていますが、マルクス＝アウレリウス＝アントニヌスはまさにミスター・ストイックともいえるでしょう。**後世、「五賢帝」として教科書に載せると言われても、ストイックなマルクス＝アウレリウス＝アントニヌスは「虚栄」であると、自分から断ったかもしれません。派手な業績が少ないのも、こうした性格からきているのかもしれません。

 ## 経歴に傷がついた後継者選び

　もうひとつ、マルクス＝アウレリウス＝アントニヌスの評価がいまひとつなのは、後継者に指名した息子のコンモドゥスが非常に愚かな皇帝として知られているからです。映画「グラディエーター」でもコンモドゥスは主人公の愚かな敵役として描かれます。実際にコンモドゥスは闘技場にしばしば剣闘士として登場し、剣闘士と戦い、動物を殺しまくるさまを市民に見せびらかしたと記録されていますので、「グラディエーター」の愚かな皇帝の表現は、あながち間違いではないのです。

　しかも、それまでの４人の皇帝のように養子ではなく（はじめの３代は子がいないという実情もありましたが）、実子から次期皇帝を選んだ結果だったということは、マルクス＝アウレリウス＝アントニヌスの経歴の汚点となっています。マルクス＝アウレリウス＝アントニヌスの死によって、ローマ帝国は長い斜陽の時代を迎えます。

ディオクレティアヌス

245年頃〜313年

ローマ末期の大転換をもたらした「剛腕皇帝」

サロナ（現在のクロアチア）出身。古代ローマ帝国末期の皇帝。軍人皇帝時代の混乱を収拾し、「元首政（プリンキパトゥス）」から中央集権的な官僚制による「専制君主政（ドミナートゥス）」へ転換。広大な領土への外敵の侵入を防ぐため、四帝分治制を開始した。また、皇帝崇拝を強制し、キリスト教に対する最大の迫害を行った。

 ## キリスト教徒には「最悪の皇帝」

　ディオクレティアヌスはローマの「専制君主政」を始めた人物です。制度疲労を起こしていたローマの立て直しのため、官僚制度を改め、徴税を強化するという大幅な行政改革を行い、帝国を4つに分割し、東の正帝と副帝、西の正帝と副帝で統治を分担する「四帝分治」を行った人物として知られます。また、皇帝の権威を高めるために皇帝崇拝を強制しました。「皇帝への崇拝を強制した（実際には皇帝を含むローマの神々への信仰を強制した）」ということは、強制に従わない者を罰する、ということでもあります。一神教であるキリスト教徒たちは特にこの命令に従わなかったため、ディオクレティアヌスはキリスト教徒たちの「大迫害」を行いました。火あぶりやライオンの群れに放り込む、といったありとあらゆる迫害が行われたと記録されており、キリスト教徒の歴史家には最悪の皇帝と言われるようになります。

第1章 ヨーロッパ（古代〜中世）

第2章 中東（古代〜オスマン帝国）

第3章 インド（古代〜ムガル帝国）

第4章 中国（古代〜清王朝）

第5章 一体化する世界の時代

第6章 革命の時代

第7章 帝国主義と世界大戦の時代

第8章 近代の中東・インド

第9章 近代の中国

第10章 現代の世界

平民として生涯を終えた「見事な引き際」

　帝国の分割やキリスト教徒の迫害などの業績の数々から、ディオクレティアヌスはかなり「剛腕」な人物、という印象を受けると思います。

　しかし、このディオクレティアヌスの「剛腕」は斜陽のローマ帝国の皇帝としての役割を果たした「ビジネス剛腕」であり、実際の人間性はそれほど激しい人格ではなかったように思えます。

　法律の運用は公平で、納税者の保護を行い、ディオクレティアヌスは民衆から賞賛を受けるほどでした。また、バラバラになりそうな帝国の属州をいくつかごとにまとめて12の「管区」に分け、それぞれに統治人を置き統治に専念させました。内政と軍隊を別系統に分け、軍隊が属州の境界線を越えて行動できるようにして、反乱や暴動を速やかに鎮圧できるようなしくみを整えたのです。キリスト教に対しても、それなりの勢力を持っていてもまだ「新興宗教」の域を超えておらず、弾圧論も一般的なものだったのです。そのことを考えると、「ディオクレティアヌスはよく頑張っているな」、という別の人物像も浮かび上がるのではないかと思います。

　そうしたディオクレティアヌスにとって、ローマ皇帝であるプレッシャーは相当なものだったのでしょう。皇帝としての21年の在位のうち最後の３年間は体調を崩し、何度も倒れながら皇帝を続けています。キリスト教禁止令を出したのは退位の前年ですが、悪化する体調の中でもいろいろ決断をしなければならなかったという皇帝の立場の大変さが察せられます。

　皇帝の位を退くと、やっとディオクレティアヌスに安らぎの時がやってきます。引退後のディオクレティアヌスは平民となり、趣味のキャベツ栽培を楽しむことができました。途中、皇帝への復帰を求められても、キャベツ栽培のほうがいいと断り、最後はいち平民として亡くなりました。一度退位したディオクレティアヌスに復位を求めるぐらいですので、よほど有能な皇帝だったのでしょう。また、復位への要求に対してキャベツ栽培を理由に断るというのも、「見事な引き際」というほかありません。

第1章 ヨーロッパ（古代〜中世）

第2章 中東（古代〜オスマン帝国）

第3章 インド（古代〜ムガル帝国）

第4章 中国（古代〜清王朝）

第5章 一体化する世界の時代

第6章 革命の時代

第7章 帝国主義と世界大戦の時代

第8章 近代の中東・インド

第9章 近代の中国

第10章 現代の世界

コンスタンティヌス

274年頃〜337年

権力抗争を勝ち抜き
ローマ最後の輝きを放った皇帝

ナイッスス（現在のセルビア）出身。ディオクレティアヌス帝退位後の混乱を収拾し、四帝分治から帝国を再統一、専制君主制を再建し、単独皇帝となる。都をビザンティオンに遷し、新しい都とした。また、帝国支配を安定させるためにキリスト教を公認、ニケーア公会議でアタナシウス派を正統とし、アリウス派を異端とした。

観光地となった「張りぼての凱旋門」

　ローマを旅すると、コロッセオのすぐ脇に立派な凱旋門があります。コロッセオを訪れると必ず目に入る、有名な観光地です。この凱旋門は、**コンスタンティヌス**が内乱を制した記念に建てられました。

　ディオクレティアヌスが帝国を4つに分け、西の正帝と副帝、東の正帝と副帝に分けて治めさせた「四帝分治」のしくみは、ディオクレティアヌスの死後、すぐに破綻してしまいます。「皇帝」を名乗る権力者が4人もいるという状況が新たな権力争いを招いてしまったからです。しかも、「西の正帝」だけでもコンスタンティヌスを含め、4人が名乗るという内乱の時代が訪れてしまったのです。

　この内乱を制し、西の正帝に確定したのがコンスタンティヌスです。このときの内乱の勝利を記念したのが、コロッセオ脇の「コンスタンティヌスの凱旋門」です。しかし、今までの皇帝の凱旋門とは違うのが、「内戦を

制した記念の凱旋門」だということです。**他の古代ローマの凱旋門や記念柱は、ローマにとっての外敵を討った記念として建てられたものなのに対し、「ローマ人同士が戦った」戦争に勝ったことを記念しているあたりが、斜陽のローマ帝国をよく示していると思います。**すでに帝国の中心は現在のドイツのトリーアや、現在のトルコのイスタンブールであるビザンティオンのような、「第二のローマ」と言われた都市に移り、さびれたローマには新規の凱旋門を建てる力はありませんでした。コンスタンティヌスの凱旋門のレリーフの多くは、トラヤヌスやハドリアヌス、マルクス＝アウレリウス＝アントニヌス時代の建物のレリーフをはがして貼り付けてつくってあります。立派そうに見えても「張りぼての凱旋門」なのです。

 ## キリスト教の潮目を変えた方針転換

　コンスタンティヌスが西の正帝の座を勝ち取った内乱では、もうひとつの大きな変化が帝国にもたらされます。コンスタンティヌスは内乱を制するため、キリスト教徒の力を借りたのです。「天に光の十字架があらわれ、『このしるしで勝利せよ』という文字が空中に浮かぶのを見て、十字架を掲げて戦ったところ、勝利を得た」という伝説で知られるように、コンスタンティヌスはこの内乱の中でキリスト教に対しての受容を公表し、もはや無視できないほどの大勢力となっていたキリスト教徒の力を借りることにしたのです。ここがキリスト教徒にとっての「潮目」が変わったところでした。西の正帝となったコンスタンティヌスは東の正帝と連名で、いわゆる「ミラノ勅令」を発し、ローマの民衆に信教の自由を与え、キリスト教の信仰を公認したのです。コンスタンティヌスはのちに東の正帝を倒してローマの単独皇帝となり、ローマに最後の繁栄期をもたらします。

　現在、ヨーロッパの人口の75％はキリスト教徒です。これらキリスト教徒たちにとって、コンスタンティヌスはキリスト教の信仰を公認し、のちのキリスト教発展のスタート地点をつくった「恩人」として認識されており、聖人のひとりに数えられています。

テオドシウス

キリスト教に屈服した
ローマ皇帝

カウカ（現在のスペイン）出身。異教徒禁止令でキリスト教を国教と定め、以降キリスト教はヨーロッパ世界で強い影響力を持った。死に際して、帝国を東西に分割し、二人の息子に分与した。

 もうひとつの「カノッサの屈辱」

　中世ヨーロッパで起きた「カノッサの屈辱」という事件は、ユニークな事件の名称で知られ、キリスト教会に破門された神聖ローマ皇帝が雪の中でローマ教皇に謝罪をするというドラマチックな場面があることから、世界史を学ぶ人々にとってはとりわけ記憶に残る事件です。

　じつは、「カノッサの屈辱」の700年前にも、キリスト教会にひれ伏した皇帝がいました。それが**テオドシウス**です。

　テオドシウスと関係が深い陸軍の司令官がテサロニカという町の市民に殺された事件が起き、それに怒ったテオドシウスはテサロニカの市民の虐殺を命じたのです。罪のない数千人のテサロニカ市民が殺されたこの事件に対し、テオドシウスが滞在していたミラノの司教は激怒し、テオドシウスに有罪を宣告し、教会への立ち入りを禁止したのです。

　テオドシウスはこの事実上の破門通告にうろたえました。テオドシウス自身が敬けんなキリスト教徒であり、キリスト教を積極的に保護していたという自負があったからです。テオドシウスはミラノ司教に罪を懺悔して、公開謝罪をさせられてようやく許されたのです。この謝罪の翌年に決められたのが、「キリスト教の国教化」というわけです。

　テオドシウスは死に際してローマ帝国を２つに分けました。決定的に分裂したローマが再びひとつになることはありませんでした。

ユスティニアヌス

483年〜565年
ローマ帝国の復活を狙った
不眠不休の皇帝

タウリジウム（現在の北マケドニア）出身。積極的な対外政策で、次々と領土を拡大し、地中海世界の再統一を果たした。『ローマ法大全』の編纂、中国からの養蚕技術の導入、ハギア＝ソフィア大聖堂の再建などを行った。

 ## ローマの正式な後継国家の皇帝

分裂したローマ帝国のうち、ローマを中心とするいわゆる「西ローマ帝国」はゲルマン人の大移動のあおりを受け、100年も経たずに滅亡してしまいますが、現在のイスタンブールであるコンスタンティノープルを中心とする東ローマ帝国は1000年以上も存続します。中世のヨーロッパではフランク王国や神聖ローマ帝国が西ローマ皇帝の冠をいただき、ローマ帝国の後継国家と自称しますが、なにより**正統のローマ帝国の後継国家は、この東ローマ帝国（ビザンツ帝国）なのです。**

そのビザンツ帝国の皇帝として、最大領域をもたらした人物がこの**ユスティニアヌス**です。ギリシアに拠点を置いていたものの、ローマの後継者としての思いが強くあったユスティニアヌスは、ローマの法律をまとめた『ローマ法大全』を編纂させ、旧ローマ帝国の領域を復活させるために絶え間なく戦い続けて、イタリア半島や北アフリカ、イベリア半島にわたる広大な領土を得ることができました。

しかし、そのあとが続きません。そのあとの皇帝は「不眠不休の皇帝」と言われたユスティニアヌスのような仕事量はこなせず、その領域は保持できなかったのです。教科書や資料集にはビザンツ帝国の最大領域が示されていますが、それはユスティニアヌス一代のものであり、ユスティニアヌス死後のビザンツ帝国は急速に縮小しました。

クローヴィス

465年頃〜511年

**カトリックの洗礼を受けた
フランク王国の建国者**

トゥルネー（現在のベルギー）出身。ゲルマン人の一派フランク族を統一し、フランス北西部にフランク王国を建国、メロヴィング朝を創始。正統教義の三位一体説を受け入れ、カトリックに改宗した。

 ## ローマ系住民に支持された宗教政策

　ヴェルサイユ宮殿と言えば、フランスのブルボン朝時代に建てられたバロック様式の代表的な建築ですが、この建物に入って左側に「戦闘の回廊」というところがあります。「ヴェルサイユ　戦闘の回廊」で、ぜひ検索していただきたいのですが、そこにはフランスが経験したいろいろな戦争について描かれた巨大な絵画がずらりと展示されており、歴史ファンならばきっと楽しめる場所だと思います。その1点目かつ、「お誕生日席」にあたる特別な場所にあるのが、ゲルマン人が建国したフランク王国のメロヴィング朝の王、**クローヴィス**の絵画です。すなわち、**フランスの起源にあたるフランク王国の初代の王とされるクローヴィスは、フランスの「ルーツ」として特別なポジションにある人物、ということがわかります。**

　そんなクローヴィスの最大の業績は**カトリックへの改宗**です。現在のフランスにあたるガリアはカエサル以来ローマの一部となり、重要な食糧生産地となっていました。ローマ帝国の影響が強いガリアでは、キリスト教もローマ帝国が正統派と認めたカトリックが主に信仰されていたのです。

　そこに、「よそ者」としてやってきた異民族の王がクローヴィスです。**ガリアの人々にとって「よそ者」であったクローヴィスが率先してカトリックに改宗してくれたことで、その支配を受け入れやすくなったことでしょう。**この改宗はフランク王国発展の「原点」となったのです。

第1章
ヨーロッパ
（古代〜中世）

第2章
中東
（古代〜オスマン帝国）

第3章
インド
（古代〜ムガル帝国）

第4章
中国
（古代〜清王朝）

第5章
一体化する
世界の時代

第6章
革命の時代

第7章
帝国主義と
世界大戦の時代

第8章
近代の
中東・インド

第9章
近代の中国

第10章
現代の世界

カール＝マルテル

689年頃〜741年

イスラームと戦った
「鉄槌のカール」

エルスタル（現在のベルギー）出身。カロリング家の出身。イベリア半島から侵入したイスラーム軍をトゥール・ポワティエ間の戦いで撃退し、実力者として王国を統一し、のちのカロリング朝の基礎をつくった。

 王をしのぐ権力を握りイスラームと戦う

　クローヴィスがひらいたメロヴィング朝ですが、次第にその実権は宮宰^{きゅうさい}と呼ばれる、宮廷をとりしきる大臣が握っていきました。 その宮宰の代表的人物が**カール＝マルテル**です。カール＝マルテルは機動力の高い騎兵部隊を組織し、周辺の諸部族の制圧と国内の統一を進めます。

　カール＝マルテルに一躍、脚光が当たったのはイスラーム勢力のウマイヤ朝を破った**トゥール・ポワティエ間の戦い**です。北アフリカからイベリア半島、そしてピレネー山脈を越えて迫ってきたイスラーム教徒の強力な騎兵軍団に対し、カール＝マルテルは自らが組織した騎兵部隊の機動力をあえて「捨て」、馬からおろして密集陣形をつくり、「重装歩兵」のように槍と盾、刀で戦い、勝利をおさめたのです。

　カール＝マルテルの「マルテル」という言葉をそのまま訳すと、「鉄槌」すなわちハンマー状の武器、になります。「鉄槌のカール」とは、いかにも記憶に残る強そうな名前です。

　しかしどうやら、この「マルテル」は音が先行した名前で、もともとは「鉄槌」という意味ではなかったようですが、たとえ「あと付け」であっても、侵入してきたイスラーム勢力に「鉄槌」を食らわせたことには間違いありません。改めて、ニックネームとして、「鉄槌のカール」の名で記憶してもいいのではないかと思います。

ピピン

714年〜768年

**ローマ教皇領の起源をつくった
カロリング朝の創始者**

ジュピユ＝シュル＝ムーズ（現在のベルギー）出身。フランク王国カロリング朝を創始。父カール＝マルテルに続き、宮宰として王国を統治すると、教皇にその実力を認めさせ、メロヴィング朝を廃し、自ら国王となった。

第1章 ヨーロッパ（古代〜中世）

第2章（古代〜オスマン帝国）中東

第3章 インド（古代〜ムガル帝国）

第4章（古代〜清王朝）中国

第5章 一体化する世界の時代

第6章 革命の時代

第7章 帝国主義と世界大戦の時代

第8章 近代の中東・インド

第9章 近代の中国

第10章 現代の世界

 ## 教皇との連携を深めたクーデター

　ピピン、というこの人物の名前はかわいらしい響きがあるため、授業でも「カワイイ」という声が生徒から漏れることがあります。さらに「『小ピピン』『ピピン3世』と呼ばれることもあるよ」と言うと、ますますカワイイと言われます。しかも、背が低かったためか、「短軀王（背が低い王）ピピン」と呼ばれることもあるので、どう転んでも、そのかわいらしい響きは変わりません。しかし、この**ピピン**は主君の実権を奪った野心家であり、ただのかわいらしい名前、というだけの人物ではありません。

　フランク王国の王を出していたメロヴィング家は、カール＝マルテルの時代にはすでに実権がなく、カール＝マルテルの一族である「宮宰」のカロリング家のもとに実権がありました。奪おうと思えばいつでもその地位を奪えるのですが、カール＝マルテルはそこまではしていません。

　実際にメロヴィング家から実権を奪い、**カロリング朝**をたてたのがカール＝マルテルの子であった、このピピンなのです。ピピンは実権を「奪った」という悪いイメージを、「権威」をプラスして変えようとしました。それが、ローマ教皇の力を借りるということです。**ピピンはローマ教皇にクーデターを承認してもらうことで、「ローマ教皇公認の王位継承」に仮装したのです。**ピピンはこの見返りに、ローマ教皇に領地を献上しました。これが、「**ローマ教皇領**」のもとになったのです。

カール大帝

742年〜814年

「西ローマ皇帝」の冠を授かり
ヨーロッパ社会の基礎をつくる

アーヘン（現在のドイツ）またはエルスタル（現在のベルギー）出身。父ピピンに次いで即位すると、積極的な対外遠征でブリテン島を除く西ヨーロッパほぼ全域を支配し、教皇レオ3世からローマ帝国の後継者として西ローマ帝国皇帝の冠を授けられる。また、ラテン文芸や学問を奨励し、「カロリング＝ルネサンス」を現出。

トランプのキングに描かれた「四大英雄」

　トランプのキング、クイーン、ジャックには人物が描かれています。キングのモデルになっているのは、実在の英雄4人とされています。スペードはヘブライ王国のダヴィデ王、クラブはマケドニアのアレクサンドロス、ダイヤはローマのカエサル、そして、ハートのキングはフランク王国のカール大帝です。改めて見てみると、それぞれ、手にする武器も違い、描き分け方も特徴的です。

　トランプが現在のようになったのは14世紀から15世紀と言いますから、その時代のヨーロッパの人々にとって、カール大帝はアレクサンドロスやカエサルに並ぶような「四大英雄」のひとりと考えられていたのでしょう。

　フランク王国を率いるカール大帝は広大な国家をつくり上げ、ローマ教皇レオ3世から西ローマ帝国の皇帝の冠を授けられた、「中世ヨーロッパを代表する英雄」なのです。

ドイツとフランス、「2つの名前」を持つ人物

　カール大帝は55ページのピピンの子です。カールは父のピピンの政策を引き継ぎ、南フランスや北イタリア、ドイツ東部、ハンガリーというように東西南北にフランク王国の支配領域を拡大しました。その広大な帝国を保持するために全国に伯という行政官を置き、帝国の統治を効率化します。また、カール自身は文字の読み書きができなかったという説がありますが、イギリスやイタリアから学者を招き、学問の振興は熱心でした。

　カール大帝の征服地は面積こそアレクサンドロスやカエサルが拡大した土地には及ばないものの、ドイツ、フランス、北部イタリアにまたがる大きな国をつくりました。**カール大帝の帝国はフランスの起源でもあるし、ドイツの起源でもあります。**そのため、教科書にも常にドイツ語の名前である「**カール大帝**」とともに「**シャルルマーニュ**」というフランス語名も添えられているのです。ドイツにはカールの王宮の一つが残り、カールが眠るアーヘンの大聖堂がありますし、カールの剣「ジョワユーズ」は「草薙の剣」のような役割を持つ宝物として、歴代のフランス国王の肖像画に描かれ（ルイ14世や15世の肖像画に描かれている柄頭の大きな剣です）ます。

　こうしたカールの存在が、ひとつの議論を生みます。それは、**カール大帝は果たしてドイツ人なのか、フランス人なのか、ということです。**ドイツ人は「カール」をドイツ人だと言い、フランス人は「シャルル」をフランス人と言い、どちらもカールの名を「ひとり占め」したいのかもしれません。フランスとドイツの間にまたがるアルザス地方は、両国の奪い合いになった土地ですが、アルザス地方のように、カール大帝の名は両国の取り合いとなり、論争の対象になったのです。のちの世になっても、ナチス＝ドイツがゲルマン民族の栄光を示すためにカール大帝の名を利用しています。東ヨーロッパへの支配領域拡大に積極的だったカール大帝の名を使って、ヒトラーは東ヨーロッパへゲルマン民族の「生存圏」を拡大していったのです。

第1章 ヨーロッパ（古代〜中世）

第2章 中東（古代〜オスマン帝国）

第3章 インド（古代〜ムガル帝国）

第4章 中国（古代〜清王朝）

第5章 一体化する世界の時代

第6章 革命の時代

第7章 帝国主義と世界大戦の時代

第8章 近代の中東・インド

第9章 近代の中国

第10章 現代の世界

レオ3世

不明～816年

フランク王国と連携を深めた
「成り上がり」のローマ教皇

ローマ（現在のイタリア）出身。フランク王国カール大帝にローマ帝国の後継者として西ローマ帝国皇帝の冠を授けた。ローマ世界・キリスト教文化・ゲルマン社会の融合が体現され、西ヨーロッパ世界の基礎となった。

 カールに冠を与えたクリスマスのミサ

カール大帝に皇帝の冠を与えて「西ローマ帝国」を復活させ、カトリック教会公認の皇帝としたローマ教皇が**レオ3世**です、と言うと、レオ3世の立場のほうが上のような気がしますが、じつは、レオ3世がカールに冠を授けた直後に、レオ3世がカールに臣下の誓いをたてた、ということもあり、その地位関係はどちらが上とも言えないものがあります。

　その理由には、当時のレオ3世の弱い立場があるでしょう。ローマの貧民から教皇に「成り上がった」レオ3世はローマの貴族とうまくいかず、暗殺者から付け狙われるようになります。実際にレオ3世は暴漢に襲われ、命の危機にあったこともありました。

　そこで、レオ3世はローマを離れ、フランク王国に逃げ込んだのです。カール大帝のもとに転がりこんだレオ3世はカールの保護を受け、なんとかローマに戻ることができました。

　そして、ローマに復帰した年のクリスマスのミサで、教皇はカール大帝に皇帝の冠を授けることになったのです。カール大帝の「権力」とローマ教皇の「権威」が結びつき、両者にとってより基盤を安定させることができました。カール大帝はローマ教皇の権威を守る義務が生じ、さぞかしレオ3世は心強かったでしょう。**国王とローマ教皇の協力関係による「西ヨーロッパ世界」**が、ここに始まることになるのです。

レオン3世

第1章 ヨーロッパ（古代〜中世）

第2章 中東（古代〜オスマン帝国）

第3章 インド（古代〜ムガル帝国）

第4章 中国（古代〜清王朝）

第5章 一体化する世界の時代

第6章 革命の時代

第7章 帝国主義と世界大戦の時代

第8章 近代の中東・インド

第9章 近代の中国

第10章 現代の世界

685年頃〜741年

キリスト教会分裂のきっかけをつくったビザンツ皇帝

ゲルマニケイア（現在のトルコ）出身。イスラーム勢力によるコンスタンティノープル攻撃に耐えこれを撃退。東西教会における主導権争いの中、最初の聖像禁止令を発布してローマ教皇権に対抗した。

 ローマ教会とイスラーム勢力の両方に対抗

　カール大帝に皇帝の冠を授けたローマ教皇は「レオ3世」ですが、世界史の中にはもうひとりの「レオ3世」がいます。それがビザンツ皇帝**レオン3世**（レオ3世）です。この人物は「聖像禁止令」を出してイエスやマリアといった聖像の使用の厳禁と破壊を命じ、カトリックと対抗した、というように説明されます。ただ、**この「聖像禁止令」はカトリックとの対抗、という意味だけではなく、もうひとつの宗教勢力であったイスラームにも対抗する、という意味合いもあったのです。**

　レオン3世がおさめるビザンツ帝国はイスラーム圏に隣接しており、国内に少しずつイスラームが浸透してきていたのです。イスラームはその創始者のムハンマドの顔を絵にあらわすことも厳禁であるほど、偶像崇拝を禁止しています。イスラームもキリスト教も根っこは同じ、一神教なので、どちらも偶像崇拝を禁止する、という同じ前提を持ちます。しかし、キリスト教は実質、聖像崇拝を行っているためにビザンツ帝国内のイスラーム教徒から見ると説得力を欠くように思われるのです。そのため、レオン3世は聖像禁止令を出すことになり、「建前をととのえて」イスラームとの対抗姿勢を示したのです。しかし、効果は限定的でした。もともとビザンツ帝国の聖像崇拝文化は根強かったため、レオン3世の死後は聖像崇拝が復活し、イコン（聖像）が代表的なビザンツの美術になっていきます。

ユーグ＝カペー

938年頃〜996年

19世紀まで続く
フランス王の血統の祖

パリ（現在のフランス）出身。カロリング朝が断絶し、王位を継承。以降世襲王朝の形をとり、カペー家の血統はその後のヴァロワ朝・ブルボン朝まで続く。ユーグ＝カペーの戴冠式をもってフランス王国の成立とされる。

はじめは「きわめて弱かった」フランスの王権

　ユーグ＝カペーが開いた**カペー朝**は、フランスに存在した王朝の中でも最長の歴史を持ちます（メロヴィング朝270年、カロリング朝236年、カペー朝341年、ヴァロア朝261年、ブルボン朝203年）。

　カール大帝の死後、カールの孫の代には西フランク、東フランク、イタリアと帝国が３つに分かれてしまい、いずれもカール大帝の血をひく、カロリング家の男子が途絶えてしまいました。このうち、西フランクではパリ周辺をおさめるパリ伯であったユーグ＝カペーが王位継承者に選出されたのです。**しかし、このカペー朝の支配領域はパリ周辺のみという狭さで、王権は「きわめて弱い」と教科書に書かれるほどです。**

　しかし、この弱い王権であったカペー朝が結果的に、フランスで一番の長命王朝になりました。その理由のひとつに、カペー朝では男子が多く生まれ、王位継承がうまくつながったことが挙げられます。その中期には「尊厳王」フィリップ２世、「聖王」ルイ９世、「端麗王」フィリップ４世とすぐれた王が誕生し、王権が強化されるのです。

　そればかりではありません。**フランソワ１世やルイ14世、19世紀のルイ＝フィリップに至るまでフランス王家の全員がユーグ＝カペーの血をひいています。**大きく見れば、ルイ＝フィリップはカペー朝36代目の王とも言え、フランス王国の歴史すべてが「カペー朝の歴史」と言えるのです。

オットー1世

912年〜973年

皇帝の冠を授かった
「もうひとりの大帝」

ヴァルハウゼン（現在のドイツ）出身。イタリア政策を重視、内政は帝国教会政策を採用。レヒフェルトの戦いで、マジャール人を撃退し、ローマ教皇より帝冠を受け、ここに「神聖ローマ帝国」が誕生したとされる。

第1章 ヨーロッパ（古代〜中世）

第2章（古代〜オスマン帝国）中東

第3章（古代〜ムガル帝国）インド

第4章（古代〜清王朝）中国

第5章 一体化する世界の時代

第6章 革命の時代

第7章 帝国主義と世界大戦の時代

第8章 近代の中東・インド

第9章 近代の中国

第10章 現代の世界

 「神聖ローマ帝国」の創始者

　世界史の中で、よく聞かれる「定番」の質問があります。それが「『皇帝』と『教皇』ってどう違うの？」という質問です。そういうときには、**「『皇帝』は通称ドイツ王、『教皇』はキリスト教のリーダーだよ」**と答えることにしています。教科書ではそのあたり（書いてはいるのですが）「親切設計」ではないので、高校の先生はこの質問に答え続けることになります。

　カール大帝の死後成立した東西のフランク王国のうち、「西フランク王国」の後継国家はフランスのカペー朝ですが、ドイツにあたる「東フランク王国」の後継国家は「ザクセン人」という民族が建てたザクセン朝となります。この2代目が**オットー1世**です。オットー1世の最大の業績は、東から侵入したマジャール人（ハンガリー人）を破り、ドイツを守ったことです。**オットー1世は異教徒の侵入からヨーロッパを守った大帝とされ、一躍名声が高まりました。**

　このオットー1世に目をつけたのがローマ教皇のヨハネス12世です。この人物は「色欲に溺れた無頼漢」と言われましたが、そんな教皇に人々は従うわけがなく、おひざ元の教皇領の政治も不安定でした。支持を失ったヨハネス12世はオットー1世に保護を求め、その見返りとしてローマ皇帝の冠を与えたのです。以後、ドイツは西ローマ帝国の流れをくむ、「神聖ローマ帝国」となり、ドイツ王は「神聖ローマ皇帝」と呼ばれるのです。

ウィリアム1世

1027年〜1087年

**イギリス国王の血統の
祖となった「征服王」**

ファレーズ（現在のフランス）出身。ノルマンディー公ウィリアムが、イングランド王国の王位継承を主張。その後、ヘースティングスの戦いでアングロ＝サクソン人の王を破り、イングランド王国ノルマン朝を創始した。

 ## 「最後の審判」になぞらえた国勢調査

　ユーグ＝カペーがフランスの王家のもとであり、血縁をたどれば歴代の王がすべてユーグ＝カペーに行き当たるように、イギリスの王の血縁をたどればすべてこの「征服王」**ウィリアム1世**にたどりつきます。

「征服王」というニックネームでもわかるように、**ウィリアム1世がイングランドを「征服」して建国されたのがノルマン朝です。**「征服」したということは、ウィリアム1世はイギリスの外からやってきた「よそ者」というわけです。実際、ウィリアム1世はフランス王の家臣であり、フランスで生まれ育ち、フランス語を話す「フランス人」だったのです。

「ノルマン」というのは北欧の「ヴァイキング」のことですから、ウィリアムたちノルマン人はフランス人（最も古い時代のケルト人やローマ帝国からやってきたラテン人、ゲルマン人の一派であるフランク人）から見ても、「よそからやってきた」民族だったのです。

　こうした「よそ者」のウィリアム1世が王国を効率的に運営するために行った政策が、中世で初めてともいわれる「国勢調査」です。後世、『ドゥームズデイ・ブック（最後の審判の日の本）』というものものしい名前が付けられる目録集は、イギリスの行政の効率化と中央集権化に大いに役立つことになります。ものものしい名前からは「これから治める国のすべての人の行いを記録してやろう」という征服王の意欲が伝わってきます。

ハインリヒ4世

1050年〜1106年

「カノッサの屈辱」で
教皇に屈服した神聖ローマ皇帝

ゴスラー（現在のドイツ）出身。教皇グレゴリウス7世と「叙任権闘争」を展開し、教皇廃位を決議したが逆に教皇に破門され、教皇が滞在するイタリアのカノッサに赴いて謝罪したが、のちに対立教皇をたて対抗した。

 ## 教科書に書かれぬハインリヒ4世の逆襲

　聖職者を任命する権利（いわゆる「叙任権」）をローマ教皇が持つのか、神聖ローマ皇帝も持つのかという「叙任権闘争」の結果、起きた事件がユニークな事件名で知られる「**カノッサの屈辱**」です。

　世界史の授業では、この事件をローマ教皇の**グレゴリウス7世**に破門された神聖ローマ皇帝の**ハインリヒ4世**が、雪のカノッサ城の前に裸足で3日間も立ち続けて謝罪をし、ようやく許されたと話します。そして、**王権に対してのキリスト教会の優位を示している事件**と説明します。後世のビスマルクは「カノッサに行く」という言葉を、最高の屈辱を意味する言葉に用いました。

　このままでは、ハインリヒ4世はとても情けない皇帝のように見えます。しかし、この事件にはハインリヒの逆襲という「後日譚」があるのです。

　ハインリヒ4世は謝罪後、国内の反対派を一掃して王権を確立します。そして、対立教皇を立て、再び叙任権をめぐってグレゴリウス7世と対立するのです。グレゴリウス7世は再度ハインリヒを破門しましたが、今度は、ハインリヒは「謝罪」せず、兵を率いて南下し、ローマを占領したのです。グレゴリウス7世は捕えられて投獄されてしまいます。

　グレゴリウス7世は教皇を支持する南イタリアの貴族によりようやく救出され、イタリアを転々としながら最後は「憤死」したと言われます。

リチャード1世

1157年〜1199年

「十字軍の華」第3回十字軍で活躍した「獅子心王」

オックスフォード（現在のイギリス）出身。別称「獅子心王」。父ヘンリ2世や兄弟と領土を争った末に即位。父の広大なアンジュー帝国、母のアキテーヌ地方を相続し、フランス大陸部の大半をも支配。第3回十字軍に参加し、アイユーブ朝サラディンと戦うも、休戦講和を結び、イェルサレムを奪回できず失敗に終わる。

 ### ライオンハートの名を背負う王

　王様のニックネームについては、すでにこの本の中でもいくつか紹介していますが、「太陽王」や「征服王」というようなカッコいいニックネームもあれば、「肥満王」「禿頭王」というような「気の毒だな」と思うニックネームもあります。中でもこの**リチャード1世**は「獅子心王（ライオンハート）」という、とりわけカッコいい響きがするニックネームをもらっています。SMAPの曲に『らいおんハート』という曲がありますが、この「獅子心王」リチャード1世との直接の関係はないと思うものの、言葉の響きは「借用」されているのではないかと思います。

 ### イスラームからも称えられた武勇の王

　この、**リチャード1世の名を有名にしているのが、十字軍の中でも多くの英傑たちが集結した「十字軍の華」と言われる**第3回十字軍です。キリ

スト教国側の王は、イギリス王**リチャード１世**、フランス王**フィリップ２世**、神聖ローマ皇帝**フリードリヒ１世**、イスラーム側にはアイユーブ朝の**サラディン**がいます。この中でもリチャード１世はとりわけ勇敢に戦い、イスラーム側からもキリスト教徒随一の騎士とたたえられました。

第1章　ヨーロッパ（古代〜中世）

第2章　中東（古代〜オスマン帝国）

第3章　インド（古代〜ムガル帝国）

第4章　中国（古代〜清王朝）

第5章　一体化する世界の時代

第6章　革命の時代

第7章　帝国主義と世界大戦の時代

第8章　近代の中東・インド

第9章　近代の中国

第10章　現代の世界

 ## 戦場がないと輝けなかった「戦場の英雄」

　しかし、この「戦場の英雄」リチャード１世は、ちょっと視野が狭いというか、少しばかり「戦争バカ」のようなのです。まず、第３回十字軍に参加する段階でお金がありませんでした。資金不足を城や領地、そして官職などを売って工面します。官職売買などは、政治の腐敗を招くわけですので、思慮がやはり、浅いのです。せっかく父のヘンリ２世が服属させたスコットランド王も、お金で主従関係を解消してやってしまっています。

　戦争中も、その戦いぶりは騎士道の模範とは言われるものの、捕虜にしたイスラーム教徒を大量に処刑するなど、残忍な面があったと伝えられており、その処刑の様子は高校で用いる世界史の資料集にもよく掲載されています。「いい子にしていないとリチャードが来るよ」と、イスラーム教徒に「なまはげ」のような扱いをされていたという伝説も残っています。

　十字軍が終わったリチャードに、さらにアクシデントが発生します。帰国途中にオーストリアのいち領主であったレオポルド５世という人物に襲撃されて捕らえられ、神聖ローマ皇帝に売り渡されてしまったのです。神聖ローマ皇帝は身代金をイギリスに要求し、リチャードの母が大金をかき集めてやっと解放されたといいます。これも、レオポルド５世と十字軍中、功を争ったことが発端といいますから、やはりリチャードは、戦争以外のことにはあまり頭が回っていなかったのかも、と推測できます。

　リチャード１世の在位は約10年間ですが、在位中にイギリスに滞在したのはわずか６か月でした。城や領地を売り、官職売買まで行い、そして国を空っぽにして、おまけに次の代の王は愚か者で知られる**ジョン**です。**イギリスの王権が弱体化する**のも、わかるような気がします。

フィリップ2世

1165年〜1223年

**イギリスと戦い王権を強化した
フランスの「中興の祖」**

ゴネス（現在のフランス）出身。別称「尊厳王」。
第3回十字軍に参加するも、イギリス王リチャー
ド1世と対立し、アッコン奪還後に帰国。その後、
次のイギリス王ジョンよりフランス国内のイギリ
ス領を次々と奪取し、領土を拡大し、王権を強化
させた。内政に尽力したほか、ルーブル宮の構築
などの功績がある。

 ## フランスに生まれた「アウグストゥス」

　フランスのカペー朝の中でもとりわけすぐれた王として知られる**フィリ
ップ2世**は、その名も「尊厳王」というニックネームが付けられています。
この「尊厳王」というのはフランス語でオーギュストといい、これをラテ
ン語で読むと「アウグストゥス」になります。フィリップ2世が8月（オ
ーガスト）生まれということもあるでしょうが、初代ローマ皇帝アウグス
トゥスにあやかった名でもあるのです。実際に、**王領を拡大してカペー朝
の王政を決定的に強固にし、イギリスから大陸の領地を奪回したフィリッ
プ2世の業績は「アウグストゥス」の名に恥じないものでした。**

 ## イギリスとの抗争に勝利し王権強化

　フィリップ2世の最大の業績は、イギリスとの抗争に勝利したことにあ
ります。高校の世界史の授業で中世のヨーロッパを扱う場合、「封建制度」

という複雑な主従関係について話をすることになりますが、フランスとイギリスの関係も、この封建制度に絡む複雑な関係でした。

フィリップ2世が王位に就いたときのイギリス王は**ヘンリ2世**という人物です。この人物はフランス王の家臣であるアンジュー伯でありながら、イギリスの王位継承者になりました。

そのため、イギリス王のヘンリ2世はフランス王のフィリップ2世の家臣ということになります。そればかりではなく、その子の「獅子心王」リチャード1世やジョン王もアンジュー伯であり、フィリップ2世の家臣ということになります。

しかし不思議なことに、**フランス王の家臣であるはずのアンジュー伯領はフランスの西半分を占めており、主君のフランス王フィリップ2世が持っていた王領よりもはるかに大きかったのです。しかも、そのアンジュー伯がイギリスに渡れば「イギリス国王」となって、主君であるフランス王フィリップ2世の敵になるのです。**

ここから、弱体な王権を強化し、王領を拡大しようとするフィリップ2世の長い戦いが始まりました。最初のチャンスは、第3回十字軍でした。十字軍を途中で離脱したフィリップ2世は、リチャード1世がまだ聖地で戦っているスキに領地を奪おうと、軍事行動を起こしたのです。

しかし、そこはさすが「獅子心王」です。リチャード1世はイスラーム側との休戦協定をまとめ、フランスに舞い戻ると、次々とフランス軍を撃破して領地を回復していきます。そしてフレトヴァルの戦いという戦闘でフィリップ2世は決定的な敗北を喫します。

そして、イギリスは**ジョン**の代になります。ここで再びチャンスが生まれました。ジョンが女性トラブルで王位継承のライバルを暗殺したことが発覚したのです。名目上の主君であるフィリップ2世はこの不始末を理由にジョンの領土を没収することを宣言し、戦いをしかけます。**フィリップ2世は次々と勝利し、ついに大陸のイギリス領の大部分を手にします。**優秀な「尊厳王」に44年間統治され、フランスの王権は強固になりました。

第2章 中東（古代〜オスマン帝国）
第3章 インド（古代〜ムガル帝国）
第4章 中国（古代〜清王朝）
第5章 一体化する世界の時代
第6章 革命の時代
第7章 帝国主義と世界大戦の時代
第8章 近代の中東・インド
第9章 近代の中国
第10章 現代の世界

ルイ9世

1214年～1270年

その死をヨーロッパ中で惜しまれた
理想的キリスト教徒とされる「聖王」

ポワシー（現在のフランス）出身。「聖王」と呼ばれる高潔なキリスト教徒で、各地に修道院を設立。祖父フィリップ2世の内政を継承し、中央集権化を促進。パリ高等法院を創設し、裁判制度を整備した。また、対外的には第6・7回十字軍を自ら主導したが、2度とも失敗に終わり、最後は北アフリカ・チュニスで病死。

 「ルイ」だらけのフランス王家

　パリのノートルダム大聖堂の近くに「聖王」**ルイ9世**が建てたサント・シャペルという小ぶりな教会があります。ぜひ、検索していただきたいのですが、この教会には「泣けるほど美しい」ステンドグラスがあります。私も、青と赤のステンドグラスが混ざり合い、紫の光が満ちるサント・シャペルのステンドグラスを初めて見たときには感動して言葉もなく、しばらく立ち尽くしたものです。

　ルイ9世、というからにはもうすでに8人のルイが存在していたわけですが、教科書で扱う「ルイ王」だけでも、9世を含め13世、14世、15世、16世、18世と、フランス王にはやたらルイが並びます。「ルイが多すぎてごちゃごちゃする」というのが世界史を苦手とする高校生の言い分ですが、この6人はみんな個性的な王ばかりですので、「数字」だけではなくて、もう少しその人間性に目を向けてほしいものだと思います。

このように、フランス王にルイが多いのは、のちのフランス王家がこのルイ9世を理想として、その名にあやかって「ルイ」という名を多くの子に与えたからだと言われています（「ルイ」は「初代フランス王」の「クローヴィス（Clovis）」の「ローヴィス（Lovis）」が「ルイ（Louis）」と変化したものと言われます）。

十字軍は失敗したが、満点の内政

ルイ9世の「教科書的」な評価は第6回、第7回十字軍の失敗です。成功の確率が高くないと思われる十字軍を2度にわたって強行したのです。第6回十字軍ではエジプトで悪戦苦闘し、兵士の間に疫病が流行って退却しようとしたところをエジプト軍に攻撃され、ルイ9世自身が捕虜になるという大敗北を喫します。ルイ9世自身は身代金と引き換えに解放されましたが、1万人以上のフランス兵が捕虜になりました。あきらめきれないルイ9世は晩年にもう一度、第7回十字軍を起こします。しかし、このときも疫病が流行ってしまい、ルイ9世自身が陣中で病没してしまいます。

一方、ルイ9世の内政は「満点」をつけてもよいほどの充実ぶりを見せます。豪華な服や料理を絶って倹約につとめ、修道院に貧者を招いて施しを行い、反乱がおきてもきっちりと鎮圧し、地方に監察官を派遣して公職を監視し、貨幣を統一し、家臣同士の私戦を禁止するなど、枚挙にいとまがありません。中でも、裁判制度をととのえ、裁判官への賄賂や結婚を禁じ、定期的に転勤させて地域との癒着を防いだことから非常に合理的な考えの持ち主であることがうかがえます。それだけに「内政は満点なのだから、何も無理に十字軍を起こさなくても…」と後世の我々は思ってしまいますが、「聖王」の宗教的情熱がそれを上回ったのでしょう。

ルイ9世は第6回十字軍で捕虜にされた兵が解放されるまで、粘り強くイスラーム側と交渉を続けたといいます。ルイ9世の業績は後世の記録によって「盛られて」いる部分もあると思いますが、責任感の強い優れた王だったことは間違いないようです。

第1章 ヨーロッパ（古代〜中世）

第2章 中東（古代〜オスマン帝国）

第3章 インド（古代〜ムガル帝国）

第4章 中国（古代〜清王朝）

第5章 一体化する世界の時代

第6章 革命の時代

第7章 帝国主義と世界大戦の時代

第8章 近代の中東・インド

第9章 近代の中国

第10章 現代の世界

フィリップ4世

1268年〜1314年

ローマ教皇と争い
教皇を屈服させた「端麗王」

フォンテーヌブロー（現在のフランス）出身。別称「端麗王」。婚姻・相続で次々と領土を拡大する中で、イングランドと戦争になり、のちの百年戦争の発端に。その戦費調達のために教皇ボニファティウス8世と対立した。また、「教皇のバビロン捕囚」やテンプル騎士団の解散で、フランス絶対王政の基礎を作った。「三部会」を初めて招集。

 ## 王権を拡大した「冷淡なイケメン王」

　ニックネームを持ったフランス王が続きますが、次は「端麗王」の異名をもつ**フィリップ4世**です。「端麗」というのは容姿がすぐれているさまですので、さしずめ、「イケメン王」ということになるでしょう。

　官僚制を整備して増税策を実行し、王権の強化につとめ、ローマ教皇を屈服させるなどその手腕は高い評価を得ています。しかし、やや厳しめな政策が多いこともあって「冷淡な王」という評価も受けています。「冷淡なイケメン」もそれなりに絵になりますが、評価が分かれる王であったようです。

 ## 教皇を「憤死」させたアナーニ事件

　フィリップ4世の時代の最大の出来事は「**アナーニ事件**」です。フィリップ4世が教会に課税をしようとしたことに、ローマ教皇ボニファティウ

第1章 ヨーロッパ （古代〜中世）

第2章 中東 （古代〜オスマン帝国）

第3章 インド （古代〜ムガル帝国）

第4章 中国 （古代〜清王朝）

第5章 一体化する 世界の時代

第6章 革命の時代

第7章 帝国主義と 世界大戦の時代

第8章 近代の 中東・インド

第9章 近代の中国

第10章 現代の世界

ス8世が反発したことからこの事件は起こりました。教皇はすべての人間が教皇に服従すべきだと主張しましたが、これに屈服するどころかフィリップ4世は部下をイタリア中部のアナーニに差し向け、滞在中のボニファティウス8世を捕らえたのです。ボニファティウスは救出されますが、この事件がもとで「憤死」したと言われています。

この事件によってローマ教皇の「権威」が王の「権力」に対して優位を失うことになったのです。事件後、教皇庁では親フランス派と反フランス派に分かれて混乱し、結果的にフランスに教皇庁を移すこととなる、**教皇のバビロン捕囚**といわれる状況につながります。

 ## 百年戦争の構図ができる

フィリップ4世が歴史に知られたもうひとつの業績は、フランスの身分制議会である「三部会」を創設したことです。アナーニ事件に際し、ボニファティウス8世と対立を深めるフィリップ4世は、国内の支持を固めるために聖職者・貴族・都市の市民をパリに集め、議会を開いたのです。そこでフィリップ4世は教皇と対立する自らの立場を正当化しました。

アナーニ事件において教皇と対立した原因は教会への課税強化でしたが、課税を強化した理由は、イギリスとの戦費の確保のためでした。イギリスではこのころ、「名君」とされたエドワード1世が王位にあり、毛織物生産地帯である**フランドル地方**をめぐるイギリスとフランスの抗争が激しくなっていました。毛織物生産地帯であるフランドル地方は、財政難に苦しむ両国がともに手に入れたい地だったのです。

フランス、イギリスによるフランドル地方の奪い合い、という構図はそのまま、イギリスとフランスの百年戦争の構図となります。この上にカペー朝の断絶と王位継承争いが乗っかり、百年戦争が勃発するのです。

フィリップ4世も、まさか自分の死後、自分の甥のフランス王、フィリップ6世と自分の実の孫のイギリス王、エドワード3世が争い、百年以上続く中世最大の争いになるとは思っていなかったでしょう。

ボニファティウス8世

1235年頃〜1303年

アナーニ事件で屈服し
教皇権の衰退を示した教皇

アナーニ（現在のイタリア）出身。フランス国王フィリップ4世が聖職者に課税しようとしたことから対立し、「アナーニ事件」によって憤死。その後、教皇庁はアヴィニョンに移転され、教皇権は衰退の一途をたどった。

 ## 恨みを買っていた「尊大で思慮に欠けた教皇」

　アナーニ事件で、フィリップ4世にとらわれ、そして「憤死」してしまうという情けない役回りを演じたのが、ローマ教皇**ボニファティウス8世**です。フィリップ4世にボニファティウス8世と徹底して戦うことをすすめ、この事件の黒幕となったのが、フィリップ4世の「悪の手先」ともいわれたフランスの宰相、ギョーム＝ド＝ノガレという人物です。

　ノガレは、ボニファティウス8世に退位を迫るためにアナーニに向かい、そこで事件を起こすのですが、そのとき、ノガレが一緒に連れていったのが、かねてよりボニファティウス8世に恨みを持っていたイタリアの貴族コロンナ家の当主であるシアッラという人物です。「悪の手先」に「恨みをもつ貴族の当主」の2人が揃って、何かが起きないわけはありません。

　ボニファティウス8世にノガレが退位を迫り、それを拒否されるや否や、シアッラはボニファティウス8世を「殴打」し、教皇の冠と服を奪ったといいます。「教皇がぶん殴られた」という非常に衝撃的なシーンですが、このとき、ボニファティウス8世は68歳、80歳を超えていたという説もありますから、当時としてはかなりの高齢者です。「もう少し、お年寄りには優しくしても…」と思うのですが、ボニファティウス8世自身もまさかこの歳で殴られるとは思わなかったでしょう。有名な「憤死」も、怒りというよりは動揺のほうが大きかったのではないかと思います。

ジョン

1167年～1216年

マグナ＝カルタを
承認させられた「欠地王」

オックスフォード（現在のイギリス）出身。別称「欠地王」。フランス内領地の多くを戦いで失い、教皇インノケンティウス3世からは破門され、貴族らの権利を定める「大憲章（マグナ＝カルタ）」を認めた。

第1章 ヨーロッパ（古代～中世）

第2章 中東（古代～オスマン帝国）

第3章 インド（古代～ムガル帝国）

第4章 中国（古代～清王朝）

第5章 一体化する世界の時代

第6章 革命の時代

第7章 帝国主義と世界大戦の時代

第8章 近代の中東・インド

第9章 近代の中国

第10章 現代の世界

 ## 「ジョン」の名を避けるというイギリス王家の俗説

　イギリス王の**ジョン**は、幼少時に父のヘンリ2世から土地を与えられなかったため、「欠地王」という残念なニックネームをもらっていますが、その名に恥じない「暗君」の評価は有名です。以後、イギリス王室は「縁起の悪い」ジョンの名を避けたため、ジョン2世や3世が登場していません。イギリス王室に「ジョンを避けなさい」という明確な決まりはありませんが、おそらく、縁起の悪い俗説にあえて反するメリットはないということで、以後のイギリス王室には「ジョン」がいないのだろうと思います（ジョンの孫のエドワード1世の子が「ジョン」でしたが、幼くして病死したため、王にはなりませんでした。もし、この人物が王位を継承していれば、「ジョン」の印象はもっとよくなったかもしれません）。

　ジョンは兄のリチャード1世が十字軍で国を留守にすれば、フィリップ2世にけしかけられて兄の国を奪おうとし、**フィリップ2世とのフランスをめぐる戦いはことごとく敗北して大陸のイギリス領のほとんどを失い**、戦費の調達のために増税を行い、王位継承争いをした甥を暗殺し、ローマ教皇と対立して破門された、というような失政に失政を続けます。

　こんな王に、貴族たちが突き付けたのが「大憲章」、すなわち**マグナ＝カルタ**です。この章典をジョンが認めたことが、**法によって王の権利が制限されるという、イギリスの「法の支配」の出発点となりました。**

ヘンリ3世

1207年〜1272年

**イギリス議会の起源を
つくった失政の王**

ウィンチェスター（現在のイギリス）出身。対フランス遠征の失敗や重税に加え、大憲章を無視したために、貴族の反発が強まり、シモン＝ド＝モンフォールらの反乱が起きた。これにより、議会の開設を認めた。

 王への反発がイギリス議会の起源をつくった

　ジョンが死去したことで、子の**ヘンリ3世**がわずか9歳で即位しました。9歳の王であれば貴族たちも「マグナ＝カルタ」に従って、王をあやつりながら政治をすればいいので、国内は比較的安定します。

　しかし、大人になったヘンリ3世と貴族との関係は次第に悪化します。そのひとつが王の結婚問題でした。ヘンリ3世はフランスのルイ9世の妻の妹であるエレオノールのつくる「詩」にほれ込んだと言います。ヘンリ3世はエレオノールに求婚し、結婚することになりました。

　詩にほれ込むなんて、ずいぶん「ロマン派」の国王だな、と思うのですが、このエレオノールはフランス人ですので、お供にたくさんのフランス人を引き連れて「お輿入れ」することになるのです。宮廷はフランス人であふれ、フランス人がイギリスの政治に口を出すようになってきました。イギリスの貴族の不満はフランス人、そしてエレオノール、そしてヘンリ3世に向かうようになります。

　ヘンリ3世はこのような貴族の反発の中、マグナ＝カルタに反して貴族の承認なしに新たな税をかけようとしたのです。そのため、貴族たちは**シモン＝ド＝モンフォール**という人物のもとに結集して王に圧力をかけ、シモン＝ド＝モンフォールの議会を開いて王の権利をさらに制限しました。これが、イギリス議会の起源となったのです。

エドワード1世

1239年〜1307年

議会との協力関係をつくり「賢王」とたたえられた名君

ロンドン（現在のイギリス）出身。第7回十字軍の参加中に即位。ウェールズを征服し、スコットランドへも遠征。その戦費調達のために「模範議会」を招集し、イギリス議会制の発展に寄与。

第1章 ヨーロッパ（古代〜中世）

第2章 中東（古代〜オスマン帝国）

第3章 インド（古代〜ムガル帝国）

第4章 中国（古代〜清王朝）

第5章 一体化する世界の時代

第6章 革命の時代

第7章 帝国主義と世界大戦の時代

第8章 近代の中東・インド

第9章 近代の中国

第10章 現代の世界

イギリスにようやく登場した「名君」

リチャード1世、ジョン、ヘンリ3世といまひとつな王が続いたイギリス王室ですが、ようやく「名君」が登場します。それが、**エドワード1世**です。反対派の諸侯と戦って低下していた王権を回復し、法律の整備や教会の権力の抑制を行いました。

また、ウェールズに出兵し、ウェールズをしたがえたことも大きな業績です。その後、ウェールズは「イギリス」を一度も離脱することはありませんでした。イギリス国王が次期国王にウェールズの支配者である「プリンス・オブ・ウェールズ」の称号を与え、「イギリス王になるには、一度ウェールズの支配者になる、という手順を踏んで即位する」という慣例ができたのもこの時です（2021年2月現在、イギリス女王エリザベス2世の皇太子、チャールズが「プリンス・オブ・ウェールズ」を名乗っています）。

対外的には（フィリップ4世が「ケンカをふっかけてきた」という要素もありますが）フランスとのちの百年戦争の前哨戦ともいえる戦いを繰り広げています。そのときの莫大な戦費を調達するため、**国民の各層の代表を集めた「模範議会」を招集し、議会との協力関係をつくろうとしました**（じつは、教会にも課税しようとしていたのですが、フランスと同じようにボニファティウス8世とトラブルになっています）。

ジャンヌ＝ダルク

1412年〜1431年

神の声を聴き
フランスの危機を救った聖女

ドンレミ（現在のフランス）出身。百年戦争でフランスの危機を救った国民的英雄。農村出身の娘だったが、神の声を聴いたとして、王太子軍に参加し、オルレアンの解放に成功。これによりフランスは形勢逆転し、王太子は正式にシャルル7世として戴冠。しかし、彼女自身はイギリス側の勢力に捕らえられ、魔女裁判で異端とされ火刑。

 創作意欲をかき立てるジャンヌの生涯

　ドンレミ村の少女がフランスの危機を救い、最後には火あぶりで殺される、そんなドラマチックな生涯をたどった**ジャンヌ＝ダルク**は、多くの人々の創作意欲をかき立て、小説や演劇、映画や絵画などの題材としてよく取り上げられます。私の記憶の中の印象深い「ジャンヌ＝ダルク」関連の作品は、私が大学を卒業した年に公開され、実際に映画館に観にいったリュック・ベッソン監督、ミラ・ジョボヴィッチ主演の映画「ジャンヌ＝ダルク」です。ジャンヌ＝ダルクが英語を話していたというのが、スクリーンの前でやや微妙な気もしたのですが、「王太子」であったシャルル7世がランス大聖堂で戴冠式を行うシーン（映画の撮影はアミアン大聖堂で行われたようです）は、数ある映画の中でも最も美しいシーンなのではないかと思います。DVDのレンタルなどでご覧になっていただければ、ヨーロッパの聖堂建築の魅力に取りつかれると思います。

処刑から490年後の名誉回復

「神の声を聴いた少女」ジャンヌ＝ダルクの存在そのものが伝説と現実の
はざまにあり、実際にどれだけのことを行ったのかは謎の部分も多くあり
ます。

　しかし、**百年戦争で劣勢に立たされたフランスに生まれ、包囲攻撃を受
けていたオルレアンの町を解放し、王太子だったシャルル７世を助けてラ
ンスの町で戴冠式をあげるに至るという、百年戦争の「潮目」を変える働
きをしたのは確かです。**ジャンヌ＝ダルクの存在なくしては百年戦争後半
のフランスの優勢はなかったでしょう。世界史上の多くの戦争や戦闘の歴
史を見てみると、兵の数よりも「士気」がものをいう戦闘は多く、そうし
た意味ではジャンヌ＝ダルクがフランスに与えた最大の効果は「士気」だ
ったのではないかと思います。

　しかし、ジャンヌ＝ダルクの活躍はごく一部の期間のみにとどまりまし
た。パリの奪回に失敗し、そのあとのコンピエーニュの戦いで反国王派の
ブルゴーニュ公国の捕虜になってしまいます。ふつうは、指揮官が捕虜に
なったら王は身代金を払い、引き渡しを求めるべきですが、シャルル７世
は身代金の準備や引き渡しの要求をせず、ジャンヌは見殺し同然でイギリ
スに引き渡されることになります。そして翌年、男装をして剣をふるうジ
ャンヌは宗教裁判で「異端」とされ、火あぶりにされるのです。

　死後、ジャンヌの母の願いによりジャンヌ＝ダルクの再審理が行われ、死
から25年後に無罪が宣告されています。キリスト教の「聖人」として扱わ
れるようになったのは処刑から約490年を経た1920年のことです（似たケー
スとしては1992年にガリレオ＝ガリレイの裁判に誤りがあったことが認
められ、時の教皇が350年越しにガリレイに謝罪したということがありま
す）。この、1920年というのは第一次世界大戦の直後ですから、大戦中に
ジャンヌ＝ダルクがフランスの国威発揚のシンボルに変化していったとい
う事実があることをうかがわせます。

第1章 ヨーロッパ（古代〜中世）

第2章 中東（古代・オスマン帝国）

第3章 インド（古代〜ムガル帝国）

第4章 中国（古代〜清王朝）

第5章 一体化する世界の時代

第6章 革命の時代

第7章 帝国主義と世界大戦の時代

第8章 近代の中東・インド

第9章 近代の中国

第10章 現代の世界

イサベル

1451年〜1504年

レコンキスタを完成させ
コロンブスを支援したスペインの女王

マドリガル・デ・ラス・アルタス・トレス（現在のスペイン）出身。カスティーリャ王国の女王。隣国アラゴン王国のフェルナンドと結婚してスペイン王国を成立させ、共同統治した。レコンキスタを推進し、ナスル朝を滅ぼして、イスラーム勢力を駆逐した。同年、コロンブスの大西洋航海を支援し「スペイン帝国」の基礎をつくった。

 ## スペイン王国をつくった結婚

　イサベルと**フェルナンド**の「カトリック両王」の結婚によってカスティーリャとアラゴンというイベリア半島の2つの国がひとつになり、「**スペイン王国**」となりました。

　イサベルはフランスやイングランドの王位継承者からの求婚を断り、自身の保有するカスティーリャ王国の半分ほどの領地に過ぎなかったアラゴンの皇子フェルナンドとの結婚を決めたのです。美しく聡明な女王とおおらかな1歳年下の国王の二人三脚コンビは国民に敬愛されることとなり、**2人は協力してイベリア半島からイスラーム勢力を追い出し、イベリア半島を取り戻して「レコンキスタ」（国土回復運動）を完成させました。**

　また、イサベルは**コロンブス**の航海を支援したことでも知られています。ポルトガルでのプレゼンに失敗したコロンブスの案を採用し、西回り航路の開拓に向かわせたのです。当時のスペインはレコンキスタが終わったば

第1章 ヨーロッパ（古代〜中世）

第2章 中東（古代〜オスマン帝国）

第3章 インド（古代〜ムガル帝国）

第4章 中国（古代〜清王朝）

第5章 一体化する世界の時代

第6章 革命の時代

第7章 帝国主義と世界大戦の時代

第8章 近代の中東・インド

第9章 近代の中国

第10章 現代の世界

かりで国の財政は底をついていたはずですが、その支援の折には、「自らの宝石を担保に入れてお金を工面してもいい」と言ったという話も伝わっているほどです。…このように、イサベルの伝記はおおむね賞賛につつまれています。

スペインの「負の歴史」も始まった

でも、この人物は意外にも、「冷淡で残酷」な側面を持っているのではないかと思われるエピソードが多いのです。イサベルは宗教裁判を強化し、その場しのぎの「ウソの改宗」をしたユダヤ教やイスラーム教徒を厳しく罰しました。また、ユダヤ人などの異教徒を国外追放にしています。また、コロンブスを支援したことにより、中南米の植民地化が進み、先住民や奴隷の酷使も始まるのです。

宗教裁判の強化や改宗の強制、それに反対する者への残酷な罰、そして先住民の酷使や奴隷貿易などは以後のスペインに見られる特徴的な「負の側面」ですから、イサベルはその面でもスペインの先例をつくった王と言うことができるのです。

イサベルの非運の子女たち

晩年のイサベルを暗くさせたのは、その子どもたちの不幸でした。長女のイサベルはポルトガル王と結婚しますが、翌年にその夫が死に、イサベル自身も再婚相手との子を産むときに死去しています。長男のファンは結婚後、身ごもった妻を残して亡くなります。次女のフアナは夫とうまくいかず、精神状態が不安定になり狂乱状態になり、40年以上も幽閉され「狂女フアナ」と言われるようになります。末子のカタリーナは0歳で2歳のイギリス王室のアーサーと結婚しますが、アーサーは15歳で亡くなります。この一連の死のときにイサベルはまだ存命ですから、子どもたちの不幸を知るのはとてもつらかったことでしょう（末子のカタリーナとはのちにイギリスのヘンリ8世に嫁ぎ、離婚させられる「キャサリン」です）。

エンリケ

1394年〜1460年

ポルトガルの栄光の
象徴となった「航海王子」

ポルト（現在のポルトガル）出身。モロッコのセウタ征服を皮切りに、航海術の発展に努め、大西洋や西アフリカ探検、征服航海を推進し、「航海王子」とも呼ばれる。大航海時代の先駆者。

 ## 「航海王子」ではなく、「実業王子」だった

　ポルトガルのリスボンに「発見のモニュメント」という船の形をした大きな記念碑があります。その船の上にはヴァスコ＝ダ＝ガマ、マゼラン、バルトロメウ＝ディアス、フランシスコ＝ザビエルなど、海を渡ったポルトガル人やポルトガルに関連した人々の像が並べられています。その先頭で人々を導いているように見えるのが、この「航海王子」**エンリケ**の像です。「航海王子」エンリケとは言うものの、一説によれば船酔いが激しく、本人は航海を行うことはありませんでした。しかし、親譲りの莫大な資産を生かして船団を仕立て、得られた産物によってさらに富を生み出す、「投資家」としての能力は高いものがありました。船団を仕立てる前からリスボン付近を流れるテージョ川の漁業権を獲得したり、ポルトガル南岸のマグロ漁の漁業権を独占したり、ポルトガル内の石鹸製造の独占権を得たりと、現代の実業家のような多角経営を行ったのです。

　そしてエンリケが選んだメインの事業が「大航海」です。**アフリカ西部から南部を探検させ、金を手に入れてポルトガル発行の金貨を製造し、香辛料を手に入れるため、はるかかなたに船を出す姿はまさにポルトガルの栄光の象徴となりました。**ユーロに切り替わる前のポルトガルの最高額の紙幣の肖像がエンリケであったことから、ポルトガルの人々にとってエンリケがいかに誇りに思われているかがわかります。

第2章

中東
（古代〜オスマン帝国）

ハンムラビ王

不明～紀元前1750年頃

**バビロニア地方を統一し
法を集大成した「四界の王」**

バビロン（現在のイラク）出身。北方の対抗勢力を征服し、メソポタミアの統一を果たす。同害復讐法で知られるハンムラビ法典を編纂。駅伝制を整備し交通路を確保、灌漑用水路を建設し農業の振興などに努めた。

法典からうかがえるバビロニアの暮らし

　パリのルーブル美術館には、ヨーロッパ美術だけではなく、古今東西の美術品が収蔵されています。入館してから部屋番号順にたどっていくと、おそらく、初めて出会う教科書に載っている収蔵品は、227室に収蔵されている**ハンムラビ法典**です。玄武岩の石碑にびっしりと楔形文字の書き付けがあり、高さ2m以上もあるので、とても迫力があります。

　なぜ、パリにメソポタミアの石碑があるのか、と疑問にも思えますが、エラム人という民族の王がバビロニアを征服したときに戦利品として本拠地のスサという町に持ち帰り、のちにスサを発掘したフランスのものになったそうです。

　ハンムラビ法典の「あとがき」には、「強い者が弱い者いじめをしないように」「孤児や寡婦に正義が授けられるように」というような趣旨の文章があり、**「目には目を、歯には歯を」というような「復讐法」も、立場が強い者が理不尽な復讐をしないように、という説が有力です。**

　中には「もし居酒屋がお酒の量をごまかして販売した場合には、居酒屋に確認して、居酒屋を水に投げる」という趣旨の少し笑ってしまうような条文もあります。当時のメソポタミアの人々の生き生きとした様子や、庶民層の暮らしにも目を行き渡らせるような**ハンムラビ王**の人柄がうかがえるようです。

ダレイオス1世

紀元前558年頃～紀元前486年

全オリエントを支配し
空前の大帝国をつくった英明な君主

先代の死後、帝国内各地での内乱を鎮圧し即位した。全国を20の州に分ける州制度を整えサトラップを派遣した。また、王の道を建設し、貨幣を鋳造するなど中央集権体制を確立。インダス川からエーゲ海に至る最大領土を統治。しかし、イオニアの反乱を契機に、ペルシア戦争に敗れ、ギリシア遠征は失敗に終わる。

西アジアに見られるイランの独自性

「日本人は礼儀正しく、勤勉だ」というような「国民性」が語られるとき（「話題のネタ」としてよく語られるのであって、本来、ステレオタイプな見方はよくありませんが）、「イラン人はプライドが高い」とよく言われます。世界史の中でも、イスラーム圏ではありながらイランは他のイスラーム国家とは違う動きをしたり、独自の言語、文化を守ろうとする動きを見せることがあります。

　国民の大多数がイスラームの少数派のシーア派を信仰し、西アジア諸国で多く使用されるアラビア語ではなく「ペルシア語」を話しているということもその要因ではあるでしょうが、イラン人のプライドの高さには、かつての大帝国であったアケメネス朝ペルシアやササン朝ペルシアの存在があり、「我々は世界帝国の末裔なのだ」という誇りもあるのではないかと思います。

第1章 ヨーロッパ（古代～中世）
第2章 中東（古代～オスマン帝国）
第3章 インド（古代～ムガル帝国）
第4章 中国（古代～清王朝）
第5章 一体化する世界の時代
第6章 革命の時代
第7章 帝国主義と世界大戦の時代
第8章 近代の中東・インド
第9章 近代の中国
第10章 現代の世界

硬軟織り交ぜた巧みな内政

　アケメネス朝やササン朝の王の中でも、今でもイランの人々に英雄として「別格」の扱いを受けているのが、「イラン建国の父」とされるアケメネス朝のキュロス2世、そして最盛期をもたらした**ダレイオス1世**です。

　ダレイオス1世は、多民族国家であったアケメネス朝に対し、**従う民族には寛容な態度を示し、反乱には厳しい態度で臨むという硬軟織り交ぜた姿勢で統治します。**反乱鎮圧の様子は、今もイランに残るベヒストゥン碑文という岩に刻まれたレリーフで知ることができます。反逆者は鎖につながれ、勝手に王を名乗った者をダレイオスが足で踏みつけているという姿から、反逆者を許さないという強い姿勢が見て取れます。

 ## 「イラン人の誇り」壮麗なペルセポリス

　国内の秩序の回復に成功したダレイオス1世は、帝国の行政組織の確立につとめました。全国を20の州に分けてサトラップと言われた知事に統治させました。また、それぞれの民族がバラバラに納めていた貢ぎ物を「税」として額を決めてきちんと納めさせました。

　ダレイオスはかつてエラム人という民族のものであったスサを新たな都と定め、併せてペルセポリスという、壮麗な「儀礼用の都」をつくりました。ここで新年の祭りを執り行い、外国からの使者を迎えたと言います。アケメネス朝やダレイオス1世がイラン人の誇りになっていることは、この「ペルセポリス」に残る柱の上にある「ホマ」という鳥の絵がイラン航空の尾翼のマークに使われていることでもわかります。

　ダレイオス1世はギリシアの征服をもくろんだペルシア戦争で敗北してしまい、ギリシアへの再征服を図る途中に病気で亡くなりました。それから約200年後、アケメネス朝はアレクサンドロス大王に滅ぼされ、壮麗なペルセポリスは破壊されてしまいました。しかし、アケメネス朝ペルシアの栄光は今もイランの人々の中に生き続けているのです。

クフ

生没年不明

現存最大のピラミッドをつくった
謎多きファラオ

現存する世界最大のピラミッドの建設者として知られるが、史料が少なく謎が多い。ヘロドトスの『歴史』には、奴隷を酷使する暴君として描かれ、ギリシア人にはケオプス王の名で知られている。

第1章　ヨーロッパ（古代〜中世）

第2章　中東（古代〜オスマン帝国）

第3章　インド（古代〜ムガル帝国）

第4章　中国（古代〜清王朝）

第5章　一体化する世界の時代

第6章　革命の時代

第7章　帝国主義と世界大戦の時代

第8章　近代の中東・インド

第9章　近代の中国

第10章　現代の世界

現存する唯一の「世界の七不思議」

「世界の七不思議」という言葉をご存じでしょうか。「ギザの大ピラミッド」「バビロンの空中庭園」「エフェソスのアルテミス神殿」「オリンピアのゼウス像」「ハルカリナッソスのマウソロス霊廟」「ロードス島の巨像」「アレクサンドリアの大灯台」の７つの巨大建築のことです。そのうち６つは現存していないか、そもそも伝説のみで実在していませんが、この「ギザの大ピラミッド」は唯一現存する「七不思議」です。その建築技法や建築の目的などまだ謎が多く、「七不思議」の筆頭としての存在感は抜群です。中でも、**壮大なクフ王のピラミッドは建築当時は146.6m、現在でも138.8mの高さを誇る最大のピラミッドとしても知られます。**「王の墓」というのが長らく定説でしたが、今では疑問視されています。

　しかし、このクフ王、「歴史コンテンツ」泣かせなところがあるのです。クフ王について残された記録はほとんどなく、具体的な業績や人となりはほとんどわからないのです。ギリシアのヘロドトスはクフ王を残酷な人物と記述しましたが、2000年ほど後の外国人であるヘロドトスの記述がどれだけ信用できるかは疑わしいものがあります。本当はピラミッドという「看板」があるため、マンガや本などでは大いにドラマチックにクフ王を描きたいはずなのですが、ドラマらしいドラマもつくれず、「この人がピラミッドをつくりました」という紹介に終わることがほとんどなのです。

アメンホテプ4世

生没年不明

新宗教を起こして大改革を行った
個性派のファラオ

首都テーベの守護神アモンの神官勢力の影響を脱するため唯一神アトン信仰を強制し、自らもイクナートンに改名。また、都もテーベからテル＝エル＝アマルナに遷す。こうした一連の改革を「アマルナ改革」と呼ぶ。また、写実的なアマルナ美術も生まれた。なお、王妃はネフェルティティ、後継者はツタンカーメン。

 ### 絶世の美女ネフェルティティ

　ドイツのベルリンの「博物館島」にある新博物館には、エジプトの新王国の美術品、特にアマルナ美術の世界最高のコレクションがあります。中でも、アメンホテプ4世の妃であるネフェルティティの胸像は「ドイツの至宝」と言われ、とても3000年前の像とは思えない、生き写しのような写実性を誇る作品です。私から見ればやや「老け顔」のようにも見えたので、動画授業で「オバちゃん」と言ったら、「絶世の美女を『オバちゃん』とはなんたることか！」とお叱りを受けたのですが、どうやら、クレオパトラに並ぶ、エジプト史を代表する美女のようです。

　この博物館のコレクションの中で興味をひかれるのが、夫のアメンホテプ4世にネフェルティティが花を差し出している「アメンホテプ4世とネフェルティティ王妃のレリーフ（別の人物という推定もあります）」です。恋人のような2人の様子は、とても微笑ましく、日本の白鳳期の美術のよ

うな清新で爽やかな雰囲気を感じます。いわゆる「エジプト美術」とはまったく違う、この**アメンホテプ4世の頃の「アマルナ美術」は写実的で清新な独特の魅力から人々に愛されているのです。**

アメンホテプ4世の「宗教改革」

　この**アメンホテプ4世**が登場したのは**エジプト新王国**の中頃のことです。新王国の時代に入ってから、エジプトは馬と戦車を用いて遠征を行い、その領域はトトメス3世という王のときに最大となりました。新王国の王たちはその遠征の勝利を都である**テーベ**の守護神である**アモン神**のおかげと感謝したのですが、次第にアモン神の神官たちの権威が高まって発言力を拡大し、王の権力をしのぐようになったのです。

　トトメス3世ののち、約百年経ってアメンホテプ4世が登場しました。アメンホテプ4世はアモン神の神官の勢力を排除するため、どの都市や国家にも属さない、「太陽の光」を象徴とする**アトン**という神を創造神と決めて従来の神々の信仰を禁止したのです。アモン神の影響が強い都のテーベを離れ、**テル＝エル＝アマルナ**という町に遷都し、自らも「アトン神にとって有益な者」という意味の「**イクナートン**」と名乗ります。

　この改革は急激なものだったので反感を買い、息子のツタンカーメン（黄金のマスクで有名な人物です）の代には人々の反対によりアモン信仰が復活し、都も戻されることになりました。

写実的なアマルナ美術

　人々の反対を押し切ってアマルナに遷都したのですから、アメンホテプ4世は「孤独な改革者」であったはずです。その政策には迷いもあったのではないかと思います。拡大解釈かもしれませんが、ネフェルティティはそんな孤独なアメンホテプ4世の心の支えになったのではないでしょうか。アメンホテプ4世は支えてくれる美しい妻の姿を残すため、写実的な美術品を作らせたのではないかとも思えます。

第1章　ヨーロッパ（古代〜中世）

第2章　中東（古代〜オスマン帝国）

第3章　インド（古代〜ムガル帝国）

第4章　中国（古代〜清王朝）

第5章　一体化する世界の時代

第6章　革命の時代

第7章　帝国主義と世界大戦の時代

第8章　近代の中東・インド

第9章　近代の中国

第10章　現代の世界

ダヴィデ

不明〜紀元前960年頃

巨人ゴリアテを打ち殺し
ヘブライ王国の王となる

ベツレヘム（現在のパレスチナ）出身。パレスチナ北部をまとめたサウル王の死後、南部のユダ王国を統合し、パレスチナ全域を支配。イェルサレムを都とするヘブライ王国は子のソロモン王の時代とともに全盛期となった。

ミケランジェロが彫り上げたダヴィデの姿

　イタリアのフィレンツェのアカデミア美術館にある、ミケランジェロ作の彫刻「ダヴィデ像」はルネサンス美術の代表作として多くの人に知られています。また、高校の世界史の教科書のはじめのほうではヘブライ人、すなわちユダヤ人の歴史を扱い、その中でヘブライ王国の「ダヴィデ王」のことを学びます。しかしどうやら、このヘブライ王国の「ダヴィデ王」というのが、ミケランジェロの「ダヴィデ像」の「ダヴィデ」であることが結び付いていない人が多いようです。羊飼いの少年だった**ダヴィデ**はヘブライ王国の初代の王サウルに召し出され、ヘブライ人のライバルだったペリシテ人を打ち破り、サウルの死後にヘブライの王となった人物です。

　この、「ダヴィデ像」をよく見てみましょう。まだダヴィデがヘブライ人の王になる前、サウルにつき従ってペリシテ人との戦いに従軍したときの姿です。ペリシテ人には身長3m近いと言われた、最強の巨人ゴリアテがいました。ダヴィデはサウルから授かった鎧や武器をあえて使わず、布切れ1枚を持ってゴリアテに立ち向かいます。**ダヴィデ像には、左手に持った布をまるでタオルのように肩にかけている姿が彫られていますが、それこそがダヴィデの武器でした。**この布は、じつは投石用の布で、この布に石をくるみ、振り回して石を飛ばすのです。石は見事にゴリアテの額に直撃し、強敵を破ったダヴィデはヘブライ人の英雄になることができたのです。

ムハンマド

570年頃〜632年

世界宗教となった
イスラームの創始者

メッカ（現在のサウジアラビア）の出身。クライシュ族の大商人の家に生まれ、40歳頃アッラーの啓示を受ける。自らを最後の預言者とし、イスラームを布教するが迫害を受け、メディナへ遷都した（ヒジュラ）。そこでウンマを形成し、のちにカーバ神殿の偶像を破壊しメッカを征服。ムハンマドが昇天した地には岩のドームが建設された。

「予言者」と「預言者」の違い

「よげんしゃ」というと、何やら未来のことをピタリと当てる「予言者」という言葉を想像しますが、ここで紹介するムハンマドのような、宗教の創始にかかわる「よげんしゃ」は「預言者」であり、**神からの啓示、すなわち「神意」を受け取り、人々に伝えたとされる存在です。**

たとえば、ユダヤ教の聖典である『旧約聖書（ユダヤ教徒は自分たちで「旧」とは言わず、「タナハ」と呼んでいます）』は、預言者たちの言行録が中心的なコンテンツとなっており、モーセやイザヤ、エレミヤといった様々な預言者が登場します。その中でも最も重要な預言者が神から「十戒」を授かった**モーセ**、というわけです。

一方、キリスト教における**イエス**は「預言者以上の存在」という位置づけです。イエスは「神の子」にして「救世主」であり、キリスト教の主要な宗派では「神と一体をなす存在」とされます。

イスラームにおける**ムハンマド**は、神の啓示を受けた「預言者」です。イスラームもユダヤ教もキリスト教も同じ唯一神を信仰する宗教なので、ムハンマドはモーセやイエスに連なる預言者たちの「系譜」に位置付けられています。ムハンマドはモーセやイエスなどと同じく預言者の一員であり、**その中でも最大にして最後の預言者とされています。**

 ## 宗教ごとに異なる預言者の位置づけ

ユダヤ教、キリスト教、イスラームはともに代表的な一神教ですが、その関係は複雑です。ユダヤ人にとってのヤハウェはかなり厳しい神で、「ノアの箱舟の洪水」をはじめとする様々な苦難を人々に与えます。ユダヤ教の預言者たちは、そうした苦難の原因を自分たちが神との契約違反をおかして不道徳に走ったためと解釈し、**より厳格に神のおきて（律法）を守り、救世主の登場を待望しよう**と伝えるのです。

キリスト教は、その**「救世主」であるイエスがすでに地上に登場しているところが特徴です。**神の救いは「律法を守る」ことに代えて、「救世主イエスを信じる」ことによって与えられるということになります。

イスラームではイエスを救世主として特別に扱わず、預言者のひとりとして解釈します。そして、**最大にして最後の預言者であるムハンマドが神から与えられた啓示そのものが信仰の中心になっています。**

また、ムハンマドとモーセやイエスとの大きな違いは、モーセやイエスは多分に伝説や伝承が含まれている存在であるのに対し、ムハンマドは実在の「歴史上の人物」であるということが挙げられると思います。宗教的な「預言者」としての存在のみならず、政治的、軍事的な指導者としてアラビア半島を統一したその過程も追うことができます。

イスラームの指導者が宗教的指導者と政的指導者の両方の性格をあわせ持つという両面性が、数々のイスラーム国家を生み、その領域の拡大とともに信者数を増加させたのです。現在でも信者数の拡大は続き、**将来はキリスト教を抜いて世界一の信者数を抱えると予想されています。**

ハールーン＝アッラシード

763年頃〜809年

**最盛期のアッバース朝に
君臨した大カリフ**

自らビザンツ遠征を行い、勢力を拡大。フランク王国カール大帝とも交流があった。文芸や学芸を保護し、アッバース朝の最盛期を現出した。『千夜一夜物語』の主人公として知られる。

第1章 ヨーロッパ（古代〜中世）

第2章 中東（古代〜オスマン帝国）

第3章 インド（古代〜ムガル帝国）

第4章 中国（古代〜清王朝）

第5章 一体化する世界の時代

第6章 革命の時代

第7章 帝国主義と世界大戦の時代

第8章 近代の中東・インド

第9章 近代の中国

第10章 現代の世界

現実と創作をつなぐ「風流天子」

　アッバース朝第５代のカリフ、**ハールーン＝アッラシード**といえば、アッバース朝の最盛期をもたらした人物として知られています。また、『千夜一夜物語』では夜な夜な、バグダードの町を歩き回る風流な人物としても描かれる、物語中の人物でもあります。

　この人物は意外なところにも登場しています。それがアニメの「ドラえもん」です。映画版のドラえもんに「のび太のドラビアンナイト」という作品があるのですが、その中でハールーン＝アッラシードは重要人物として登場するのです。しかも、ドラえもん一行を物語の世界に導く「橋渡し」の役として登場しますので、実際の歴史と物語の両方に登場するハールーン＝アッラシードはまさに適役です。登場シーンは多くはありませんが、心優しく威厳がある優れた王として描かれています。ドラえもん一行がしずかちゃんを助けることができたのも、この人物のおかげでしょう。

　バグダードに到着した一行にバグダードの町を紹介する「ミクジン」というキャラクターのセリフにも注目です。**バグダードは円形の都市であり、世界最大の都市であること、ハールーン＝アッラシードの時代は、日本ではちょうど平安時代が始まった頃**と、じつに上手に解説しています。ジャイアンとスネ夫はこの説明を社会科の先生みたいだ、と笑いますが、ミクジンが現実にいれば、いい先生になったに違いありません。

サラディン

1138年～1193年

イェルサレムを奪回し、十字軍と戦った勇者

ティクリート（現在のイラク）の出身。ダマスクスのザンギー朝、次いでファーティマ朝に仕え、次第にエジプトを中心に実権を握るようになり、カイロを拠点にアイユーブ朝を興す。シリアやイラク北部を征服後、第3回十字軍と戦い、イギリス王リチャード1世と休戦講和を結び、イェルサレムを奪回した。

 ## 「十字軍の華」のイスラーム側の主役

「獅子心王」リチャード1世、「尊厳王」フィリップ2世、「赤髭王」フリードリヒ1世など、ヨーロッパの主要国の王が集う「十字軍の華」と言われる第3回十字軍ですが、彼らの物語もイスラーム側の主役、**サラディン**がいないと引き立ちません。なにしろ、ライバルの十字軍の中からもサラディンは「騎士の鑑」と称えられた人物なのです。

　クルド人であったサラディンはエジプトの王朝である**ファーティマ朝**の宰相となり、ファーティマ朝最後のカリフの死去により、**アイユーブ朝の**スルタン（イスラームの君主）として正式に承認されました。

　建国後のサラディンはエジプトとシリアの支配を確立し、イスラーム勢力を結集して十字軍国家のイェルサレム王国の軍を破り、イェルサレムを奪回したのです。これに対し、先ほどのイギリス王、フランス王、神聖ローマ皇帝が聖地に向かった、というのが「第3回十字軍」です。

サラディンに軍配が上がる「英雄としての器」

　第3回十字軍の中でも、最も熱心に戦ったのはイギリスの「獅子心王」**リチャード1世**ですから、サラディンの正面の敵もリチャード1世になりました。両者はパレスチナ北部の町、アッコンをめぐる攻防戦で激突しました。アッコンはキリスト教側の拠点でしたが、イスラーム側の手に落ちていました。そのアッコンをキリスト教側の軍が囲んだのです。

　このアッコンの救援に向かったのがサラディンです。サラディンはアッコンを囲むキリスト教軍のさらに外から包囲し、アッコンを救援しようとしました。

　それをさらに外から攻めたのが、ヨーロッパから到着したリチャード1世率いるキリスト教軍です。イスラーム軍とキリスト教軍が幾重にも折り重なる混戦の中、とうとうアッコンのイスラーム軍が降伏し、キリスト教軍の手に落ちてしまったのです。

　ここで、リチャード1世とサラディンの「器の違い」が浮き彫りにされる事件が起こります。アッコンに入城したリチャード1世は、城内にいた多数のイスラーム教徒を捕虜にします。リチャード1世はサラディンに身代金を要求しましたが、その支払いがなかなか進みません。業をにやしたリチャード1世はおよそ3000人ともいうイスラーム教徒の捕虜を殺害したのです（遠征軍で兵力が不足しがちなキリスト教軍にとっては、多数のイスラーム教徒を捕虜のまま保持し続けることは大きな負担になり、食糧不足に陥る可能性もあったというリチャード1世の判断ではありますが）。この「虐殺」に対し、サラディンはその後の交戦でもキリスト教徒の捕虜を無駄に殺傷せず、身代金の有無にかかわらず全員助けるという度量の大きさを見せています。

　武勇にすぐれ、無用な殺生をしないサラディンを十字軍のキリスト教徒たちも真の勇者としてたたえました。一説には講和に際し、リチャード1世は妹をサラディンに嫁がせようともしていたそうです。

第1章
ヨーロッパ
（古代～中世）

第2章
中東
（古代～オスマン帝国）

第3章
インド
（古代～ムガル帝国）

第4章
中国
（古代～清王朝）

第5章
一体化する
世界の時代

第6章
革命の時代

第7章
帝国主義と
世界大戦の時代

第8章
近代の
中東・インド

第9章
近代の中国

第10章
現代の世界

メフメト2世

1432年〜1481年

コンスタンティノープル攻略の夢を実現した若き征服王

エディルネ（現在のトルコ）の出身。イェニチェリ軍団を率い、コンスタンティノープルを陥落させ、ビザンツ帝国を滅亡させる。ここに遷都し、イスタンブールと改称し、トプカプ宮殿を造営した。「征服王」とも呼ばれ、他にバルカン半島ほぼ全域、アナトリアのトルコ人勢力も次々と征服。異教徒に対して寛容策をとり、帝国の基礎を築いた。

 ビザンツ帝国の都をオスマン帝国の都に

アメリカの「ワシントンD.C.」と「ニューヨーク」、オーストラリアの「キャンベラ」と「シドニー」のように、首都と最大都市が別になっている国は多くあります。トルコも首都の「アンカラ」と最大都市の「イスタンブール」というように、首都と最大都市が別になっています。

トルコのイスタンブールは1000年以上もの長きにわたってビザンツ帝国の首都コンスタンティノープルとして存在し、その後、オスマン帝国の都イスタンブールとして500年近く存在していました。 あわせて1500年にわたり巨大帝国の首都だった、という町は他にはありません。

この町を「ビザンツ帝国の都」から「オスマン帝国の都」としたのが、ビザンツ帝国を滅ぼしたオスマン帝国の7代目のスルタン、**メフメト2世**です。メフメト2世は19歳で即位し、21歳でコンスタンティノープルを攻略してビザンツ帝国を滅ぼし、その都をイスタンブールと改称します。即位

from2年という早さで攻略したのですから、攻略のイメージトレーニングは十分だったのでしょう。

　私の手元にある資料集にもコンスタンティノープル攻略はメフメト2世の子どもの頃からの夢だったと書かれており、「子どもの頃」というのが小学生ぐらいだと想像すると、小学生の夢が「サッカー選手」とか「YouTuber」という現在から比べると、「コンスタンティノープルの攻略」というその夢のスケールの大きさには驚嘆します。

「山越え」で実現した悲願の攻略

　メフメト2世によるコンスタンティノープル攻略のクライマックスはやはり、「艦隊の山越え」でしょう。コンスタンティノープルを守るビザンツ帝国は弱点の「金角湾」の内側に船が入れないように、大きな鎖で金角湾の入口を仕切っていたのです。この金角湾内に侵入したいメフメト2世は、あっと驚くような指示を海軍に下します。それが、金角湾を正面から攻撃するのではなく、陸地側から艦隊を「山越え」させて湾内に入れ、湾内から砲撃させるという策です。「山越え」といっても、小高い丘のようなものですが、それでも50隻の艦隊を木の「ころ」を用いて、4.8kmの距離を陸上輸送させたのです。この策により弱点を攻められたコンスタンティノープルは陥落することとなりました。

　また、メフメト2世はハンガリー人の技術者であるウルバンという人物を高い報酬で雇い、ウルバン砲と呼ばれる500kgもの砲弾を発射できる大砲をつくらせたといいます。若きメフメト2世の頭の中は、コンスタンティノープルをいかに攻略するかでフル回転だったに違いありません。

　法学者の賛同を得て継承者争いを避けるための「兄弟殺し」を合法化するなど、冷酷で残忍な面があると言われていますが、学問を好み、キリスト教やヨーロッパ文化にも理解があった英明な君主であったようです。ヴェネツィアの画家ベッリーニを宮廷に招き、肖像画を描かせるなど、文化的にも「東西の接点」となった人物なのです。

第1章 ヨーロッパ（古代～中世）

第2章 中東（古代～オスマン帝国）

第3章 インド（古代～ムガル帝国）

第4章 中国（古代～清王朝）

第5章 一体化する世界の時代

第6章 革命の時代

第7章 帝国主義と世界大戦の時代

第8章 近代の中東・インド

第9章 近代の中国

第10章 現代の世界

スレイマン1世

1494年〜1566年

ヨーロッパに拡大を図った
オスマン帝国最盛期のスルタン

トラブゾン（現在のトルコ）出身。「立法者」と称される。ハンガリーをめぐって、神聖ローマ帝国ハプスブルク朝皇帝カール5世と対立し、ウィーンを包囲。また、プレヴェザの海戦で勝利し、地中海を制覇した。

 ## ウィーンを囲んだトルコの軍隊

　トルコはアジアの国なのか、ヨーロッパの国なのかというと、**国土のほとんどはアジア側にありながらも、経済の中心であるイスタンブールはヨーロッパ寄りにあり、歴史的にもヨーロッパとのつながりが深いものがあります。**現在のトルコ共和国は地理の授業では西アジアに含められることが多いのですが、トルコ自体には強いヨーロッパ志向があり、長らくEUへの加盟を求めています。トルコがEUに加盟すれば、経済大国の資本家にとってはトルコの安い労働力が使いやすくなる一方、その国の労働者にとってはトルコの人々との競合になるという複雑な事情があります。

　このような、トルコがアジアの国かヨーロッパの国かという観点での、歴史の転換点は、オスマン帝国の**スレイマン1世**が行った第一次ウィーン包囲でしょう。ハンガリーの大部分を手に入れたスレイマンはターゲットをオーストリアのウィーンに定め、大軍でウィーンを包囲攻撃したのです。

　オスマン帝国は盛んに砲撃を行い、坑道を掘って地下から攻撃を行うなど、猛攻撃を加えますが、オーストリア軍は持ちこたえ、2か月あまりの包囲戦の結果、スレイマンはウィーンの攻略をあきらめることになります。もし、この包囲が成功し、オスマン帝国がウィーンを所有することになっていたら、ウィーンは「ヨーロッパの国家」となったトルコの首都になっていたかもしれません。

第３章

インド
（古代〜ムガル帝国）

ガウタマ＝シッダールタ

紀元前563年頃〜紀元前483年頃

苦行を捨て「中道」の大切さを知った仏教の創始者

ルンビニー（現在のネパール）出身。「ブッダ」、「シャカ」とも呼ばれる。クシャトリヤ階級に生まれやがて生・老・病・死の四苦の解脱を求め、29歳で修行を始め、35歳で菩提樹の下で悟りを開いた。その後80歳で入滅するまで仏教を布教。バラモン教の権威のもとにあるヴァルナ制を否定して人間の平等を説き、様々な人に受け入れられた。

塔におさめられた「仏舎利」

　私は「歴史上の人物では、誰が一番好きですか？」という質問には、人物それぞれに、それぞれの魅力があるし、人物どうしの「関係性」を知るのが興味深いので、「好きな人物、というのはいないんですよ」と、答えています。しかし、「好きな昔の建物は何ですか？」という質問には、迷わず奈良の「薬師寺の東塔」と答えています。その「凍れる音楽」ともたたえられる姿は、見ていて惚れ惚れとして見飽きません。

　日本の多くのお寺には、五重の塔や三重の塔が建っています。中国でも三蔵法師（玄奘）が持ち帰った仏典を安置したという大雁塔などの例がありますし、インドでも数多くの「ストゥーパ」と呼ばれる塔があります。

　じつは、これらの塔は、お釈迦様、すなわち**ガウタマ＝シッダールタ**（ブッダ）の骨をおさめる建物として建てられたものなのです。もちろん、釈迦はひとりの人物なので、その骨は一体分しかありません。骨を細かく分

割して、それぞれのお寺の塔におさめるわけです。釈迦の骨は「仏舎利」と言われますが、細かく分けられた白い骨がお米のように見えるので、お寿司屋さんではお米のことを「シャリ」と言うわけです（サンスクリット語で米のことを「シャーリ」と言うなど、諸説はありますが、この呼び名にしてもインドが起源です）。もちろん、世界すべての塔に釈迦の骨を分骨することはできませんので、水晶や美しく磨かれた石など、代わりのものが入れられることも多くあります。

「正しく悟った者」ブッダの生涯

　この本にはいくつもの名前を持つ人物が出てきますが、この人物も多くの名前を持っています。「ガウタマ＝シッダールタ」が名前で、これが教科書に載っているのですが、「釈迦」は釈迦族という一族の出身であることを示し、尊称をつけて「釈迦牟尼（釈迦族の聖者）」と呼ばれます。また、「ブッダ」は「正しく悟った者」という意味です。ですから、ガウタマ＝シッダールタ以外にも正しく悟った者がいれば「ブッダ」となるのです。

　釈迦族の王子として生まれたガウタマ＝シッダールタは29歳まで何不自由ない生活を送っていましたが、老いや病、死などの人間の根源的な苦しみを見て、妻子を捨てて修行者になり、その悩みの解決を求めて苦行を行います。しかし、断食すればさらに食への執着が湧くように、**悩みを解決するために苦行をすればするほど、さらに悩みが深くなったのです。**

　究極の断食によって骨と皮だけになった（鎌倉の建長寺にガリガリにやせ細ったブッダの像があります）ガウタマ＝シッダールタに、優しくミルク粥を差し出したのがスジャータという娘でした。ガウタマ＝シッダールタはこのミルク粥を口にしたことで、今まで我慢していた食欲が満たされ、悩みから解放されることを知りました。そして、過度の快楽が良くないように、過度の苦行も良くないことを悟り、苦行を放棄して**「ほどほどに欲を満たし、それ以上は求めず、正しく生きることが四苦からの解脱に近づく」**という教えを根幹とする仏教を創始することになるのです。

第1章 ヨーロッパ（古代～中世）
第2章 中東（古代～オスマン帝国）
第3章 インド（古代～ムガル帝国）
第4章 中国（古代～清王朝）
第5章 一体化する世界の時代
第6章 革命の時代
第7章 帝国主義と世界大戦の時代
第8章 近代の中東・インド
第9章 近代の中国
第10章 現代の世界

アショーカ

不明〜紀元前232年頃

古代インド最大の版図をもたらした
マウリヤ朝全盛期の帝王

パータリプトラ（現在のインド）出身。南端を除くインドほぼ全域を統治。カリンガ国征服の際の戦争の惨禍から仏教に帰依し、ダルマに基づく政治や第3回仏典結集を援助。また、近隣諸国に石柱碑・磨崖碑を刻み、民衆を教化した。他にも、8万以上のストゥーパ（仏塔）を建立し、息子をスリランカへ派遣し、布教に尽力した。

 暴虐の王から仏教の信奉者へ

　古代インドの王朝であるマウリヤ朝の3代目の王、**アショーカ王**はインドの統一事業を推し進めた王です。その領域はインドの南端を除くインドのほぼ全域にわたり、**古代インドの王朝としては最大の領域を誇りました。**

　アショーカ王は「仏教の信奉者」として知られますが、その大きな転機になったのが、東インドのカリンガ国という国の征服です。アショーカ王はカリンガ国に圧力をかけてマウリヤ朝の支配権を認めさせようとしたのですが、カリンガ国はそれを受け入れず、対決姿勢を明らかにします。初戦でカリンガ国に手痛い敗北を喫したことに怒ったアショーカ王は、2回戦でマウリヤ朝の最大限の兵を率い、カリンガ国を壊滅させたのです。アショーカ王はそれまでの報復として徹底的なカリンガ国の人々の殺害を行いました。

　この、10万人以上とも言われる殺害の中、アショーカ王に信仰心が芽生

えることになるのです。悲惨な殺戮を目の当たりにしたアショーカ王は、果たして自分の行いが正しかったかどうかと悔いる日々を過ごします。そこでアショーカ王が出会ったのは仏教の教えだったのです。アショーカ王は自ら仏教徒になることを宣言し、深くその教えを信じることになります。

「仏教のコンスタンティヌス」アショーカ

仏教徒となったアショーカ王は、仏教の理念を浸透させるため、守るべき行いを石に刻ませ、国の各地に石碑として設置しました。ブッダの遺骨や遺髪であった「仏舎利」は10基のストゥーパ（仏塔）におさめられていましたが、アショーカ王はその「仏舎利」をさらに8万4000あまりに分割し、各地につくらせたストゥーパにおさめたといいます。

アショーカ王の時代はブッダの時代からすでに200年以上も経っていたため、アショーカはその**教えを正しく統一するために僧たちを集め、仏典の編集を行わせました。**そして、**王子（一説には弟）をスリランカへ派遣して布教にあたらせました。**病院や薬草園を建設し、道路や灌漑施設もつくっています。こうしたアショーカ王の姿勢によって、インドの各地に仏教が広がることとなりました。

アショーカ王はローマ帝国のコンスタンティヌスになぞらえられます。コンスタンティヌスがキリスト教を「公認」したことで、ローマ帝国内にキリスト教が広まったように、アショーカ王が仏教に帰依したことによってインドの各地に仏教が広がるきっかけをつくったことになります。コンスタンティヌスはまだキリスト教を「国教」にしなかったように、アショーカ王も仏教の規範を示し、布教を積極的に行ったものの、従来のバラモン教やそれから生まれてきつつあったヒンドゥー教とも一定の良好な関係にあり、「国教化」は行わなかったところにも共通点があります。

晩年は福祉体制の充実などから財政難に陥り、息子たちの仲も悪化したようです。アショーカ王の死後、息子たちにより国は解体され、分割されてしまい、50年あまりでマウリヤ朝は滅びてしまいました。

第1章
ヨーロッパ
（古代〜中世）

第2章
中東
（古代〜オスマン帝国）

第3章
インド
（古代〜ムガル帝国）

第4章
中国
（古代〜清王朝）

第5章
一体化する
世界の時代

第6章
革命の時代

第7章
帝国主義と
世界大戦の時代

第8章
近代の
中東・インド

第9章
近代の中国

第10章
現代の世界

カニシカ王

生没年不明

仏教を保護した「ガンダーラ」の王

ガンダーラ地方プルシャプラを拠点に領土を拡大し、北西インドを支配。ゾロアスター教やヒンドゥー教の諸神を信奉したが、新しく成立した菩薩信仰による衆生救済をめざす大乗仏教も保護し、第4回仏典結集を援助したと伝えられる。また、ローマ帝国と後漢の東西交易拠点となり、経済的に発展、大量の金貨を発行した。

 地図の中の「ガンダーラ」の場所

　私が幼い頃、「西遊記」というテレビドラマがありました。堺正章さんや西田敏行さんが出演する冒険もののドラマは、幼い私の胸を熱くさせたものです。この「西遊記」のエンディングテーマは『ガンダーラ』という曲でした。いかにも異国情緒が漂う曲で、幼い私も、ガンダーラがどんなところで、どこにあるのだろうと、イメージを膨らませたものです。

　高校生になった私は、ガンダーラの場所を思わぬ場所で見つけたのです。それが、高校の授業で見た世界史の資料集の中です。インドの歴史について書かれたページの、クシャーナ朝の領域を示した地図の中に、「ガンダーラ美術が栄える」と書いてあったのです。

　歌の中では、そのガンダーラがインドにあることになっていたのですが、**その場所は、現在のアフガニスタン東部からパキスタン北部という、インドというにはかなり北方である**こともそのときにわかりました。

ガンダーラの王カニシカ

　では、実際のガンダーラはどのようなところだったのでしょう。ガンダーラ地方の中心都市である**プルシャプラ**を拠点にしていたのが、「西遊記」の時代よりは450年ほど前の、インドの古代王朝である**クシャーナ朝**です。

　このクシャーナ朝最盛期の王が、**カニシカ王**です。カニシカ王は盛んな征服活動を行って現在のアフガニスタンやパキスタン、インド北部、ヒマラヤ山脈に沿ってネパールまでを勢力範囲としました。国内政治では、新たな暦をつくるとともに、仏教を保護しました。

　クシャーナ朝の勢力範囲は「インドの古代王朝」と言っても、かなり北よりにあり、「中央アジアの国」に近いものがありました。その中心のガンダーラ地方もインドの北にあり、**中国とローマを結ぶ、いわゆるシルクロードの一部分である「オアシスの道」の通過点にあたっています。**そのため、クシャーナ朝の支配した地域には**ガンダーラ美術**という、東西の文化が混在した独自の仏教美術が栄えたのです。

 東西が融合するガンダーラ美術

　ガンダーラ美術の仏像をよく見てみましょう。「ガンダーラ美術　仏像」などと検索すると、たくさんの仏像が出てきますが、その顔立ちを見れば、面白いことに気づくと思います。どことなく、皆、ヨーロッパ人のような顔立ちをしています。高い鼻、カールした頭髪、ひだの多い衣服など、仏像なのに、ギリシアの彫刻を見ているように思えます。

　それが、東西への道が通過しているという、ガンダーラ地方ならではの仏教美術のスタイルです。当時は西からローマ帝国、パルティア、クシャーナ朝、後漢というように超大国がずらりと勢ぞろいしていた時代です。その間のシルクロードを商人たちが行き交っていたため、自然と**東西の様式が混ざったのです。仏像ひとつとっても、ギリシアやローマの影響を強く受け、まるで西洋彫刻のように見える**ことに興味深さを感じます。

第1章 ヨーロッパ（古代〜中世）

第2章 中東（古代〜オスマン帝国）

第3章 インド（古代〜ムガル帝国）

第4章 中国（古代〜清王朝）

第5章 一体化する世界の時代

第6章 革命の時代

第7章 帝国主義と世界大戦の時代

第8章 近代の中東・インド

第9章 近代の中国

第10章 現代の世界

チャンドラグプタ2世

生没年不明

グプタ朝の最盛期をもたらした「武勇の太陽」王

グプタ朝最盛期の王。北西部の諸勢力を征服し、婚姻関係により、デカン高原も支配下とし、南方への影響力を強めた。王朝が最大領土に達した頃に東晋の法顕が来朝。文芸を奨励し、インド古典文化の復興が目指された。

 ## 「インドのシェイクスピア」を保護した王

「インドのシェイクスピア」と言われた「**カーリダーサ**」という戯曲家がいます。代表作の『**シャクンタラー**』という戯曲は、英語に翻訳された初の古代インドの文学と言われ、「恋に落ちる王と姫」や「指輪によってかけられた呪いがとけハッピーエンド」というような「王道」のストーリーが多くの作品に影響を与えています。この作品はドイツの文学者、ゲーテが好んだと言いますから、あの『ファウスト』も、このカーリダーサがいなければなかったかもしれません。

「インドのシェイクスピア」がいるのならば、シェイクスピアを保護したエリザベス1世のように、「インドのエリザベス1世」にあたる人物もいるのです。女性ではありませんが、ここでご紹介する、グプタ朝の最盛期の王である**チャンドラグプタ2世**がそれにあたります。

この人物はカーリダーサを宮廷で召し抱えて文芸にはげませただけではなく、官僚機構を整備し、銀貨をつくり、よく国を治めました。また、軍事的な才能もあり、「武勇の太陽」とのニックネームが付けられたので、「超日王」として中国に知られました。この王のもとで**グプタ朝はインダス川からガンジス川にまたがる巨大な国家となり、石窟寺院で知られるグプタ美術が花開くことになります。**インドにおもむいた中国の僧、**法顕**の『仏国記』にもその時代の繁栄ぶりが書かれています。

ハルシャ＝ヴァルダナ

不明〜647年

北インドを統一し
詩人としても知られた英明な王

ターネーサル（現在のインド）の出身。遊牧民エフタルが侵入し衰退したグプタ朝の後、混乱した北インドを統一。ヒンドゥー教・仏教を共に保護した。文芸や学問を奨励し、ナーランダ僧院で学ぶ唐の玄奘を厚遇した。

第1章　ヨーロッパ（古代〜中世）

第2章　中東（古代〜オスマン帝国）

第3章　インド（古代〜ムガル帝国）

第4章　中国（古代〜清王朝）

第5章　一体化する世界の時代

第6章　革命の時代

第7章　帝国主義と世界大戦の時代

第8章　近代の中東・インド

第9章　近代の中国

第10章　現代の世界

 ## 文武両道で知られるリアル「天竺国の王」

　カニシカ王のときに『西遊記』のお話をしましたが、本物の三蔵法師（**玄奘**）が訪れたときのインドの王が、この**ハルシャ＝ヴァルダナ**です。このハルシャ王は、**初めはヒンドゥー教のシヴァ神を信仰していましたが、のちに熱心に仏教を保護するようになり、領内に多数の仏塔を建設します。**文芸を保護するとともに、ハルシャ王自身も文人として優れた業績を残し、3つの戯曲を残しています（インドの王が書いた戯曲『龍王の喜び』なんて、読んでみたくなりますね）。歴史上の玄奘はこのハルシャ王の都、カナウジを訪れている、ということなのです。

　物語の『西遊記』では、天竺国の王は娘を三蔵法師に嫁がせようとしたり、悟空や八戒をごちそう攻めにしたりと大いにもてなします（じつは、その娘は妖怪が姿を変えた偽の娘で、宮殿内での大捕り物となるのですが）。実際の「西遊記」にあたる、玄奘の紀行文である『大唐西域記』でも、ハルシャ王は玄奘たちを厚くもてなし、**ナーランダ僧院で仏教を学ばせた**ことが書かれています。玄奘の学識に深く感心したハルシャ王は、美しく装飾を施した象に乗せて町を練り歩くように提案しましたが、玄奘は固く断ったと言います。ハルシャ王は、国民に対して国庫を空っぽにするほどの施しを何度も行ったという記述が残っていますので、もてなし好き、施し好きの「気前のいい名君」であったようです。

アイバク

不明〜1210年

**奴隷王朝を創始し北インドの
覇権を握った軍事エリート**

インドのイスラーム王朝である奴隷王朝の創始者。ゴール朝の武将としてインドを支配していたが、独立してデリーを都とする王朝を創始した。以後、デリーを都とするデリー・スルタン朝が約300年間続く。

インドに残る世界最大の「ミナレット」

　イスラームのモスクには、「ミナレット」という塔が建っているのがひとつのスタイルですが、「世界最大のミナレット」と言われるのが、インドのデリーにある世界遺産の「クトゥブ・ミナール」です。72.5mのその塔には美しい彫刻が施され、さすが世界遺産、という風格があります。

　この、クトゥブ・ミナールをつくらせたのが「奴隷王朝」を始めた**アイバク**という人物です。この「奴隷王朝」は世界史を学習する中では、中東やエジプトの他のイスラーム王朝に混じって登場しますが、それまで「セルジューク朝」や「アイユーブ朝」や「ゴール朝」などの、横文字の王朝が続いているところに、突然「奴隷」という名が登場するので、少なからず驚きを覚えます。英語でも「奴隷の王朝」を意味する「Slave Dynasty」なので、まさしく「奴隷」王朝なのです。

　この王朝の名前は、**アイバクがトルコ系の奴隷の出身であることからきています。出身は奴隷ですが、トルコ系の奴隷は軍事的なトレーニングを施された「軍事エリート」というような位置づけでした。**

　その、アイバクがインド北部を征服して自立し、その拠点に選んだのがデリーだったのです。その後デリーは（何回かの変遷は経ましたが）現在までインドの中心であり続けます。「ここを、インドの中心とする」という意気込みが「勝利の塔」、クトゥブ・ミナールに表れているのです。

バーブル

1483年〜1530年

英雄たちの血筋をひく
ムガル帝国の創始者

アンディジャン（現在のウズベキスタン）の出身。ティムール朝の復活を目指すが、中央アジアを追われ、アフガニスタンのカーブルからインドに侵入。ロディー朝を破り、デリーを都に北インド支配の基礎を築いた。

 バーブルが築いたムガル帝国の基礎

　16世紀から18世紀にかけてインドを支配したイスラーム王朝が**ムガル帝国**です。ムガル帝国の「ムガル」は「モンゴル」を意味します。これは、ムガル帝国の初代の君主、**バーブル**の母方の祖先がモンゴルのチンギス＝ハンの子孫であることからきています。母方の祖父がチンギス＝ハンから13代目、といいますから、「モンゴル」を名乗るにはやや遠めなような気はしますが、それがこの王朝の「ウリ」ということです。また、父方は中央アジア最大の軍事的天才と言われるティムールの子孫ですから、その血筋も誇りに思っていたことでしょう。

　中央アジアの出身であった**バーブル**は、アフガニスタン方面からインドの北部に侵入してその勢力範囲を広げます。カイバル峠を越えたバーブルにはインドの広い大地がありました。**バーブルの時代のムガル帝国はまだデリーやアグラ周辺をおさえているに過ぎなかったのですが、のちにインド全域を支配する大帝国となります。**

　しかし、バーブルがインドの広い台地に立ったときは、インドには魅力がない、人も礼儀正しくないし、美術や工芸もいい物がない、黄金がたくさんある広い土地だけがある、と失望したそうです。私だったら金や土地に目がくらんで、前途洋々のコメントをしそうですが、バーブルは黄金や土地には目がくらまない、高潔な人格だったのでしょう。

第1章 ヨーロッパ（古代〜中世）

第2章 中東（古代〜オスマン帝国）

第3章 インド（古代〜ムガル帝国）

第4章 中国（古代〜清王朝）

第5章 一体化する世界の時代

第6章 革命の時代

第7章 帝国主義と世界大戦の時代

第8章 近代の中東・インド

第9章 近代の中国

第10章 現代の世界

アクバル

1542年〜1605年

**「水と油」の宗教の融和につとめた
インド史に残る名君**

ウマルコート（現在のパキスタン）出身。デリーからアグラへ遷都。北インドで勢力を拡大し、ラージプート貴族らと同盟関係を結び、帝国最大版図を実現。また、ジズヤの廃止などイスラーム・ヒンドゥー両教徒の融和政策、貨幣制度の統一、マンサブダール制やジャーギール制の成立など中央集権制を確立し、帝国の最盛期の基礎を現出。

 ## インドの統治者を悩ませる宗教政策

　インドは「多様性」の国です。現在のインドでは公用語が約20種類あり、宗教でもヒンドゥー教、イスラーム、キリスト教、シク教、ジャイナ教、仏教と多様な宗教が信仰されています。 特に、ヒンドゥー教徒が多数派を占めるインドのイスラーム王朝として建国されたムガル帝国にとって、宗教政策は帝国の安定の柱でした。ムガル帝国が国家の柱としているイスラームと、インドの民衆が広く信仰しているヒンドゥー教とは「水と油」ほどに相いれないものがあったからです。

　イスラームといえば、一神教の代表的宗教です。偶像崇拝は厳禁で、イスラーム教徒が口をひらけば「アッラーの他に神なし」とまず唱えるような宗教です。唯一神アッラーのもと、信者は平等、ということになっています。かたや、ヒンドゥー教は、多神教の代表的宗教です。今でもインド料理店などに行くと、「シヴァ神」などの個性的な神像のポスターをよく目

にするように、偶像崇拝も一般的です。また、ヒンドゥー教の起源である
バラモン教は身分制度のカーストと密接な関連性があります。

　一神教・偶像崇拝禁止・平等のイスラームと、多神教・偶像崇拝・身分
制許容のヒンドゥーという、正反対の要素が多い「水と油」の関係をどう
するか、というのがムガル帝国の課題となるのです。

宗教融和につとめた名君

　ムガル帝国の第3代の皇帝、**アクバル**はこの2つの宗教の融和につとめ
た人物です。軍事的に数々の戦功を立て、内政面では中央集権的な行政組
織をつくり、税制改革により財政を安定させ、地方役人の人事異動を定期
的に行うことで地域との癒着を防ぐなど、それだけでも世界史上に残る名
君といえるのですが、とりわけその宗教政策は、帝国の安定をもたらした
と高い評価を受けているのです。

　アクバルは今でいうところの「比較宗教学」を深く学びました。討論の
場を居城にもうけ、イスラームのみならずジャイナ教徒、ヒンドゥー教徒、
ゾロアスター教徒、キリスト教徒などを招いて討論させ、積極的に宗教の
理解に努めたということです。

　そして、異教徒に課していたジズヤ（人頭税）を廃止し、ヒンドゥー教
徒たちの税制上の不利を解消しました。また、アクバル自身も宗教融和的
な婚姻をします。資料集にはアクバルの項目に「ヒンドゥー教徒と結婚」
とあるので、私はてっきりひとりの奥さんがヒンドゥー教徒なのだと思っ
ていたら、インド北西部のラージプートと言われる諸侯たちの族長が、次々
とアクバルに娘を差し出したそうです。結果、アクバルの妻は300人にも
のぼるようになった、ということですので、ある意味、国を安定させる「人
質」の性格もあったのだろうと思います。

　**アクバルの宗教融和政策によって、「水と油」は一時的に混ざりましたが、
アクバルの死後、分離が始まってしまいます。近現代史において、インド
のイスラーム教徒とヒンドゥー教徒は激しく対立してしまうのです。**

第1章
ヨーロッパ
（古代〜中世）

第2章
中東
（古代〜オスマン帝国）

第3章
インド
（古代〜ムガル帝国）

第4章
中国
（古代〜清王朝）

第5章
一体化する
世界の時代

第6章
革命の時代

第7章
帝国主義と
世界大戦の時代

第8章
近代の
中東・インド

第9章
近代の中国

第10章
現代の世界

シャー＝ジャハーン

1592年〜1666年

「世界で最も美しい墓」を 愛する妻のために建てた皇帝

ラホール（現在のパキスタン）出身。デカン高原へ遠征し領土を拡大。かつてのデリー近郊に新都シャージャハーナバードを建設。愛妃ムムターズ＝マハルのために建立したタージ＝マハルは、当時繁栄したインド＝イスラーム文化の代表建築として知られる。晩年は、アウラングゼーブにより幽閉され、死去。

 ## インド＝イスラーム様式の最高傑作

　世界遺産、タージ＝マハルは白大理石づくりの美しい建物です。56m四方の基壇の上に、高さ58mのドームがそびえます。四隅には高さ42mのミナレットが建ち、ドームとの調和が見事です。庭園には十字の水路が走り、まさに「地上の楽園」というにふさわしい姿です。満月の夜にはさらに輝きを増し、その美しさは頂点に達すると言われます。

　このように美しいタージ＝マハルですが、この建物を建てたのが、アクバルの孫でムガル帝国の第5代の皇帝の**シャー＝ジャハーン**です。

　シャー＝ジャハーンには4人の妃がいましたが、その中でもムムターズ＝マハルという妻を特に愛していました。シャー＝ジャハーンが20歳、ムムターズ＝マハルが19歳のときに結婚し、仲睦まじい夫婦として連れ添い、多くの子をもうけましたが、結婚から19年経ったとき、出産がもとでムムターズ＝マハルが亡くなってしまったのです。

シャー＝ジャハーンは絶望に陥って、公務から離れがちになり、髪もすっかり白くなったといいます。そして、失意のシャー＝ジャハーンの頭に浮かんだのは、世界一美しいお墓をつくることでした。ムムターズ＝マハルの死の翌年から始まったタージ＝マハルの工事は22年ののちに完成し、シャー＝ジャハーンはその中央にムムターズ＝マハルの棺を置いたのです。

 ## 航空写真に残る「川を挟んだ建設用地」

じつは、シャー＝ジャハーンはこのタージ＝マハルの向かい側に自らのお墓としてもうひとつ、黒大理石のタージ＝マハルをつくろうとしたという話が伝わっています。たしかに「グーグル・マップ」などで見てみると、タージ＝マハルの川を挟んだ向こうにも建設用地の跡があり、「Black Taj Mahal」などの説明書きがあります。川を挟んで白と黒のタージ＝マハルが並ぶ姿はさぞかし壮観だったに違いありません。

しかし、それは息子のアウラングゼーブにとっては、ただの「浪費」に見えたのかもしれません。黒大理石のタージ＝マハルの建設には莫大な予算がかかることでしょう。もともと、シャー＝ジャハーンは7年間もかけて金と宝石だらけの玉座をつくるような浪費家です。アウラングゼーブは、「椅子に7年間もかける父」に国を任せては、すぐに財政が破綻してしまうと思ったのか、シャー＝ジャハーンを捕らえ、アグラ城に閉じ込めてしまったのです。

老いたシャー＝ジャハーンは日々、アグラ城の窓辺に座り、ムムターズ＝マハルを思いながらタージ＝マハルを眺め暮らした、といいます。死後、シャー＝ジャハーンの棺はムムターズ＝マハルの棺の隣に安置され、今も二人はタージ＝マハルで並んで眠っています。

このように書けば純愛物語にも見えますが、ムムターズ＝マハルの死後、公務から離れがちになっていた間、シャー＝ジャハーンは好色にふけり、ヨーロッパにも噂が伝わるほど乱れた宮廷だったそうです。「一途」というわけではなかったようなのです。

第1章 ヨーロッパ（古代～中世）

第2章 中東（古代・オスマン帝国）

第3章 インド（古代～ムガル帝国）

第4章 中国（古代～清王朝）

第5章 一体化する世界の時代

第6章 革命の時代

第7章 帝国主義と世界大戦の時代

第8章 近代のインド

第9章 近代の中国

第10章 現代の世界

アウラングゼーブ

1618年〜1707年

宗教政策を転換した
「真面目なイスラーム教徒」

ダーホード（現在のインド）出身。デカン高原を平定し、帝国最大版図を実現。しかし、熱心なスンナ派イスラーム教徒で、ヒンドゥー教徒を弾圧し、宗教対立が激化。その結果、地方で反乱が頻発し、その死後帝国は衰退。

 ## 厳格なイスラーム国家を目指した皇帝

　浪費癖の父、シャー＝ジャハーンと対照的に、息子の**アウラングゼーブ**は禁欲主義者でした。質素な服を着て、宝石もほとんど身に着けず、ストイックに国政に向かう「真面目人間」だったようです。よき皇帝であろうという意識が高く、勇猛果敢で、身分の低い者にも思いやりがありました。**アウラングゼーブのときに、ムガル帝国は領域的にも豊かさにおいても絶頂期を迎えます。**

　しかし、その「真面目さ」が宗教面にも向かったことが、帝国の衰退を招いてしまうことになります。イスラーム教徒として「真面目」だったアウラングゼーブは、**アクバル以来の宗教融和的な政策を捨て、厳格なイスラーム国家であろうとしたのです。異教徒に対する人頭税を復活させ、イスラームへの改宗を進めるアウラングゼーブに対して民衆は抗議の声を上げ始めます。**北部のシク教徒や反感を持ったラージプートの部族たちが反乱に立ち上がり、帝国に対し粘り強いゲリラ戦を開始します。

　相次ぐ反乱にもアウラングゼーブは「真面目に」対応します。兵を率いて反乱軍と戦い、その生涯は絶え間のない戦闘状態にありました。その治世は49年間に及び、89歳で亡くなりましたが、疲れ果てたアウラングゼーブは臨機応変に統治できなかった自身の力不足と、人生がむなしく過ぎていったことを嘆きながら挫折感の中で亡くなったそうです。

第4章

中国
（古代～清王朝）

晋の文公
しん ぶん こう

紀元前697年頃〜紀元前628年

「春秋の覇者」となった
「逃げの重耳」

春秋の五覇のひとり。晋での内紛を避け、19年間諸国を放浪し、その後秦の援助を受け君主として即位。周の内乱を鎮め、軍制を中心とする政治体制を確立し、周王を迎えて諸侯と会盟した。

 43歳から始まった「覇者への道」

中国史が好きな方は「重耳」という名前を一度は耳にしたことがあるかもしれません。宮城谷昌光さんの小説『重耳』をはじめ、その物語は様々な本に登場します。この、「逃げの重耳」とも言われた人物こそが、春秋時代の代表的「覇者」のひとり、**晋の文公**となる人物です。

重耳が「逃げ」始めるきっかけとなったのは、重耳の父の妃のひとりである驪姫が、自分の子を晋のあとつぎにするため、腹違いの子である重耳たちを遠ざけ、殺害しようとしたことです。

重耳の逃亡生活は狄（母の実家の国）、斉、宋、鄭、楚、秦と、様々な国にわたります。途中、飢えた重耳は農民に食を乞うたところ、土器に土を盛って出されたという屈辱をも味わっています。19年間の流浪の末、秦の穆公という人物の支援を受け、ようやく君主になれたのです。これが、「晋の文公」というわけです。

晋に戻った文公は国内を平定し、各地に兵をすすめ、**諸侯のリーダーとしての実力を示して「覇者」と認められました。**

このエピソードが私たちに少し勇気を与えてくれるのは、重耳の逃亡が始まったのが43歳、君主になったのが62歳ということです。43歳からの下積みでも、歴史に名を残せるのですから、まさに「中年の星」というわけです。

孔子（こうし）

紀元前551年頃～紀元前479年

東アジアの文化的基盤となった儒家の祖

曲阜（現在の山東省）出身。政治の基本を徳だとし、「仁」を基盤とする「礼」の実践の重視を説いた。また、こうした徳のある統治者による「徳治主義」を理想とした。孔子の死後、弟子らが編纂した孔子と弟子の言行録『論語』は儒教の経典となった。孔子が編纂した春秋時代の年代記『春秋』は「五経」のひとつである。

日本各地にもある「孔子廟」

　私が住んでいる福岡県の隣、佐賀県多久市には「多久聖廟（たくせいびょう）」という重要文化財の孔子廟があります。唐破風（からはふ）（カーブしたひさし）がとても趣がある建物で、私も教え子の受験合格を祈って何度か訪れたものです。また、そのお隣の県の長崎県長崎市にも孔子廟があります。ここは、毎年2月に行われているランタンフェスティバルの「変面ショー」の会場になっており、私も大いに楽しませてもらっています。東京には有名な湯島聖堂があり、この湯島聖堂の講堂や寮が江戸幕府直轄の教学機関である昌平坂学問所となったことから、湯島は「日本の学校教育発祥の地」と言われます。

　これら、日本各地にある孔子廟でまつられている人物が孔子です。日本のみならず、本家の中国にも、韓国にも、台湾にも多くの「孔子廟」が建てられ、まつられています。

　孔子は、春秋時代の小国、魯の国に生まれました。魯の法をつかさどる

役職に就いた孔子は国政改革を行おうとしますが、うまくいきませんでした。孔子は辞職して諸国をめぐり、理想とする君主を探そうとしますが、諸国の君主は孔子の説く理想政治を採用しませんでした。

結局、魯の国に戻ることとなった孔子は学校を開き、弟子の教育と、古典の整理と編纂に専念するようになります。孔子の弟子は3000人以上にのぼり、その弟子や後世の人物が孔子の教えをまとめることとなります。**その教えは儒教として脈々と受け継がれ、孔子は教育者の「先駆」のような位置づけとなり、東アジアを中心として多くの人からの尊崇を受けることとなります。**

 ## 孔子が説いた「仁」と「礼」

孔子の中心的な考えは、「徳」を基礎とした秩序づくりです。**親への「孝」や兄への「悌」という家族道徳を出発点に、国家においても君主の「徳」によって秩序がもたらされることを理想としました。**

そのためには「仁」と「礼」を社会に根付かせることが必要だと説いたのです。「仁」とは、人が本来持つまごころという、内面的な心のありようです。「礼」とは作法という「形」で示される、外面的な行いのありようです。

私も学校教育の中で仕事をしているので、この、孔子の「仁」と「礼」という言葉が身にしみるときがあります。教員として生徒にまごころをもって接するという「仁」の場面と、見た目や挨拶など外面的な「礼」を用いてけじめをつけなければならない場面があるからです。孔子の言葉や行いを後世の弟子たちがまとめた『論語』の中にも、教員として勤務する上で役に立つ言葉が多くあります。「人を見て自分を反省しなさい」とか、「考えるよりも行動するほうがよい」とか、「間違いに気づいて改めないことが本当の間違いだ」というような言葉は、すぐに明日のホームルームでも使えそうです。さすが、教育者の先駆として、時代を超えてまつられているだけのことはあると思います。

孟子、荀子

第1章 ヨーロッパ（古代～中世）
第2章 中東（古代～オスマン帝国）
第3章 インド（古代～ムガル帝国）
第4章 中国（古代～清王朝）
第5章 一体化する世界の時代
第6章 革命の時代
第7章 帝国主義と世界大戦の時代
第8章 近代の中東・インド
第9章 近代の中国
第10章 現代の世界

（孟子）紀元前372年頃～紀元前289年頃／（荀子）紀元前298年頃～紀元前235年頃

**孔子の考えを2方向に
発展させた儒家の後継者たち**

孔子の儒家を継承。孟子は、人間の本性は善であり、「仁」「徳」に向かうという性善説を主張。一方荀子は、人間の本性は悪であり、正しく教育する必要があるとする性悪説を主張。

孔子の教えの2つの側面

　孔子の教えを受け継ぐ「儒家」の人物の代表が**孟子**と**荀子**です。**この2人は、孔子の「『仁』と『礼』をもとにした理想国家」というものを、「性善説」と「性悪説」という違ったアプローチから実現しようとしたのです。**

　孟子は人の心は善であるとする「性善説」を唱えました。そのため、やはり「仁」の側面をまず大切にしていきます。**君主がまず努力して高い徳を身につけ、まごころをもって民衆にあたれば、民衆もその徳に触れて、おのずと理想国家に近づいていくだろう**、という考え方です。

　一方、荀子は、人の心は「悪」、というよりも「利己的」なものであるという「性悪説」を唱えました。ひとりひとり違った考えを持つ人々の中で秩序を生み出し、理想国家に近づくには、**ひとまずは「礼」を徹底し、「形」から入って理想のありかたに近づくことが大切**だということです。

　もちろん、どちらが正解、ということではなく、両者の考え方はともに、人が学んで徳を身につけ、理想的な社会を実現しようという孔子の考えを目指すことには変わりがありません。孟子は性善説の立場から「心」から入り、荀子は性悪説の立場から「形」から入る、というアプローチの違いです。後世、孟子の考えは「心」の自己修養により物事の「理」を追求しようという朱子学に発展し、荀子の考えは「法」という「形」で社会秩序を実現しようという法家の思想に発展します。

韓非
かん　ぴ

不明〜紀元前233年

秦の始皇帝に政治の在り方を
説いた法家の大成者

荀子に影響を受け、法治主義による信賞必罰に基づく統一国家の必要性を説き、秦王（のちの始皇帝）の信頼を得て法家を大成するが、同門でのちの秦の宰相の李斯に謀られ、獄死。

「情」より「法」のクールな姿勢

「矛盾」という言葉があります。「最強の矛と最強の盾をうたった商人が、その２つを実際に戦わせてみればどうなるかと聞かれ、商人は返す言葉がなかった」という、そのわかりやすいストーリーから、中学校の国語でもよく取り上げられる故事です。この「矛盾」は、**韓非**の著書である『韓非子』の一節にあります。

韓非は、荀子の弟子にあたります。荀子は「性悪説」を唱え、孔子の理想の実現にはまずは「形」から入ることが大切だ、と唱えましたが、**韓非はもっとクールに、「形」そのものが大切だ、と唱えたのです。**すなわち、荀子は儒家のひとりとして、「徳」を実現するひとつのステップが「礼」と捉えたのですが、韓非はそうした情緒的なものが目標ではなく、「法」そのものをきちんと守らせることによって社会秩序を保とうという考え方なのです。法さえきちんとしていれば、君主に徳や力量があろうがなかろうが、社会秩序が保たれます。そのために、**情という主観にとらわれずに客観的に、厳格に賞罰を行う「信賞必罰」が必要である**、と唱えるのです。こうした考え方は、法によって統治され、社会秩序が保たれている現代の我々の考えに近いものがあると思います。

「矛盾」の故事が『韓非子』に載せられているのも、「主観ではなく客観が重要なのだ」という、韓非のクールな姿勢のあらわれだと思います。

墨子
ぼく　し

第1章 ヨーロッパ（古代〜中世）

第2章 中東（古代〜オスマン帝国）

第3章 インド（古代〜ムガル帝国）

第4章 中国（古代〜清王朝）

第5章 一体化する世界の時代

第6章 革命の時代

第7章 帝国主義と世界大戦の時代

第8章 近代の中東・インド

第9章 近代の中国

第10章 現代の世界

紀元前480年頃〜紀元前390年頃
博愛を唱え非戦論を説いた
「守りのスペシャリスト」

若い頃は儒学を学んだが、のちに無差別の愛である「兼愛」と相互扶助の重要性を説く独自の考えに至り、非攻・非戦の平和論を説いた。「墨家」という防御集団を組織し、築城にもあたった。

「守るために戦う」墨家集団を組織

『墨攻』という映画があります。これは、酒見賢一さんの小説『墨攻』からインスパイアされた、森秀樹さんのマンガ『墨攻』を映画化したものです。私はこの映画で墨子の存在を知りました。

　映画の主人公は墨子そのものではなく、墨子の教えを受けた「墨家」のひとりなのですが、劣勢に立たされた城に単身乗り込み、圧倒的な数の敵を前に城を守り抜こうと奮戦する様子が描かれます。この、**「攻めずに守る」** というのが墨家の特徴なのです。

　墨家の祖である**墨子**は、戦国時代の思想家でした。若い頃は儒学を学んでいましたが、次第に**「礼」などの上下関係を前提とする儒学を「支配層の学問」として批判するようになります。**孔子の教えである「仁」は差別的な愛として否定し、上下関係ではない、博愛的で無差別な「兼愛」こそ大切であり、人々が相互に支え合うことが必要だと説きました。

　そのため、墨子は戦争を行うべきではないという「非攻・非戦」を説きます。しかしそれは消極的な「無抵抗」ではなく、愛するものを積極的に守ることこそが大切だと説いたのです。古代中国においては勝者が敗者を皆殺しにすることが多く、それを防ぐための戦いには積極的であろうというのが墨子の姿勢です。そのために墨子は、**戦争における防御のスペシャリスト集団である「墨家」集団を組織した**ということなのです。

孫武

そん ぶ

生没年不明

戦わずして勝つことを説いた
「風林火山」の生みの親

兵家の代表的な思想家のひとり。軍事戦略や兵法を著した『孫子』は、最も著名な兵法書の一つで、「戦わずして勝つ」ための戦略思想が現代にも大きな影響を及ぼしている。

 ## 「戦い」よりも「準備」が大切と説く

「風林火山」といえば、日本の戦国時代の名将、武田信玄の旗印として有名です。「風のように速く行動し、林のように静かに機をうかがい、攻めるときは火のように攻め、動かないときには山のようにどっしりと構える」という、いかにも戦国好きの心をくすぐるようなフレーズです。このフレーズは、春秋時代の軍事思想家である**孫武（孫子）**の兵法書である『孫子』からとられています。

さて、多くの翻訳や要約本などがあるこの『孫子』を読んでみることにしたいと思います。読んでみると、意外なことに気づきます。「兵法」の本なので、作戦の立て方や戦場での戦い方がたくさん書いてあると思いきや、「戦争は避けられるならば避けたほうがいい」、「負けないコツは負けるとわかっているいくさをしないことである」「勝つコツはできるだけ多くの兵を戦場に連れて行くことだ」と、**当たり前のことが書いてあります。**たとえば、「大学に受かるコツは、たくさん勉強することだ」というようなイメージのことが並んでいるのです。

もちろん、後半には戦争のテクニック的なことも書いてあるのですが、それよりもまず、**勝利に大切なのはその前の「準備」だということが『孫子』の核心なのです。**「当たり前のことをして、戦わずして勝つ」というのが時代を超えた必勝の戦術のようです。

始皇帝
（しこうてい）

紀元前259年〜紀元前210年

中国を初めてひとつにした
統一国家の初代皇帝

邯鄲（現在の河北省）出身。法家の李斯を重用し、中国全土を史上初めて統一。郡県制の採用、中央官制の整備、貨幣・度量衡・文字の統一、焚書坑儒による思想の統一、万里の長城の修築による匈奴侵入防衛など内政改革と富国強兵を徹底。しかし、死後これらの強権的な政治の反動が全国に広まり、秦王朝はまもなく崩壊。

第1章 ヨーロッパ（古代〜中世）

第2章 中東（古代〜オスマン帝国）

第3章 インド（古代〜ムガル帝国）

第4章 中国（古代〜清王朝）

第5章 一体化する世界の時代

第6章 革命の時代

第7章 帝国主義と世界大戦の時代

第8章 近代の中東・インド

第9章 近代の中国

第10章 現代の世界

 ## 「皇帝」を名乗った初めての人物

　秦の**始皇帝**は歴史上初めて中国の統一をなしとげた人物です。13歳で秦の王となった「嬴政」（えいせい）が、周囲の大国を次々と攻め滅ぼして中国を統一し、中国で初めて「皇帝」と名乗って様々な事業を行いました。始皇帝は全国を36郡に分けて役人を派遣する**郡県制**を施行し、官僚制を整備し、文字や暦、貨幣を作成し、長さや重さの単位を統一し、交通網を整備するなどの数多くの事業を行い、のちの中国の基礎をつくりました。

　始皇帝が中国の南北を統一し、**万里の長城**を修築し連結させて「北の端っこのライン」をつくったことで、領域としての「中国」が確立し、以後、「ひとつの中国」が通常の姿、「分裂した中国」が非常時の姿、ということになったのです。もし始皇帝がいなければ、現在の中国にはヨーロッパのようにたくさんの国々が存在していたかもしれません。また、その墓の規模も巨大で、付近には7000体以上にのぼる焼き物の兵隊である兵馬俑が配

置されていることも大変興味深いです。

 秦に見る法治国家の原型

　始皇帝はその政治に法家の思想を取り入れました。先述の孔子・孟子・荀子らのいう「礼」ではなく、**韓非子などが唱える信賞必罰の「法」を国家の基礎に据えることにしたのです。**

　このことが、儒家、すなわち孔子の流れをひく人々の反発を生みました。たとえば、始皇帝は中央から役人を派遣し地方をおさめさせるという「郡県制」をとりましたが、儒家たちは各地に世襲の王をたてる「封建制」の実施を求めました。儒家たちの求める「封建制」の王たちは地縁や血縁を大切にし、「徳」によって地域を治める存在だからです。

　儒家たちに言わせれば、始皇帝のやろうとしている「郡県制」は、「その土地に縁もゆかりもない『公務員』を派遣し、『徳』ではなく『法』で支配しようとしている」ということで、「孝も、悌も徳もあったものじゃない」という悪政に見えたことでしょう。

　また、始皇帝が採用した法家の思想は「君主が誰であっても、法は法」なのです。君主自身の徳ではなく、絶対的な力を持つ法の力によって秩序をもたらす、という思想です。

　一方、儒家たちの論理でいけば、たしかに「礼」という「形」も重視しますが、それ以上に大切なのが、君主の「徳」ということになります。「家臣や民衆もあなたに礼を尽くしますが、そのかわり君主も善い政治を行いなさい」ということが儒家のスタンスなのです。儒家たちは自然と、法家に対して批判的なスタンスを取るようになります。

　始皇帝はこれらの批判を封じるため、法家の人物である宰相の**李斯**の意見により「焚書坑儒」という思想統制を行います。医薬、占い、農業書以外の書籍を焼かせて、始皇帝に批判的な儒者たち450人以上を生き埋めにして殺したのです。こうした厳しい政治が反発を生み、秦は統一からわずか15年で滅びてしまいます。

陳勝
ちん　しょう

不明～紀元前208年

**苦し紛れの反乱が
教科書に載るほどの大反乱に**

陽城県（現在の河南省）出身。始皇帝の死後、呉広とともに農民反乱を指導。大雨で入営が遅れたために斬刑を恐れ、群衆を率いて挙兵。わずか6ヶ月で鎮圧され、失敗に終わったが、呼応した反乱が起き、秦の滅亡を招いた。

 ## 法家の厳しさが反乱を誘発

　始皇帝の厳しすぎる政治は、思わぬ大反乱を生みました。それが「陳勝・呉広の乱」です。始皇帝の死の翌年のことですが、兵士であった**陳勝**と呉広は、万里の長城の警備に動員された900人の農民を護送する任務を行っていました。しかし、途中の道で大雨にあい、どうしても期日までに到着することができなくなってしまいました。秦の法律では期日までに到着しなければ死罪が待っています。

　始皇帝がつくった**「法家」の国では、このような場合の柔軟性がなかったのです。死を待つよりも、反乱を起こしてしまえ、と、陳勝と呉広は反乱を起こしました。**反乱軍はまたたく間に拡大し、数十万人にふくれあがったのです。反乱軍は秦の都、咸陽にまで迫ることができましたが、戦争のプロである秦の将軍との戦いでは大敗を喫し、約1年で反乱は鎮圧されました。陳勝自身、それだけの規模の反乱軍を率いる能力があったかはわかりません。反乱を起こしてみたら予想以上に拡大してしまったのです。

　その昔、日雇い時代の陳勝は、自身の雇い主に大きな口をきき、バカにされると「燕雀安んぞ鴻鵠の志を知らんや」と言ったといいます。ツバメや雀のようなお前に、大きな鳥の気持ちがわかるか、という意味です。

　ノリで反乱を起こしたところ、実際、教科書に載るほどのビッグな人物になれたのですから、それはそれで幸せな人生だったのかもしれません。

項羽
こう　う

紀元前232年〜紀元前202年

高い自尊心が身を滅ぼした「西楚の覇王」

下相県（現在の江蘇省）出身。かつて秦に滅ぼされた楚の名門出身。陳勝・呉広の乱のあと挙兵し、劉邦ら漢軍とともに咸陽を破壊し、秦を滅ぼした。その後、自らは西楚の覇王を称したが、やがて劉邦と天下を争う楚漢戦争の末に敗れ、乱戦の中、自殺した。なお漢軍に包囲され、項羽が孤立されたさまは、「四面楚歌」の由来ともなった。

武勇を誇った「攻めの項羽」

　秦が滅びたのち、天下を争った**項羽**と**劉邦**の2人の英雄物語、そしてそれをとりまく群像劇は司馬遼太郎の『項羽と劉邦』など、小説の題材によくとりあげられます。また、項羽が剣舞にみせかけて劉邦を殺害しようとし、劉邦がその場をからくも脱出するという、有名な「鴻門の会」の故事は、高校の国語の教科書に載せられているので、多くの人の記憶にあるのではないかと思います。**高校時代に学習するこの故事ひとつとっても、「攻めの項羽」と「逃げの劉邦」が対比されているように、出自も性格も、リーダー性も対照的な2人でした。**

　項羽は中国の南部にあった戦国時代の国家、楚の将軍の家柄でした。父の名前や業績は不明ですが、「名門」といってよい家柄です。項羽は長身の堂々たる体格の持ち主で、巨大な青銅の鼎（かなえ）（鍋型の青銅器）を持ち上げるほどの力持ちでした。すさまじい武力の持ち主なのですが特に凄いのは、項

羽の「目力」でした。自分を射殺そうとした相手をカッと目を見開いただけで震え上がらせ、陣中に逃げ込ませたという逸話もあります。

秦の始皇帝の堂々とした巡行を見た際にも「やつにとって代わるぞ」と、大言壮語したそうです。それがビッグマウスでないことに、その後、秦軍を次々と打ち破り、実際に秦を滅ぼす武勇を見せたのですから、さすがの一言に尽きます。

積極的で豪快、率直、激情家の項羽ですが、ただの激情家ではないところに項羽の良さはあります。項羽に仕えて重く用いられず、劉邦のもとに参じた韓信は「項羽は人と会うときは丁重で思いやりがあり、言葉遣いも優しいです。人が病気になると、涙を流して自分の食べ物を分けてやります」と、項羽を高く評価しています。

 ## 身を滅ぼした項羽の「弱点」

しかし、韓信の言葉は「しかし、手柄を立てた者には、授けるべき印をすりつぶし、出し惜しみして渡さないのです」と続きます。項羽には欠点も多くあったということです。

不穏な動きを見せた秦の20万人の投降兵を崖から突き落として皆殺しにしてしまったり、落とした城の城兵を皆殺しにしたりする残酷さがありました。また、高い自尊心の裏返しとして人を信頼して任せる、ということができません。ですから、戦争に勝ち続けているようには見えても、征服地の人々を恐怖に陥れ、部下たちの信頼を失い続けていたのです。

「国士無双」と言われ、劉邦に決定的な勝利をもたらした韓信、最大のブレーンである范増、先陣を務めた猛将の黥布など、重臣たちが次々と項羽のもとを離れていきます。

気づけば項羽の周りは敵ばかりになっていました。敵兵から楚の歌が聞こえてきた「四面楚歌」は劉邦軍の策略ともいわれますが、**すでに項羽は自ら四面楚歌の状況に追い込んでいたのです。**項羽の死体は褒美目当ての漢の兵によってバラバラにされ、後には何も残らなかったそうです。

第1章 ヨーロッパ（古代～中世）

第2章 中東（古代～オスマン帝国）

第3章 インド（古代～ムガル帝国）

第4章 中国（古代～清王朝）

第5章 一体化する世界の時代

第6章 革命の時代

第7章 帝国主義と世界大戦の時代

第8章 近代の中東・インド

第9章 近代の中国

第10章 現代の世界

劉邦
りゅう ほう

紀元前247年〜紀元前195年

項羽と戦い
天下を握った漢王朝の祖

沛県（現在の江蘇省）出身。陳勝・呉広の乱が起こると挙兵し項羽の軍と合流した。項羽より先に咸陽を陥落させたが、項羽が覇権を握り、西方の辺境へ左遷される。やがて項羽の圧政に反発して各地で反乱が起きると、劉邦も出撃し、楚漢戦争へ。項羽を破り、長安を都に漢を建国。「郡国制」を採用し、漸進的中央集権化で、漢の基礎を確立。

負ければ負けるほど強くなった「敗北将軍」

　一方、劉邦は項羽とは対照的に、戦えば負けるというような「敗北将軍」でした。名門の出であった項羽とは違い、「田舎の地主」という程度の、とりたてて高い身分ではありませんでした。前漢の時代に書かれた司馬遷の歴史書、『史記』でも「父は太公といい、母は劉媼という」という記述があります。太公とは「おじさん」、媼とは「おばさん」というような意味ですので、とりたてて名前も伝わっていないような庶民の出であることが良くわかります。自分が所属する前漢の創始者ですので、司馬遷は劉邦の業績をもう少し飾ってもいいようなものですが、両親を紹介したあとの『史記』の劉邦に対する記述も、劉邦の度量は大きかったが、家業は手伝わなかった、というように飾り気のないものになっています。

　秦の始皇帝に「とって代わる」と言った項羽とは対照的に、劉邦は始皇帝を見かけたとき、「男だったらこういう風になりたいよな」と率直にあこ

がれを口にします。

　こうした、劉邦の素朴さ、素直さは部下の扱いにも発揮されます。部下に対して乱暴なものの言い方をすることもありますが、部下の言葉には素直に耳を傾けてその意見を取り入れ、その功績に対して惜しみなく恩賞や土地を与えました。この気前良さも項羽とは対照的でした。

　項羽の勝利は部下のおかげでもあるのに、項羽はその功績に過少に報いるために部下の心が離れていきます。また、勝てば勝つほど項羽は自分の力だと思い、部下の意見を取り入れなくなります。劉邦は負ければ負けるほど部下の意見に耳を傾け、少ないながらもなんとか報いようとしたのです。**項羽軍は勝てば勝つほど弱くなり、劉邦軍は負ければ負けるほど部下に信頼されて強くなる、という構図により、劉邦は最終的に勝利をつかむのです。**

 天下を取ったあとの「手のひら返し」

　こうして、項羽との戦いを制した**劉邦**が「漢」王朝をたてることになりました。漢王朝は途中、王莽による中断をはさみますが、約400年間も続き、「漢字」「漢民族」のような、「中国」を示す言葉に「漢」の字が使われるように、中国を代表する王朝になりました。

　劉邦は功績のあった家臣たちを王に取り立て、各地を治めさせるとともに、都に近い地域は直接役人を派遣して統治するという「郡国制」を始めました。

　しかしながら、部下を信頼し、重く取り立てたことによって天下を握った劉邦はその後「豹変」し、手のひらを返したようにこの王たちを次々に「粛清」し、劉一族に置き換えていくのです。天下を取る上で最も大きな功績があった韓信、項羽から寝返ってきた黥布、そして、幼馴染の盧綰までもが、格下げや処刑、あるいは逃亡という憂き目にあいました。

　この「手のひら返し」からは、部下を信頼したという劉邦のイメージとは少し離れた、天下人としての冷徹な一面も透けて見えるのです。

第1章 ヨーロッパ（古代〜中世）

第2章 中東（古代〜オスマン帝国）

第3章 インド（古代〜ムガル帝国）

第4章 中国（古代〜清王朝）

第5章 一体化する世界の時代

第6章 革命の時代

第7章 帝国主義と世界大戦の時代

第8章 近代の中東・インド

第9章 近代の中国

第10章 現代の世界

武帝
ぶ　てい

紀元前156年〜紀元前87年

前漢の最盛期をもたらし
「武」の字を贈られた皇帝

長安（現在の陝西省）出身。郡県制を拡大し、郷
挙里選を施行して中央集権化を推進し、董仲舒の
献策で儒学の官学化を行った。対外政策としては、
匈奴挟撃に向け張騫の大月氏派遣や、西域・南越
に征服地を拡大し前漢の最大領域をもたらした。
なお、こうした度重なる外征による財政難には、さ
まざまな経済政策で再建を図った。

 中国の皇帝の様々な「呼び名」

　世界史の教科書には、「文帝」や「景帝」、「高祖」や「太宗」、「永楽帝」
とか「乾隆帝」のような名前があります。中国史が苦手な生徒は、漢にも
唐にも「高祖」が登場したり、唐にも宋にも「太宗」が登場したり、後漢
の「光武帝」と明の「洪武帝」がごっちゃになったりと、この「皇帝の呼
び名」が中国史を苦手にするもとになっている場合も多くあります。この
「呼び名」のほかに、皇帝たちはそれぞれ「本名」を持っています。たとえ
ば漢の高祖は「劉邦」、唐の高祖は「李淵」、後漢の光武帝は「劉秀」、明の
洪武帝は「朱元璋」、清の乾隆帝は「愛新覚羅弘暦」といった感じです。

　では、「呼び名」はどういう風に付けられるかというと、生前の業績や人
となりにより「文」や「武」などの文字が選ばれ、死後贈られる「諡」や、
おくりな
その人物をまつる建物に付けられた名前（王朝創始者には「祖」、2代目以
降は「宗」が付けられる）である「廟号」や、皇帝につきひとつの年号が
びょうごう

定められた明以降には、その皇帝の「年号」によって名付けられます。

「武帝」ならではの「武」による業績

　さて、この項で紹介する前漢の7代目皇帝の**武帝**ですが、この人物も同じように、本名は「劉徹」、諡号は「武帝」、廟号は「世宗」というようにいろいろな呼ばれ方をするのですが、そのうち最もよく知られる「武帝」が教科書に載っているのです。諡の中でも、「武帝」や「文帝」はとりわけすぐれた皇帝に贈られる名称で、「武帝」は軍事的な業績がすぐれた皇帝、「文帝」はその政治的手腕がすぐれた皇帝、という意味合いがあります。

　武帝はその諡のとおり、積極的に遠征を行い、前漢の領域を最大に広げた皇帝です。北方では中国の「宿敵」であった匈奴を討ち、東は衛氏の支配する朝鮮を征服して楽浪郡など4つの郡を置きました。南はベトナムまで進出しますし、西は敦煌、フェルガナというところまで支配を及ぼしました。「大宛」と呼ばれたフェルガナには、日に千里（500km）を走り、血のような汗を流すという「汗血馬」を求めたといいますから、いかにも「武」を重んじる武帝らしいエピソードです。匈奴をはさみうちにするため、次ページで紹介する**張騫**を派遣したのもこの武帝です。

「武」だけでないマルチな皇帝

　マルチな活躍を見せる皇帝のもと、前漢には最盛期がもたらされますが、**武帝のこのような積極的な姿勢は、当然、戦費をまかなうための財政難を招きます。その立て直しのため**、塩や鉄、酒を国家が独占販売するという専売制をしき、五銖銭という硬貨を大量発行します。また、物価が下がりすぎたら物品を買い付け、物価が上がったら物品を売るという、物価の調整と政府の収益の確保を目的とした政策を行いました。また、儒学を政府公認の学問にして学ばせました。武帝の治世は54年の長きにわたりましたが、晩年は少しずつ衰退の兆候が見られました。こののち、在位が50年を超える皇帝は清の康熙帝と乾隆帝しか存在していません。

第1章 ヨーロッパ（古代～中世）

第2章 中東（古代～オスマン帝国）

第3章 インド（古代～ムガル帝国）

第4章 中国（古代～清王朝）

第5章 一体化する世界の時代

第6章 革命の時代

第7章 帝国主義と世界大戦の時代

第8章 近代の中東・インド

第9章 近代の中国

第10章 現代の世界

張騫

不明〜紀元前114年

任務を忘れなかった男の「グレートジャーニー」

前漢の政治家・旅行家。西方の大月氏と提携し、敵対する匈奴を挟撃するために、武帝の命で長安から西域方面へ派遣された。しかしその途中で匈奴の捕虜になり、10年かけてようやく大月氏に到着したが、同盟締結には至らなかった。その後再び武帝の命で烏孫や大宛（フェルガナ）へ派遣・遠征し、西域の事情を明らかにした。

 張騫のグレートジャーニー・前半

　匈奴との戦いに勝ち、ユーラシア大陸の東半分を支配するという武帝の「大戦略」のため、中国のはるか西方に派遣されたのがこの**張騫**という人物です。**武帝は匈奴を破るため、西のかなたの大月氏という勢力と同盟を組み、大きく匈奴をはさみうちにしようとしたのです。**そのための使者を武帝が募ったときに立候補した人物が張騫でした。

　しかし、「はさみうち」にしようということは、どうしても敵の中を突っ切っていかなければなりません。張騫は漢の区域から出るとすぐに、敵である匈奴につかまってしまうのです。

　とらわれの身になった張騫ですが、匈奴の王は勇敢で人格もすぐれた張騫を悪く扱わず、妻も与えて匈奴に住まわせます。あわよくば、匈奴の将として迎えたいと思っていたかもしれません。何年もの月日が流れましたが、張騫は常に漢王朝の使者であることを忘れませんでした。

そしてある日、隙をついて匈奴を脱出し（置いて行かれた妻と子はかわいそうですが）、大月氏のもとへたどり着いたのです。地図で見ると、片道でも4000kmに及ぶ旅になりました。

 張騫のグレートジャーニー・後半

ようやく大月氏のもとにたどりついた張騫ですが、大月氏との同盟という当初の目的は果たせませんでした。大月氏は過去、匈奴に手痛い敗北を喫していたため、同盟に誘えば乗ってくると思われたのですが、張騫が行ったときには豊かな地に移動して安住しており、復讐心が消えていたのです。仕方なく漢に戻ることになった張騫ですが、そこで再び、匈奴に捕まってしまいます。つくづく、運が悪い…と思うところですが、そこで張騫は妻子と再会を果たすのです。

今度の抑留は1年あまりで終わりました。匈奴の王が亡くなったことによる混乱に乗じ、匈奴を脱出することに成功したのです。出発したときには100人あまりいた使節団も、帰国のときには張騫と、匈奴出身の妻、そして匈奴で部下にした人物の3人だけになったといいます（子どもはどうなったのかは不明で、ちょっと心配になってしまいます。孫が存在したという記録はあり、祖父と同じように西域への使者として旅立っています）。

目的は果たせなかったものの、**張騫の旅は無駄ではありませんでした。この遠征によって中国のはるか西の様子がわかるようになり、前漢にとって重要な遠征ルートや交易ルートが明らかになったからです。**

大月氏への「グレートジャーニー」は終わりましたが、張騫の旅はまだ終わりませんでした。張騫は武帝に「烏孫」という国との同盟を提案し、自ら使者として旅立ちました。烏孫も大月氏に負けず劣らずの遠方にある国です。再びはるか西の国との同盟を提案するあたり、「西域の専門家」の自負を感じます。この旅を4年で終えた張騫は、その翌年に亡くなっています。

第1章 ヨーロッパ（古代〜中世）

第2章 中東（古代〜オスマン帝国）

第3章 インド（古代〜ムガル帝国）

第4章 中国（古代〜清王朝）

第5章 一体化する世界の時代

第6章 革命の時代

第7章 帝国主義と世界大戦の時代

第8章 近代の中東・インド

第9章 近代の中国

第10章 現代の世界

王莽
おう　もう

紀元前45年〜23年

**漢王朝を真っ二つに分断した
「中国の悪役キャラ」**

魏郡（現在の河北省・河南省）出身。前漢の外戚として実権を握り皇帝に即位。『周礼』に基づき、周王朝を理想とする復古的な政策をとったが、現実的でなく、内政は混乱した。結果、赤眉の乱などの農民反乱を招いた。

民衆を苦しめる現実離れした政治

　世界史にはローマの「暴君」ネロなど、「悪役キャラ」が何人かいますが、中国史ではこの「**王莽**」が一番の悪役キャラと言えるでしょう。**劉氏一族の王朝である「漢王朝」の間に割り込み、分断したのがこの王莽です。**「前漢」「後漢」と、現代の我々は言いますが、これは後世の呼び名で、当時は「前」とか「後」という識別のための名前はなかったので、文字通り王莽は「漢王朝」の分断者だったのです。

　王莽は外戚（皇帝の母方の親戚）であり、前漢から「皇帝の位を譲られた」という形をとっているとはいえ、実質的には前漢の皇帝の位を「奪って」います。また、漢王朝を再興した後漢から見れば、劉一族の漢王朝を「分断」した宿敵であるということになります。当然、『漢書』や『後漢書』などの歴史書にも良く書かれるわけがありません。民衆にとっても王莽の政治は良いものではありませんでした。のちの均田制につながるような政策もとったので、0点とは言えないものの、**王莽の時代からはるか1000年ほど前の周の政治を理想とした、現実離れした政治を行いました。**労役や税も重く、民衆は苦しんだといいます。

　どの角度から見ても褒めようのない王莽ですが、後世の、世界中の酔っ払いたちにはヒーローに映るかもしれません。王莽が酒を専売にしようとした命令文の中に「酒は百薬の長」というフレーズがあるからです。

光武帝

紀元前6年～57年

漢王朝を再興した
文武両道の皇帝

襄陽（現在の湖北省）出身。漢王室の劉氏の血を
ひき、漢王朝を再興して即位した。赤眉の乱で挙
兵し、王莽の新王朝を滅ぼし、洛陽を都に建国。
身分や兵制、貨幣制度を整備、また、儒教を振興。
一方対外政策は消極的だったものの、冊封体制を
拡大し、『後漢書』東夷伝によると、朝貢した倭の
奴国王に対し金印を授けたとされる。

「漢委奴國王」の金印の送り主

　私は現在、福岡県に居住していますが、福岡市の早良区に、福岡市博物
館があります。この博物館は福岡市の歴史にかんする豊富な展示があり、稲
作が始まった頃の遺跡である板付遺跡や、古代から中世の一大港町であっ
た博多の発展、黒田官兵衛・長政を藩祖とする福岡藩の歴史、東アジアの
ハブとして発展する現在の福岡市の様子など、見どころにあふれていて、行
けばいつも、ワクワクさせてくれるところです。

　その、福岡市博物館に入ってすぐのところに展示されている、この博物
館一の「お宝」が、国宝の「漢委奴國王」の金印です。ライトアップされ
てキラキラと輝くその様子に、金という素材がいかに美しいかということ
を改めて認識させられます。ミュージアムショップには金印のレプリカや
金印を模したスタンプが売っているので、それを買って生徒に見せるのが
私の日本史の授業の定番のネタになっています。

日本史の教科書に登場する最古の人物

　さて、**この「金印」を日本の「奴国王」に授けたとされる人物が、後漢の初代皇帝、光武帝です。**日本史で大学受験をする高校3年生ならば覚えているはずの『後漢書』東夷伝の「倭の奴国、貢を奉じて朝賀す、使人自ら大夫と称す、倭国の極南界なり。光武賜うに印綬をもってす」という一節にある「光武」が、倭の奴国に印を授けた、とされているわけです。こうした、**中国史と日本史の接点がわかる史料はとても貴重で、その証拠が金印という「もの」として、日本に残っている、という例はさらに貴重なのです。**じつは、日本史の教科書の中で最も古い時代の登場人物は、日本人ではなくてこの光武帝だったりもします。

 「柔よく剛を制す」巧みな内政政策

　この光武帝、さすが漢王朝を再興した人物だけあって、なかなかに優れた人物だったようです。能力という面で見れば、この光武帝が漢王朝でトップかもしれません。漢王朝を興した劉邦は人格者でしたが、戦いに強かったわけではありません。武帝の外征はうまくいきましたが、冷酷な性格と戦争による財政難がマイナスポイントです。

　光武帝は王莽の大軍に城を囲まれたときにも、わずかな兵を率いて城を脱出し、城外で兵を募って外から王莽軍を打ち破るという鮮やかな勝ちをおさめ武勇を示しますし、中国統一の過程では各地の勢力を次々と討ち破り、統一後はベトナムや朝鮮の一部をしたがえています。前漢の武帝もかくや、という軍事的な功績に加え、天下統一後は内政に軸足を置き、そちらもすぐれた功績を残しました。光武帝は「柔よく剛を制す」という言葉を用い（光武帝より前の時代の故事です）、「柔」をもって内政にあたりました。土地調査を行い、奴隷解放令を出し、徴兵制を廃止して農民を増やし、そのかわりに減税を行い、官僚機構を縮小しました。軍事、内政のすべてに高い能力を発揮した皇帝だったのです。

班超

<ruby>班<rt>はん</rt></ruby><ruby>超<rt>ちょう</rt></ruby>

32年～102年

学者の家に生まれ武人となった
後漢の「西の守り」

安陵県（現在の河北省）出身。北匈奴討伐のために遠征し、次々と西域諸国を服属させ、後漢の最大領土を達成。その後、西域都護に任じられ、31年間にわたり西域経営を行った。部下の甘英を大秦国（ローマ帝国）に派遣。

第1章 ヨーロッパ（古代～中世）

第2章 中東（古代～オスマン帝国）

第3章 インド（古代～ムガル帝国）

第4章 中国（古代～清王朝）

第5章 一体化する世界の時代

第6章 革命の時代

第7章 帝国主義と世界大戦の時代

第8章 近代の中東・インド

第9章 近代の中国

第10章 現代の世界

 ## 窮地で生まれた「虎穴に入らずんば虎子を得ず」

　本書ではすでに、「ブルートゥス、お前もか」「矛盾」「酒は百薬の長」というような故事成語やことわざ、古くから知られた言葉が登場していますが、ここでは「危険をおかさなければ大きな成果を得られない」という意味の「虎穴に入らずんば虎子を得ず」という言葉を紹介したいと思います。

　この言葉は後漢の**班超**の言葉です。班超の家は、父が班彪という歴史家、そして兄も有名な歴史書の『漢書』を著した歴史家の**班固**です。**歴史家の一家に生まれた班超は、父や兄と同じように、学問にはげんでいましたが、自身は武人の道を歩むことに決め、キャリアを積んでいきました。**

　あるときに、班超が使節として西域の鄯善という国を訪れた際、敵対していた北匈奴の使節も鄯善を訪れており、偶然居合わせることになってしまったということがありました。北匈奴は大使節団を連れてきたのに対し、班超の一行はわずか36人でした。このままでは多勢に無勢のまま殺されてしまうと考えた班超の言葉が「虎穴に入らずんば虎子を得ず」です。班超は勇気をふるい、北匈奴の使者たちを夜襲して皆殺しにしたのです。このいきさつを見て恐れをなした鄯善国も後漢に従う大戦果となりました。

　その後も苦戦を続けながら西域の国々を服属させた班超は、西域の統治機関の長官である西域都護に任命されました。西域には50あまりの国々がありましたが、班超によりよく治められたといいます。

甘英

かん えい

生没年不明

ローマ帝国をめざし
「大海」にたどりついた使節

班超の部下。大秦国（ローマ帝国）に派遣され、安息国（パルティア）を経て条支国まで到達するも、大海の航海を前に断念し、引き返し、失敗に終わる。パミール高原以西の情報を中国に伝えた。

 ## 世界史の「ヨコをつなげる」貴重な存在

　後漢の「西の守り」を任せられ、西域都護となった班超ですが、班超の目はさらに西を見ていました。当時、西域のさらに西には**パルティア**、もっと先には「五賢帝時代」を迎えていた**ローマ帝国**があったのです。

　後漢の前期にあたる頃は、ユーラシア大陸に西からローマ帝国、イランのパルティア、インドのクシャーナ朝、中国の後漢王朝と、大国が並ぶ時代でした。それぞれの大国どうしの関係は良好、とは言えませんでしたが、互いに交易路を模索していました。西域都護になった班超にはさらに西の国の情報が入ってきたことでしょう。特に、西の大帝国、ローマ帝国との国交を樹立することは軍事的にも、経済的にも価値があったのです。

　そこで、班超が西に派遣した副官が**甘英**です。甘英はパルティアを越え、「大海」にまで至ったとの記録が残っています。「大海」は地中海か、カスピ海か、ペルシア湾か、様々な解釈をされますが、この「大海」のほとりでローマ帝国行きは断念したようです。パルティアの船乗りが「通せんぼ」のために、航海の困難をさとして断念させたとも言われます。**甘英はローマ帝国を「賢者を王として立てたようだ」と報告しています。ちょうどこの頃、ローマではトラヤヌスが皇帝に立てられていたのです。**

　甘英のおかげで、後漢とパルティア、帝政ローマが同じ時代にあることがわかります。すなわち世界史の「ヨコをつなげる」貴重な存在なのです。

曹操

155年〜220年

三国時代最大の勢力を誇った
『三国志』の真の主役

譙県（現在の安徽省）出身。後漢王朝末期の群雄のひとり。黄巾の乱で頭角を現し、周辺諸侯を倒して華北を制圧。その後、全国統一を目指し南下したが、赤壁の戦いで孫権・劉備連合軍に敗れ、三国時代の端緒となった。屯田制を実施し中国の土地制度に大きな影響を与えた。その後、子の曹丕が洛陽を都に魏を建国。

中国史で最も人気を集める『三国志』の時代

　中国の歴史の中でも最も人気が高い時代は、何といっても三国時代でしょう。小説や映画、ゲームなどの題材になることも多く、群雄豪傑の織りなす物語にワクワクした方も多いと思います。しかし、日本史の戦国時代のように、中国の三国時代も、教科書ではあっという間に終わる短い記述であり、『三国志』好きの生徒の「えっ？　もう終わっちゃうの？」という顔を毎年のように見ることになるのです。

　さて、私も昔、『三国志』を舞台にしたゲームから中国史に興味をもったひとりなのですが、その頃は『三国志』のストーリーを知らずに「超悪役キャラ」の董卓を主人公に選んでプレイしていたものです。

　この董卓という人物は、幼い皇帝が続いて混乱が生じていた後漢の末期に、幼い皇帝をかつぎ、権力をほしいままにしました。17歳だった少帝という皇帝を廃し、その弟の8歳の献帝を立てた董卓に対し、皇帝の位を奪

う意図を見てとった各地の群雄が反董卓の兵をあげる、というのが戦乱の幕開けとなるのです。その群雄のひとりが曹操というわけです。

 中国北部を制覇した合理主義者

董卓は部下の呂布の裏切りによって亡くなりましたが、董卓の次にこの献帝をかついだのが**曹操**です。後漢の本来の都、洛陽は非常に荒廃していたので、自らの本拠地である許昌に皇帝を迎え入れ、保護したのです。

このことが、曹操が『三国志』の群雄の中で頭ひとつ抜け出る転換点になりました。皇帝を保護している曹操の敵はすなわち、後漢王朝の敵になります。この「大義名分」を活かして**曹操は次々とライバルを打ち破り、中国の北半分を統一していったのです。**ゲームでも曹操の能力値は最大に近く、文武にすぐれた「稀代の英雄」でした。

曹操は献帝のもとで丞相（最高位の大臣）、魏公、魏王と昇格していきますが、皇帝の地位を奪おうとはしませんでした。ようやく、次の**曹丕**のときに、献帝から帝位を「譲られた」という形をとって、皇帝として魏王朝を建国することになります（三国志好きが授業で抱くもうひとつの違和感が、「魏」の建国者を曹操ではなく、「曹丕」と習うことです）。自身は今までの権威をフル活用しながら「権力」をふるい、新王朝の樹立は息子に任せるという、「権威」と「権力」の巧みな使い分けを行ったのです。

また、曹操の政策で代表的なものとして、「屯田制」を習います。戦乱の世の中で流浪の難民が多数発生していました。彼らに国の土地を貸し与え、農具や牛を貸して耕作させればよいと考えたのが「屯田制」です。彼らから取った税は収穫の5割から6割で、現在の基準からすればとても高いように見えますが、**乱世の中にあって、魏の国に身の安全を守ってもらいながら耕作できるため、以前の流浪状態や、略奪されたり盗まれたりするよりはまし、と考えられたようです。**

これらの政策に加え、身分が低くても有能であれば重臣にとりたてたとうエピソードなどから、曹操が合理的な人物だったことがうかがえます。

劉備、孫権

りゅう び　そん けん

（劉備）161年〜223年／（孫権）182年〜252年

曹操と戦った
蜀と呉の初代皇帝

ともに三国時代の武将。劉備は黄巾の乱鎮圧のために関羽・張飛らと義勇軍を結成し、功績をあげた。のちに諸葛亮も軍に加わった。劉備・孫権は連合し、魏の曹操を赤壁の戦いで破ったのち、曹操に代わって即位した曹丕に対抗し、劉備は成都を都に蜀を建国、孫権は建業を都に呉を建国。結果、天下三分の三国時代を迎えた。

第1章　ヨーロッパ（古代〜中世）

第2章　中東（古代〜オスマン帝国）

第3章　インド（古代〜ムガル帝国）

第4章　中国（古代〜清王朝）

第5章　一体化する世界の時代

第6章　革命の時代

第7章　帝国主義と世界大戦の時代

第8章　近代の中東・インド

第9章　近代の中国

第10章　現代の世界

「善玉」に書かれた劉備と「悪玉」に書かれた曹操

　さて、前項の曹操は、後漢の皇帝を保護し、中国北部に安定をもたらした人物ですので、中国の歴史の中では「メインストリーム」にあたる存在です。しかし、『三国志』の中ではどちらかと言えば、蜀を建国した**劉備**に対して曹操は「悪役」という位置づけがなされます。

　それもそのはず、中国の正式な歴史書のひとつである『三国志』はもともと蜀に仕えていた官僚の陳寿という人物によって書かれたものです。ですから、『三国志』の中でも、後漢に帝位を譲られた魏の歴史書の「魏志」（この中の一部が有名な「倭人伝」です）を一応の正統としながらも、蜀に心情的に寄りそう記述も見られるのです。**そうした部分をくみ上げてふくらませ、物語の形にしたのが、明の時代に書かれた小説の『三国志演義』です。**ここでは完全に曹操は悪玉、劉備は善玉として描かれています。

　曹操のクレバーさは「冷酷さ」として表現されますし、皇帝を支配して

139

権力をほしいままにしているという位置づけが強くなされています。一方、劉備は漢の劉氏の血をひく人格者として描かれます。「弱小勢力」でありながら**関羽**や**張飛**、**諸葛亮孔明**などの人材に助けられ、圧倒的な力を持つ「悪役」の曹操に挑戦していくのが『三国志演義』の魅力になっているのです。実際に三国の魏：呉：蜀の人口比はおおむね60：25：15ほどで、蜀は4倍もの国力を持つ魏にあえて挑戦していることになります。

 ## 『三国志』のクライマックス、赤壁の戦い

　この強大な曹操を、蜀を建国した劉備、呉を建国した**孫権**が打ち破った戦いが、『三国志演義』の中でもとりわけ名シーンとして知られる「赤壁の戦い」です。この赤壁の戦いをモチーフにしてつくられた映画「レッドクリフ」をご覧になった方も多いと思います。

　曹操軍から敗走してきた劉備が身を寄せるように同盟を求めたのが、中国の南東部をおさめる孫権でした。同盟を説く孔明に、孫権の家臣は降伏論と交戦論の2つに分かれます。そして、孫権は交戦論を説く重臣、周瑜の意見を入れ、曹操との戦いを決意するのです。孫権は家臣たちの前で目の前の机の隅を切り落とし、「お前たちの中で曹操の前に屈しようという者があれば、この机と同じようになるぞ」と決意を表明したといいます。

　こうして劉備と孫権の同盟が成立し、お互いの軍師たちが知恵を合わせて、80万人と称する曹操の大軍にあたっていきます。長江上流から下ってきた曹操の大船団を互いに鎖でつなぎ合わせるようにしむけ、孔明が南風を祈り、ウソの降伏情報を流して火をつけた船を突っ込ませ、曹操軍の船団を焼き打ちにする…これらのエピソードは小説化された『演義』の話ですが、何度読んでも胸が熱くなるやりとりです。

　その後、魏の曹丕の建国に対抗するように、劉備の蜀、孫権の呉が成立し、三つ巴で天下を争う本格的な「三国時代」になるのです。赤壁の戦いがもし曹操の勝利に終わっていたら、教科書は「魏」だけの記述になっていたかもしれません。

関羽、張飛、諸葛亮

（関羽）不明〜219年／（張飛）不明〜221年／（諸葛亮）181年〜234年

**武勇と知略で
劉備を支えた忠臣たち**

関羽、張飛は、黄巾の乱鎮圧のための義勇軍として劉備に仕え、蜀の建国にも尽力。諸葛亮は、劉備が三顧の礼をもって迎え、赤壁の戦いで孫権と同盟を結び、曹操を倒した。劉備の死後も蜀の皇帝を補佐した。

第1章 ヨーロッパ（古代〜中世）
第2章 中東（古代〜オスマン帝国）
第3章 インド（古代〜ムガル帝国）
第4章 中国（古代〜清王朝）
第5章 一体化する世界の時代
第6章 革命の時代
第7章 帝国主義と世界大戦の時代
第8章 近代の中東、インド
第9章 近代の中国
第10章 現代の世界

 ## 『三国志演義』のバラエティ豊かな人間模様

『三国志演義』の魅力は、曹操、劉備、孫権らの織りなす人間模様に加え、その家臣たちの生き生きとした人間模様にもあります。特に劉備の義兄弟となった**関羽**と**張飛**、そして様々な作戦や計略で劉備を補佐する軍師の**諸葛亮孔明**は、人気が高い武将として知られています。

関羽は「忠義」の人です。あるとき、曹操の捕虜となりましたが、曹操が手厚い待遇で臣下に迎えようとしても断り、劉備のもとへ戻ります。劉備に従い、**死ぬまで忠義を尽くし武勲を立てたその姿は、義理を重んじる商売人たちから信仰を集め、後世になって「商売の神様」としてまつられます。**日本でも横浜や長崎の「関帝廟」にその姿を見ることができます。

張飛は「武勇」の人です。敵の中に突進する「猪突猛進」タイプの武将で、ちょっと単純で喧嘩っ早いところもありますが、まっすぐで「いい奴」です。史実ではないとは思いますが、『三国志演義』の中では、赤壁の戦いの前哨戦である長坂の戦いで、ひとりで曹操軍を待ち受け、ひとにらみして一喝し、曹操軍を退かせたというエピソードがあります。

諸葛亮孔明は、「智謀」の人です。劉備に「天下三分の計」を授け、四川盆地に蜀の国を建国させるなど、さまざまな策をもって劉備を支えます。『三国志演義』では孔明の正攻法、奇策を織り交ぜた様々な作戦を楽しむことができます。劉備の死後も蜀を支え続けた「忠義の士」でもありました。

司馬炎
しばえん

236年〜290年

三国時代に終止符を打った
晋王朝の創始者

河内郡（現在の河南省）出身。西晋の武帝。三国時代の魏の有力者で、のちに西晋を建国した。蜀を滅ぼし、実権のなくなっていた魏の皇帝より禅譲を受け即位。呉の国力が衰退した頃に南下し、呉も滅ぼし、中国統一を果たした。占田・課田法を新しく制定し、統一的な土地制度と確実な税制を確立し、後の隋・唐の律令制度の基盤となった。

 「三国時代」を終わらせ天下を統一

　曹操が基礎をつくり、曹丕が建国した三国の魏王朝は、曹丕のあとも曹叡、曹芳、曹髦、曹奐と続いていきますが、じつは曹芳の頃から実権はすでに家臣の司馬一族に握られていました（司馬懿、という人物が孔明のライバルとして有名です。この項目の司馬炎は司馬懿の孫です）。魏の最後の皇帝、曹奐は**司馬炎に皇帝の地位を譲ります。この、司馬炎すなわち「武帝」から始まる王朝を晋王朝といいますが、のちにその一族が「東晋」王朝をたてますので、司馬炎に始まる王朝を「西晋王朝」といいます。**

　さて、この司馬炎ですが、軍事、政治に目覚ましい功績をあげた人物です。魏の実権を握っている時点で蜀を滅ぼし、帝位についたあとで呉を滅ぼして天下を統一しています。天下を統一した司馬炎が行ったことは、税制や土地制度の改革でした。これが「戸調式」や「占田・課田法」と言われるような制度です。これらの制度は詳しくはよくわかっていないものの、

のちの北魏や隋・唐の「均田制」や日本の「班田収授」のルーツとなる制度とされており、その内容に対する研究に注目が集まっています。

明暗分かれるその治世

　100年にもわたる中国の分裂期を終わらせ、中国に一時的に安定をもたらした名君の司馬炎でしたが、統一後は「燃え尽き症候群」になったのか、急速に政治に対する興味を失います。

　北方から匈奴や鮮卑が侵入してもはっきりとした政策は示さず、後宮（皇帝の生活スペースで、日本でいえば大奥にあたります）に数千人から1万人ともいわれる女性を住まわせ、女色にふけりました。

　後世の歴史書『資治通鑑』には、羊の車に乗って後宮を回る司馬炎に立ち寄ってもらえるよう、宮女たちは竹の葉を自分の部屋の戸にさして羊に食べさせようとしたり、地面に塩をまいて塩をなめさせようとしたという記述があります。司馬炎は羊の車が止まったところで宴会を開き、宮女と夜をともにしたのです（これが「盛り塩」の起源、とも言われます）。数千という宮女の数は大げさかもしれませんが、実際に司馬炎の子は多く、政治そっちのけであったということはうかがえます。

　皇帝がこのような状況であったため、家臣たちの雰囲気も緩んでしまっていました。西晋は魏にならい、九品中正という、その人物の能力に応じて官職を与えるというしくみをとっていました。しかし、西晋ではそのしくみは形骸化し、**能力よりも家柄で官職を与えるようなしくみになっていました。当然、能力もなく家柄だけがとりえの人々が重職につけられ、ぜいたくをするようになります。**

　西晋王朝は50年あまりという短命王朝に終わりました。魏は内乱の原因になるとして曹一族にあまり高い地位を与えませんでしたが、司馬炎は司馬一族を各地の王に次々と任命しました。司馬炎の子は多かったため、一族の間での地位をめぐる争いも非常に多くなったのです。司馬炎の死後、「八王の乱」と言われる大乱が起き、西晋は急速に弱体化しました。

第1章 ヨーロッパ（古代〜中世）

第2章 中東（古代〜オスマン帝国）

第3章 インド（古代〜ムガル帝国）

第4章 中国（古代〜清王朝）

第5章 一体化する世界の時代

第6章 革命の時代

第7章 帝国主義と世界大戦の時代

第8章 近代の中東・インド

第9章 近代の中国

第10章 現代の世界

太武帝
たい　ぶ　てい

408年〜452年

華北統一を成し遂げた
鮮卑族の皇帝

大同（現在の山西省）出身。北方防備に努め、華北を統一し五胡十六国の分裂期を終わらせた。柔然などの中央アジア遊牧民も従属させ、西域諸国を広範囲に支配し、シルクロードを通る東西交易が活発となり、ササン朝やインドの文化が流入した。北魏では仏教が興隆したが、太武帝は廃仏し、寇謙之の進言で道教を国教化した。

 ## 中国にもあった「南北朝」の時代

　後漢から隋にいたるまでの時代は「魏晋南北朝時代」と言われます。この時代は後漢末の混乱から三国志の戦乱時代、西晋の八王の乱から北方民族の侵入、南方の短命王朝の交代と、非常に中国が混乱していた時代です。

　特に、西晋滅亡後の中国の北半分は五胡十六国時代と言われる大混乱期となりました。「五胡」とは「匈奴・鮮卑・羯・氐・羌」という5つの北方民族、そして「十六国」とはそれらの北方民族が中国北部に次々に立てた国のことです。漢民族の住む地域の中で5つの北方民族が、のべ16もの（実際にはもっと多くの国がたちました）国をたてて抗争していたわけですから、その混乱ぶりは激しかったに違いありません。

　この五胡十六国時代の混乱を制して中国の北半分を統一し、安定をもたらしたのが鮮卑族の王朝である北魏の3代目の皇帝、太武帝です。北魏は統一後、約150年間、華北をおさめましたので、「魏晋南北朝時代」の中で

は最も安定した時代だったといえます。

 ## 道教を保護し仏教を弾圧した宗教政策

　海外旅行に行くと、その地の文化や宗教に触れることができますが、中国を旅していると、そこらじゅうに「お寺」っぽい建物があることに気づきます。

　見た目は似ているのですが、その建物は**孔子をまつる「孔子廟」であったり、仏教の「お寺」であったり、道教の「道観」であったりして、中国の宗教、とひとくちに言っても、いろいろあるものだな、というように思えます。**

　この、儒教・仏教・道教のいわゆる「三教」が出そろったのが、この北魏の時代です。北魏以降、この３つの宗教、あるいは思想がお互いに影響を与えながら中国文化の背景になっていくのです。

　礼節や秩序を説く「儒教」は漢の武帝が政府公認の学問として以来、政治や学問の中心的な思想になっていきました。

　「仏教」は漢の時代に中国に伝来したと言われますが、大きく広がったのは五胡十六国時代のことです。北魏にもインドや西域から多数の渡来僧が訪れ、仏教が広められました。

　そして、「道教」を保護した人物がこの、北魏の太武帝でした。道教とは不老不死や豊かさといったこの世の利益を願う心に、古来の思想である老子や荘子らの説く、人知を超えた世界の根本原理である「道」の思想や、「陰や陽」の思想、「仙人」を目指す思想など、様々な民間信仰が混在した宗教です。**太武帝が道教教団の寇謙之という人物を保護したことから、大いに中国に道教が定着することとなるのです。**

　一方、太武帝は仏教の弾圧を行いました。大きな反乱が起きたとき、多数の仏教徒が加わっているという情報が太武帝の耳に入ったからです。太武帝の死後、再び仏教は保護されました。この宗教政策の転換が儒教、仏教、道教が渾然一体となっている中国文化の形成を促したのです。

第1章 ヨーロッパ（古代〜中世）

第2章 中東（古代〜オスマン帝国）

第3章 インド（古代〜ムガル帝国）

第4章 中国（古代〜清王朝）

第5章 一体化する世界の時代

第6章 革命の時代

第7章 帝国主義と世界大戦の時代

第8章 近代の中東・インド

第9章 近代の中国

第10章 現代の世界

孝文帝
こう ぶん てい

467年〜499年

自ら漢民族に「寄せていった」
鮮卑族の皇帝

均田制や三長制の施行、南朝にならって九品中正を一部に導入することで、中央集権化を進めた。また、平城から洛陽へ遷都し、胡服や胡語の禁止を定め、儒教の振興、名前も漢民族風に改めさせるなどの積極的な漢化政策を強行。その結果、遊牧民中心の国家体制から再び統一国家の組織づくりを後押しした。

 ## 言語も都も替える徹底した「漢化政策」

　学校で私は地理を担当することも多いのですが、地理の教科書では、「言語は宗教と並んで民族を形成する重要な要素」とあります。一般的には言語はその民族の誇りであり、他国に支配されてその国の言葉の使用を強制され、自分の民族の言葉を「奪われる」ことには大きな抵抗が生じます。

　しかし、北魏の最盛期の皇帝と言われる第6代の**孝文帝**は、自ら鮮卑族の言葉を捨て、漢民族の言葉の使用を強制した、という大きな改革を行った皇帝です。**自分たちのリーダーが自分たちの言葉を捨て、漢民族の言葉を使いなさい、と言ったわけですので、その政策に対する抵抗は大きなものだったに違いありません。**

　それだけではありません。孝文帝は都も捨てたのです。北魏はそれまでの中国王朝の概念でいえば北のはずれにある平城という都市を都にしていへいじょうましたが、そこから、後漢や、魏や、西晋が都にしていた、中国のど真ん

中近くの洛陽に遷都したのです。また、孝文帝は鮮卑族の服や風習も禁止し、漢民族と鮮卑族の結婚も奨励したのです。

 ## 孝文帝を支えた「剛腕」の義理の祖母

北方民族が漢民族の居住する中国内部に侵入し、万里の長城の内側を支配した王朝は、鮮卑族の北魏の他、契丹族の遼、女真族の金、モンゴル族の元、女真族の清などがあります。遼や、金、元、清などは、自らの言葉や文字を持ち続け、その民族の風習を残そうとしました。しかし、それらの王朝も次第に圧倒的に多数の漢民族の習慣や言葉に飲み込まれていくという道をたどっていきます。それに対し、**この孝文帝の北魏は、自ら自分の民族性を捨てて漢民族に「寄せていき」、同化しようとする積極的な姿勢を見せたところに特徴があるのです。**

こうした孝文帝の政策の背景には、孝文帝の祖父の妻であった馮太后の影響が大きかったのではないかと思います。馮太后は孝文帝の父であった義理の子の献文帝と対立すると、献文帝を廃位して毒殺し、新しく義理の孫にあたる、5歳の孝文帝を立てたのです。

この、幼少の孝文帝の摂政となったパワフルおばあちゃんが、スゴ腕の持ち主だったのです。教科書的には孝文帝の政策とされる「均田制」や「三長制」、そして租や調などの税制を実施して、北魏の最盛期をもたらすのです。**「均田制」は人々に土地を給付し耕作させて税を納めさせる制度、「三長制」は、5家を1隣、5隣を1里、5里を1党と編成し、それぞれ隣長、里長、党長が任命され、隣、里、党には連帯責任が負わされるしくみです。**これらの制度は税制の安定につながりました。

また、幼少の孝文帝に高い教養を与えようと、多くの教師が付けられました。孝文帝は儒学や諸子百家の学問、仏教思想も学び、漢民族の文化にあこがれを持っていたに違いありません。25歳のときに馮太后が亡くなり、親政を開始した孝文帝は、財政的な余裕と漢民族の文化への志向から、言葉も都も捨てるという思い切った策を断行することとなったのです。

第1章 ヨーロッパ（古代〜中世）

第2章 中東（古代〜オスマン帝国）

第3章 インド（古代〜ムガル帝国）

第4章 中国（古代〜清王朝）

第5章 一体化する世界の時代

第6章 革命の時代

第7章 帝国主義と世界大戦の時代

第8章 近代の中東・インド

第9章 近代の中国

第10章 現代の世界

楊堅
<small>よう　けん</small>

541年〜604年

370年ぶりに中国に安定を もたらした隋王朝の創始者

長安（現在の陝西省）出身。隋の文帝。北周の外戚で、北斉を滅ぼし、華北を統一。さらに南朝の陳を滅ぼし、中国全土を統一して分裂時代を終わらせた。大興城を都に建国し、北魏以来の均田制・租調庸制、西魏の府兵制を継承。一方、科挙を新たに始め、中央集権体制の基礎を築いた。また、熱心な仏教徒で仏教を厚く信仰した。

「転がりこんだ」天下の統一

「遣隋使」の派遣先として中学校でも必ず学習する、中国の隋王朝の建国者がこの**楊堅**です。北魏の滅亡後、再び中国の北部は分裂し、混乱状態になりましたが、この楊堅は、分裂状態の国々のうち、「北周」という国の実権を握っていました。

中国北部統一にはもうひとつ、「北斉」という国が残っていました。楊堅が兵を率いてこの北斉に出征したところ、北斉では皇帝が軍事のエースであった名将を殺す、という事件が起きていました。向こうのエースが勝手にいなくなったことで、楊堅はあっけなく北斉の征服に成功したのです。

自分の国の北周については、皇帝の死去により、楊堅はわずか6歳という新しい皇帝の摂政になりました。楊堅はそのまま皇帝の位を譲られ、隋王朝の皇帝の座が転がりこんでくるのです。

こうして、中国の北半分を統一した隋の楊堅、すなわち文帝は、残る中

国の南半分の征服に乗り出します。そのころ、中国の南半分を支配していた陳王朝は有名な暗君のもと、貴族も遊びにふけり、弱体化していました。文帝は苦もなく陳を破り、天下を統一したのです。後世の清の歴史家の趙翼という人物は、楊堅を評して「昔から今まで、隋の文帝ほど天下を簡単に得た者はいないだろう」という言葉を残しています。

 ## 中国の「受験地獄」の始まり

楊堅の最大の業績は、その「文帝」という名からも連想されるように、高級官僚の採用試験である科挙を導入したことです。

それまでの官僚は推薦制でしたので、どうしてもその家の経済力やコネの有無によって有利、不利が生じて、有力な豪族が高級官僚を独占してしまうことも多かったのです。

また、中国の北部の出身であった楊堅の家臣には北部の人々が多く、南部の出身者が出世しにくい状況にありました。当時は魏晋南北朝時代の混乱が残る北部よりも南部のほうが情勢が安定しており、文化的な先進地域でした。その南部で学問をおさめた人材の採用も必要だったのです。

科挙の実施によって、家柄によらないすぐれた人材を集めることもできますし、南北の人材を公平に採用することで、南北の官僚のアンバランスも調整することができます。それによって南部の優れた文化を北部に取り込むこともできるという、非常に効果的な政策でした。役人としての出世を望む人々は試験に合格しなければならないために、ここから中国の「受験地獄」も始まった、ということになります。

楊堅は北魏で始まった土地制度の均田制と税制の租調庸制、北魏の後継国家である西魏が始めた兵制の府兵制を一体化して運用し、優れた行政力を示しました。ただ、厳格で親しみにくく、うたぐり深い性格でもあったようです。猛烈な仕事人間で、山のような書類に目を通し、裁判官の判断に批評を下し、明け方から会議を開いた、といいますから、当時の官僚たちにとってはなかなか大変な上司ではあったようです。

第1章 ヨーロッパ（古代～中世）

第2章 中東（古代～オスマン帝国）

第3章 インド（古代～ムガル帝国）

第4章 中国（古代～清王朝）

第5章 一体化する世界の時代

第6章 革命の時代

第7章 帝国主義と世界大戦の時代

第8章 近代の中東・インド

第9章 近代の中国

第10章 現代の世界

煬帝
よう だい

569年〜618年

国の「大動脈」の大運河を 完成させた皇帝

北京の出身。華北と江南を結ぶ大運河を建設し、経済が一層発展した。また、3度の高句麗遠征を行ったが失敗に終わり、民衆への過大な負担から各地で農民反乱を招き、混乱のさなか部下によって暗殺された。日本の推古天皇は遣隋使小野妹子を派遣し、煬帝に対等な外交を要求し、日本と隋は国交を結んだ。

「暴君」の名をもつ別格の皇帝

　中国の歴史の中でも、この「**煬帝**」という人物はちょっと「別格」の存在のような気がします。死後に贈られた「煬」という「諡」は、火あぶりの「あぶる」とか、「焼き尽くす」とかいう意味を持つ字で、この字が付けられた皇帝は、「女性を好み、礼を遠ざけ、人々の支持がなく、天に逆らい、民を虐げた」という、非常に悪い評価ということになります。

　日本でもこの皇帝の名前を呼ぶときは「ようてい」ではなく「ようだい」と呼びならわしており、暴君であることを印象付けています。ただ、この「煬」の字を贈ったのは唐王朝であり、前の時代を悪く言うことによって、自らをよく見せようとするという意図もあったに違いありません。

　さて、この「煬帝」の暴君ぶりを示すエピソードとして有名なものが、大運河の建設です。現在の北京近くから杭州近くまで、総延長2500kmに及ぶ運河で、黄河と長江を横断し、その流域をつないで中国を一体化させた

大運河です。資料集を見ると、煬帝の治世は14年間に過ぎず、そのうち、大運河の建設に要した時期はわずか５年間です。現在でも、「中国の黄河と長江をつなぐ運河を建設せよ」と言われたら、数十年はかかるのではないかと思われるのですが、それを５年間でつくるのですから、いかに多くの人員が動員されたかがわかります。この大工事は女性や子どもも動員され、人々の苦しみは計り知れないものであったと言われます。また、大運河の完成のデモンストレーションに豪華な「龍舟」をつくり、運河をめぐったことが、運河づくりで苦しんだ民衆の気持ちを逆なでしたと言われます。

 ## 「暴君」だけではない実力派

　しかし、**この大工事はその後の中国の歴史に計り知れない恩恵を与えることになります。交通、運輸の大動脈として中国の南北を結び付け、のちの王朝、そして現代に至るまでの重要な交通路となります。その後の中国にとって、大運河は国家に統一をもたらす生命線になったのです。**

　煬帝の存在は秦の始皇帝とよく似ています。秦の始皇帝は統一事業や万里の長城の建設などの政策を行い、その急激な改革が人々の苦しみと反乱を生んで秦は短命王朝に終わりましたが、のちの漢王朝はその土台の上で安定した統治ができました。同じように、隋の煬帝の大運河の建設も民の苦しみと反感を生みましたが、のちの王朝はその大運河を経済の大動脈として活用することができたのです。始皇帝や煬帝が「憎まれ役」を買って出てくれたおかげで、漢や唐が長期安定政権をつくれた、とも言えます。

　また、日本から「遣隋使」が訪れたとき、煬帝は日本からの国書に「日出づる処の天子、書を日没する処の天子に致す」と、「日没する天子」と言われてしまいます。煬帝は無礼だとは言ったものの、日本からの使者を殺害したりはせず、きちんと答礼の使者を日本に送っています。計画していた高句麗との戦いのために日本との親交は結んでおこうという国際感覚を持っていたということですので、やはり、ただの暴君ではありません。**唐王朝から貼られた「暴君」のレッテルという要素も強いのです。**

第1章
ヨーロッパ
(古代〜中世)

第2章
中東
(古代〜オスマン帝国)

第3章
インド
(古代〜ムガル帝国)

第4章
中国
(古代〜清王朝)

第5章
一体化する
世界の時代

第6章
革命の時代

第7章
帝国主義と
世界大戦の時代

第8章
近代の
中東・インド

第9章
近代の中国

第10章
現代の世界

李淵
りえん

565年〜635年

中国を代表する
長期政権の創始者

長安（現在の陝西省）出身。隋の煬帝に仕えたが、末期混乱の末に挙兵し、煬帝の次の皇帝より禅譲を受け即位。都は長安。開元通宝を鋳造し、隋から続く律令体制を継承。群雄勢力を平定し、子の李世民に譲位した。

いとこから都を奪って建国

　煬帝の大きな失点は、朝鮮半島北部の国家、高句麗への遠征に失敗したことです。煬帝の父の文帝も高句麗への遠征に失敗していたのですが、煬帝はさらに大規模な遠征を企画したのです。しかし、遠征の頃には大運河完成の派手なデモンストレーションや煬帝の宮中でのぜいたくの話に、民衆の心は煬帝から離れていました。

　高句麗に向かう人々の合言葉は「遼東にて死ぬなかれ」といいますから、高句麗遠征によって死ぬのは無駄死にだ、と、人々はすでに思っていたのでしょう。次々と兵士は逃亡し、各地で反乱軍や盗賊となったのです。その中で、煬帝ご自慢の豪華船、「龍舟」も燃やされてしまいました。懲りない煬帝は新しい龍舟をつくり、大好きな南の宮殿に向かいました。

　こうした状況を見て、留守となった長安を占拠したのが、**李淵**という人物です。李淵の母の妹は、煬帝の母ですので、いとこが都を奪った格好になります。李淵は長安を占拠すると、煬帝の孫を皇帝に据え、そこから帝位を譲られる形で皇帝になり、新たな王朝、唐をつくります。

　煬帝はこのいきさつを南から見ているしかありませんでした。煬帝の家臣がクーデターを起こしたとき、もはや煬帝の味方をする者はいませんでした。煬帝は毒をあおぐことも許されず、首を絞め殺されたといいます。隋は37年という、短命王朝に終わりました。

李世民
りせいみん

598年〜649年

王朝の繁栄に貢献した

実質的な唐の建国者

武功県（現在の陝西省）出身。律令体制をより整備し、律令格式を定め、中央は三省六部・御史台を設置、地方は州県制を継承。また官吏登用制度は科挙を継承。他にも、均田制・租調庸制、府兵制を継承。対外的には東突厥や吐蕃を征服し領土を拡大。「貞観の治」と称される繁栄・安定期を迎え、中国史上有数の名君とされる。

第1章 ヨーロッパ（古代〜中世）

第2章 中東（古代〜オスマン帝国）

第3章 インド（古代〜ムガル帝国）

第4章 中国（古代〜清王朝）

第5章 一体化する世界の時代

第6章 革命の時代

第7章 帝国主義と世界大戦の時代

第8章 近代の中東・インド

第9章 近代の中国

第10章 現代の世界

兄と弟を殺害して皇帝に

　李淵によってひらかれ、300年近くの長きにわたった唐王朝ですが、すんなりと長期政権を開始したわけではありません。2代目の**李世民**（太宗）に引き継がれるときに、大事件が起きているのです。

　それが、李淵の次男の李世民が皇太子である兄の李建成や弟の李元吉を殺害した「玄武門の変」です。李淵の正妻の子である3人兄弟の次男が長男と三男を殺した、というわけです。李世民はこの3人の中でもきわだってすぐれた人物でした。

　唐の建国直後、隋に対して反乱を起こした勢力が各地に残りましたが、この勢力たちを次々と討ち破り唐の天下を確定させたのが李世民です。李世民にはすでに「秦王」という称号が与えられていましたが、父の李淵は李世民の功績に報いるため、「天策上将」という新たな称号を与えています。こうした待遇に、皇太子の李建成や弟の李元吉の心中が穏やかであるわけ

がありません。兄弟の仲たがいはとりまきを巻き込み、宮中が真っ二つに割れてしまったのです。

　そして、ある日、李淵が李建成と李元吉を宮中に呼び出したときに（一説には、仲直りを促そうとしたといいます）事件が起きたのです。宮中には護衛の兵ごと入ることはできません。李建成と李元吉が兵を待たせ、わずかな護衛とともに宮中に入ろうと玄武門をくぐったそのとき、一斉に李世民の伏兵が襲い掛かって李建成と李元吉を殺害したのです。すかさず李世民は兵を動かし、李建成の子と李元吉の子を皆殺しにしてしまいます。身の危険を感じたのか、父の李淵もこのクーデターの２か月後には李世民に位を譲り、李世民は２代皇帝に即位しました。

 ## 後世の模範となった皇帝

　この兄弟殺しのクーデターは「だまし討ち」と言われても仕方ありませんが、唐王朝にとっては中国史上有数の名君とされる李世民が皇帝になったことはよいことであったでしょう。**この李世民、すなわち唐の太宗の政治は「貞観の治」として、善政の代表とされました。**煬帝の失敗を目の当たりにしているからか、宮中では質素倹約が徹底され、公共事業も大幅に制限されました。

　もともと、隋や唐の皇族は北方民族の鮮卑族の血を引き、北方民族の情勢に詳しいところがありましたが、**李世民は北方民族と交渉を行い、同盟勢力に保護を与えながら、その力を利用して対立勢力を滅ぼしました。**唐の勢力圏は大幅に拡大し、李世民は北方民族から「天可汗」という称号を受けて漢民族と北方民族の共通の君主として君臨したのです。

　また、李世民の偉いところは、皇帝に忠告する家臣の意見をよく聞いたところです。秦の昔から、歴代王朝には皇帝に忠告をする「諫官」という役職がありましたが、その意見に李世民はよく耳を傾けたそうです。**李世民と家臣の問答集であった書物『貞観政要』は後年、帝王学の基本とされ、日本の室町幕府や江戸幕府の将軍たちもこれに学んでいます。**

則天武后

624年〜705年

権力の頂点にのぼりつめた
中国史上唯一の女帝

唐の第3代皇帝高宗の皇后。則天武后が実権を握るようになり、高宗の死後、中国史上唯一の女帝となり、国号を「周」と改め、長安から洛陽に遷都した。科挙を重視した官吏登用、則天文字の創設、仏教の保護などを行った。死後、韋后が実権を握ったことと合わせたこれら政治混乱の時代を「武韋の禍」という。

 則天武后がくぐりぬけたいくつもの関門

　高祖李淵、太宗李世民と、はじめの2人はすぐれた人物であった唐王朝でしたが、3代目と4代目にあたる高宗、中宗は皇帝の資質を欠く人物でした。この資質不足を補うかのように、唐王朝を半世紀にわたって支配した女性が、中国史上唯一の女帝となった**則天武后**です。

　皇帝にまで登りつめた則天武后の「ふりだし」は、唐の太宗、すなわち李世民の側室のひとりという、意外なところからでした。ここから、いくつもの関門をくぐりぬけ、則天武后は皇帝になるのです。

　ひとつめの関門は、太宗の死後、次の皇帝の高宗の側室になることです。太宗の死後、その妻たちは宮中から追放され、尼となって寺院に入れられたのですが、この尼寺に高宗が訪れたことがラッキーでした、高宗と則天武后との間に子ができ、則天武后は高宗の後宮に入ることができたのです。高宗には王皇后という正妻がいましたが、その間に子がなかったため、王

皇后のとりなしで宮中に再び入ることができたのです。一説には、則天武后が尼寺に高宗を誘ったのではないかとも言われています。

 ## 権力欲に見え隠れする有能な一面

　次の関門は側室から正妻になること、すなわち皇后の座を得ることです。そのためには、先ほどとりなしてくれた「恩人」の王皇后を蹴落とさなければなりません。

　そこで、則天武后は高宗との間に女の子が生まれた際に、まず王皇后に抱かせ、そのあとで高宗に抱かせるようにしたのです。そのとき、王皇后が抱いていたときには元気に泣いていた女の子が、高宗の手の中ではすでに死体となっていたと言います。

　『資治通鑑』には、則天武后は王皇后から我が子を受け取ると、そこで絞め殺して高宗に渡し、嫉妬に狂った王皇后が殺したのだと言い張ったといいます。その結果、王皇后は皇后の位を追われ、かわりに則天武后が皇后にたてられたのです（晋の司馬炎のときもそうですが、『資治通鑑』にはこのような史実かどうか疑わしいエピソードが多いのですが、それでも、則天武后が強い権力欲を持っていたということは伝わります）。

　皇后になった則天武后は、気弱な高宗になりかわって政治を行い、実権を握りました。高宗の死後、新しい皇帝に則天武后の子である中宗が立てられましたが、6週間で則天武后の別の子の睿宗に交代させられます。ついに則天武后は睿宗から帝位を譲られる形で皇帝の位につき、国号を周と変えるのです。

　則天武后は権力欲が強く、多くの人々を殺しましたが、殺害されたのは無能な門閥官僚がその中心であり、民衆や下級官僚にとっては良い皇帝だったようです。人材を見抜く目があり、民衆の暮らしを良くしたので、則天武后の時代には農民暴動の記録がありません。高宗や中宗には申し訳ありませんが、**則天武后に実権を奪われたことが、唐とそこに暮らす民衆にとっては良かったのだろうと思われます。**

玄宗
げん　そう

685年〜762年

唐の黄金期を現出した善政と
美女に溺れた悪政

洛陽（現在の河南省）出身。「武韋の禍」を収拾して即位。律令制度をより整備し、科挙出身の有能な官吏を登用し、「開元の治」と称される安定期を迎えた。また、異民族の侵入に備え節度使を設置。一方、荘園制の発達に伴い均田制が崩壊、府兵制は募兵制へ移行。晩年には楊貴妃を寵愛し政治を顧みず、唐は衰退しはじめた。

第1章 ヨーロッパ（古代〜中世）

第2章 中東（古代〜オスマン帝国）

第3章 インド（古代〜ムガル帝国）

第4章 中国（古代〜清王朝）

第5章 一体化する世界の時代

第6章 革命の時代

第7章 帝国主義と世界大戦の時代

第8章 近代の中東・インド

第9章 近代の中国

第10章 現代の世界

 ## 混乱を収拾して皇帝に

　唐の物語はまだまだ続きます。則天武后の死後、唐王朝が復活したのですが、この、復位した皇帝が、則天武后によって6週間で廃位させられていた皇帝の中宗です。

　しかし、この中宗には怖い妻がいたのです。それが韋后です。韋后は姑にあたる則天武后がいるときには自由にふるまえず、中宗との子も則天武后に殺されています。しかし、則天武后のいない今、韋后は自由にふるまうことができます。韋后は中宗を毒殺してしまい（中宗は非常に不運な皇帝だと思います）、その死を隠しつつ、自分の一族を要職につけ、ひそかに自分の子を新しい皇帝につけていたのです。

　さらに、中宗を殺害するだけでは韋后の計画は完成しません。もうひとりの（短期間でしたが）皇帝経験者の睿宗がいました。当然、睿宗の命が狙われることになりますが、睿宗には優れた息子がいました。それが睿宗

の三男、李隆基です。中宗の死後、わずか18日で李隆基は兵を動かし、韋后を斬ったのです。睿宗は即位の2年後、この優秀な息子の李隆基に位を譲り、自ら退位しました。この新しい皇帝が**玄宗**です。

 ## 衰退のきっかけとなった楊貴妃との出会い

　玄宗の治世は「開元の治」と呼ばれます。**この時代が中国の文化的にも「盛唐」といいますから、まさしく唐の黄金期となったのです。**玄宗は政治が乱れるもととして、外戚と宦官を遠ざけ、政務を行いました。この時代の唐は物価は安く、人口も増加し、華やかな文化が花開きました。有名な**李白**、**杜甫**をはじめ、高校の古典の教科書によくとりあげられる王維や孟浩然などのさまざまな詩人や、**顔真卿**などの書家が活躍しました。

　しかし、最盛期は衰退の始まり、ということでもあります。しかも、その衰退のきっかけになったのが、ひとりの女性だったのです。それが、**楊貴妃**です。玄宗は息子の妃である楊貴妃をみそめ、自らの後宮に入れたのです（過去、父の元側室を妻にした高宗の例がありましたが、こんどはその逆で、息子の妻をとりあげた格好になります）。

　56歳の父が22歳の義理の娘をとりあげる、というのは、現代の感覚からいえば、かなり気持ち悪い話なのですが、楊貴妃に溺れた玄宗は政治をかえりみなくなります。

　玄宗が楊貴妃のいとこの楊国忠を宰相にして重く用いたことに加え、李林甫というもうひとりの宰相が身分の低い者や異民族出身の人物を辺境防衛の要職につけたことが混乱を生みました。

　安禄山という異民族出身の人物が出世を重ねると、安禄山と楊国忠の間に対立が生まれ、「安史の乱」と言われる大乱が起きたのです。安史の乱以前、中国の戸数は960万戸以上あったものが、安史の乱後は190万戸あまりに減っています。もちろん、全員が亡くなってしまったわけではなく、「把握できなくなった」ということでしょうが、この大混乱を境に唐は急速に弱体化します。

楊貴妃

よう　き　ひ

第1章 ヨーロッパ（古代〜中世）

第2章 中東（古代〜オスマン帝国）

第3章 インド（古代〜ムガル帝国）

第4章 中国（古代〜清王朝）

第5章 一体化する世界の時代

第6章 革命の時代

第7章 帝国主義と世界大戦の時代

第8章 近代の中東・インド

第9章 近代の中国

第10章 現代の世界

719年〜756年

玄宗の寵愛を受けた「傾国の美女」

玄宗の寵愛を受け、楊一族は政界に登用され権勢を振るった。次第に節度使の安禄山と甥で宰相の楊国忠が対立し、安史の乱が起きると唐は衰退し、楊貴妃は玄宗の命により縊死させられた。

皇帝をとりまく多くの女官たち

「安史の乱」によって、人々の恨みは楊国忠と**楊貴妃**に向けられました。人々はこの２人がいなければ大乱が起きなかったと口々に言うようになります。楊国忠は殺害され、兵士は口々に楊貴妃の処分を求めました。玄宗は泣く泣く、宦官に命じて楊貴妃の首を絞めさせ、殺したのです。一方、安禄山側も内部分裂を起こし、安禄山は息子に殺されました。こうして、**玄宗の治世は楊貴妃に出会った頃を境に、前半は善政、後半は悪政と言われるようになります。**まさに「傾国の美女」の代表例です。

さて、中国の歴史では、皇帝の妻のことをさまざまな呼び名で呼びます。この本でも皇帝の妻を側室と言ったり、女官と言ったり、皇后と言ったり、その場その場でしっくりくる言葉を選びながら書いているので、少し混乱するかもしれません。

時代とともに地位や呼び名が変わりますが、一般的なものを紹介すると、皇帝の正妻が「皇后」です。その下に、「三夫人」が置かれます。唐の頃は「四夫人」となり、それぞれ「貴妃」「淑妃」「徳妃」「賢妃」と言い、この中に、楊貴妃の「貴妃」があります。すなわち、楊貴妃は「正妻に次ぐ地位を持つ妃」という位置づけだったのです。さらにその下に「九嬪」「二十七世婦」「八十一御妻」という女官がいます。１・３・９・27・81という、３をかけていく独特の体系になっていたのです。

趙匡胤
ちょう きょう いん

927年〜976年

「文治主義」に転換した
北宋の建国者

洛陽（現在の河南省）出身。北宋の太祖。五代最後の王朝後周の将軍であった。江南各地に分立した政権を征討し、中国全土の大半を統一。藩鎮を解体し、皇帝直属の禁軍を強化。一方節度使勢力を抑え、武断政治ではなく文治主義へ転換し、皇帝専制体制を推進。他にも、科挙の最終試験に殿試を設置するなど、官僚制も整備。

 生き生きとした北宋の人々の暮らし

　北京の故宮博物院に、「清明上河図」という、縦25㎝、横5mほどの絵があります。ここには、北宋の都である開封の4月上旬の様子が描かれています。のどかな郊外の田園風景やにぎやかな市街の情景が描かれ、さまざまな商業活動が行われる姿が見られます。春爛漫の開封で老若男女、身分職業を問わず様々な人々が生き生きと活動している様子は見ているだけでもウキウキしてきます。**開封は黄河と大運河の結び目にあたる交通の要衝で、商業が発展していました。**

　ひと時代前の唐の長安は、大都市ではありましたが、商業活動は東西の決められたところで行われ、夜間外出は禁止でした。一方、宋の開封はいたるところに商店が並び、深夜営業の夜市が開かれていました。北宋時代を描いた小説『水滸伝』に見られるように、ちょっと治安は悪かったようですが、活気があって暮らしている人々はとても楽しそうにしています。長

安は「貴族の町」、開封は「庶民の町」ということができると思います。

 ## 科挙制度をととのえた現実主義の皇帝

　こうした北宋王朝の明るい雰囲気は、創始者の**趙匡胤**の明るくておおらかだったと言われる人間性によるところも大きいのではないかと思います。

　趙匡胤が皇帝になったときの、こんな驚きのエピソードがあります。大酒のみの趙匡胤が酔って眠り込んでいたら、弟の趙匡義にたたき起こされ、庭に引っ張りだされたのです。そこにはすでに剣をかざした将校が立ち並んでおり、驚いた趙匡胤に弟が皇帝の着る黄色の上着をかけ、将校たちが万歳を唱えて、皇帝に「させられた」というのです。本当だろうか、というエピソードですが、正史である『宋史』に書いてあることですし、それだけ、みんなが「無理やりでも皇帝につけたい」ほどの人望があったことがうかがえます。

　皇帝になったあとも、趙匡胤は名君らしさを発揮します。唐が滅んだあとの軍人たちの抗争を長年見てきた趙匡胤は、軍人をおさえて文官を優先する「文治政治」をとりました。科挙制度をととのえ、優秀な官僚を自分の目で選抜できるようにして、皇帝が強い権力をふるえるようにしたのです。

　趙匡胤は「五代十国」と言われた戦乱を終わらせ中国を統一しましたが、滅ぼしたそれぞれの国の皇帝たちを殺害することなく、北宋の役人につけて子孫まで面倒をみました。役人たちはどんな意見を表明しても殺されたりはせず、自由に議論を戦わせることができたそうです。このあたりにも趙匡胤のおおらかな性格がうかがえます。

　地図を見ると、北方の異民族に圧迫され、北宋は中国の王朝としてはかなり小さめの国でした。のちに**北宋は北方民族に金品を払って和平を結び、「平和を買う」**という政策を行います。

　北宋は中国王朝として決して強国ではありませんでしたが、明るい国風に加え、経済が発展し、**民衆にとっては暮らしやすい国であったようです。**

第1章 ヨーロッパ（古代〜中世）

第2章 中東（古代〜オスマン帝国）

第3章 インド（古代〜ムガル帝国）

第4章 中国（古代〜清王朝）

第5章 一体化する世界の時代

第6章 革命の時代

第7章 帝国主義と世界大戦の時代

第8章 近代の中東・インド

第9章 近代の中国

第10章 現代の世界

王安石

おう あん せき

1021年〜1086年
「新法」を実行したが挫折した
北宋中期の政治家

撫州（現在の江西省）出身。神宗に宰相として登用され、青苗・市易・募役・均輸・保甲法などの新法と呼ばれる急進的な改革を行い、司馬光ら旧法党と対立。詩人としても優れ、宋八大家のひとりである。

挫折した革新的な経済政策

　優秀な官僚を積極的に採用したこと、北方民族に金品を贈り、「平和を買った」こと、そして自由な経済を認めたことなどは、北宋の良さではありましたが、次第にその欠点もあらわれるようになってきました。**官僚の数の増大と北方民族との和平のための費用がかさみ財政難になったことと、自由な経済の結果、貧富の差が拡大したことなど**です。

　北宋の6代目皇帝の神宗は、**王安石**という人物を登用して財政改革を行わせました。王安石はその命を受け、真面目に改革に取り組んだのですが、うまくはいきませんでした。

　王安石が取り組んだ改革を「新法」といいますが、この新法のポイントは零細の農民や商人の救済にありました。高利貸しを行っていた富農や大商人に代わり、国が農民や商人に低利で貸し付けを行い、国が物流をコントロールすることで中間搾取や投機をおさえるという政策です。

　しかし、この政策は富農や大商人にとっては不利になります。**この政策に反対する「旧法党」は、貧民の救済のために富民が犠牲になり、富民が貧しくなると、経済をけん引する者がいなくなって国全体が貧しくなると主張しました。**結局、王安石の改革は失敗に終わりましたが、この議論自体がとても近代的で、北宋の経済はかなり資本主義的な要素が強いことがわかります。現在の日本でもしばしば、似たような議論が起こります。

徽宗
（き）（そう）

1082年〜1135年

芸術を愛し国を滅ぼした「亡国の皇帝」

開封（現在の河南省）出身。詩文や書画に優れ文化や芸術の保護を奨励したが、政治的才能は乏しく、新法を採用したが旧法党との対立は続いた。金に都の開封を侵攻され、靖康の変で子の欽宗とともに捕虜となった。

第1章 ヨーロッパ（古代〜中世）

第2章 中東（古代〜オスマン帝国）

第3章 インド（古代〜ムガル帝国）

第4章 中国（古代〜清王朝）

第5章 一体化する世界の時代

第6章 革命の時代

第7章 帝国主義と世界大戦の時代

第8章 近代の中東・インド

第9章 近代の中国

第10章 現代の世界

国の危機をかえりみず書画にはまる

　北宋の第8代皇帝の**徽宗**は「亡国の皇帝」です。政治力もなく、官僚どうしの抗争をうまくおさめることができませんでした。また、この時期には北方民族である女真族が勢いを強め、金王朝を建てて、いよいよ南下をしようとしていました。そんな**内外情勢をしり目に、この徽宗は政治そっちのけで趣味の書画に没頭し、書や画の収集に大金を費やし、立派な庭園づくりに力を入れました。**遊ぶ金欲しさに重税を課したため、民衆の反乱は頻発するようになり、ついには金が本格的に南下し、北宋を滅亡させてしまいます。徽宗は金の捕虜となってしまい、そのまま生涯を終えます。「国を滅ぼした放蕩天子」ともいわれ、評価の低い徽宗ですが、芸術家としてはスゴ腕の持ち主です。徽宗の書画は王朝の滅亡と引き換えにしてもいいと思えるほどの魅力を持っているのです。「徽宗　詩帖」で検索してみてください。痩金体と言われる、とても格好いい字が目に飛び込んできます。画も達人の域に達し、有名な「桃鳩図」などは、よく毛筆でこの質感が出せるものだと感心します。

　芸術家は芸術に、どっぷりはまってこそ後世に残る作品が生まれるのです。もし、徽宗皇帝が政治に興味を持ったなら、このような芸術品は生まれなかったかもしれません。むしろ、政治のような世界に徽宗のような芸術家は似合わなかったのです。

秦檜
しん　かい

1090年〜1155年

金との和平を推進した現実路線の人物

黄州（現在の湖北省）出身。靖康の変で金の捕虜となったが、帰国後、南宋の高宗に仕え、宰相となった。金軍が度々南下すると、和平派の中心となって主戦派の岳飛と対立。結果、金との間に紹興の和議を締結。

現在でも「売国奴」とそしられる

　昔、司馬遼太郎の『街道をゆく』という作品に映像とナレーションをつけるNHKのテレビシリーズがありましたが、それを何気なく見ていた私に衝撃的なシーンが飛びこんできました。それは、**秦檜**の石像を棒で叩いている人の映像です。1990年代の終わりごろのテレビシリーズでしたので、この秦檜は、800年以上も「売国奴」として棒で叩かれ続けているのです。

　秦檜が登場した背景は、先ほどの北宋の滅亡です。北宋は女真族の金に滅ぼされ、「亡国の皇帝」徽宗と長男の欽宗は金にとらわれの身になりました。一方、徽宗の子のひとり、**高宗**は南に逃れ、新王朝を樹立するのです。これが「南宋」王朝になります。

　さて、南に逃れて新しい王朝をつくったのはいいものの、南宋は中国の北半分を支配する金の圧迫を受けることになります。金に北半分を奪われた格好になっている南宋では、この、北半分を取り戻すか、和平を結んで南半分をキープしていくか、2つの論が対立しました。

　皇帝の高宗が宰相に登用したのが、和平派の秦檜です。秦檜は北宋時代は金に妥協しない強硬な姿勢の人物でしたが、北宋が滅びてしばらく、金の捕虜になっていました。捕虜から解放されてすぐに、金との和平を主張したわけですから、金に通じている「売国奴」と言われてもおかしくなかったのです。

岳飛
がく　ひ

1103年〜1141年

現代でも
愛国心を称えられる名将

湯陰県（現在の河南省）出身。主戦派の中心となり、金を攻め華北の国土回復を主張。北宋時代には義勇兵として開封の攻防で頭角を現した。南宋時代には北部の節度使として湖北一帯を領する軍閥へ成長。が、金の捕虜だった秦檜の帰国後、和平派と主戦派で対立し、最期は秦檜に謀られ、獄死。

第1章 ヨーロッパ（古代〜中世）
第2章 中東（古代〜オスマン帝国）
第3章 インド（古代〜ムガル帝国）
第4章 中国（古代〜清王朝）
第5章 一体化する世界の時代
第6章 革命の時代
第7章 帝国主義と世界大戦の時代
第8章 近代の中東・インド
第9章 近代の中国
第10章 現代の世界

 ### 文武両道の実力派

　前項の、秦檜の物語を始めたからには、そのライバルの岳飛のことをお話ししなければなりません。秦檜はいったん、反対派に追われ、宰相の座を失います。その間に、金は南下し、激しい攻撃を南宋に加えてきたのです。そのときに、自らの兵を率い駆け付け、金の進撃を食い止めた将軍たちがいました。その中のひとりが、愛国心あふれる文武両道の名将として知られる**岳飛**です。

　岳飛の出身の身分は決して高くはありませんでしたが、北宋の滅亡後、義勇軍を組織して金の軍隊と戦ううちに実力をつけ、その兵は「岳家軍」と言われて称えられました。戦争の達人というだけではなく、文章や書道の達人としても知られ、豊かな教養を持つ優れた人物でした。言い伝えでは背中に「尽忠報国」という入れ墨を施しているほど、宋王朝に対する熱い思いの持ち主であったそうです。

そのような折に、皇帝の高宗は再び秦檜を宰相に任命したのです。金で捕虜になっていた父の徽宗が亡くなったので、高宗は父の棺の返還と母の帰還を求めるため、金とのパイプ役に秦檜を起用したのです。

　これは非常にややこしいことになりました。和平派の秦檜にとっては、主戦派の岳飛は和議に対する「抵抗勢力」になってしまいます。ただ、金のほうも方針が一定せず、和議に応じたり、南宋に攻め込んだりしています。**岳飛は、金に攻め込まれたときには国に必要な人材ですが、和平のときにはその妨げになる人材になってしまいます。**

　そこで秦檜は「功績を調べ、褒美を与えるため」と称し、前線の将軍たちを呼び戻したのです。宰相や副宰相などの高い役職を与える代わりに、軍隊と将軍を切り離そうとしたのです。

　功績のあった軍人たちが都に戻る中、秦檜の意図を見抜いた岳飛はなかなかそれに応じようとしませんでした。それでもしぶしぶ戻ってきた岳飛は、役職を捨てて引退したいと言ったのです。しかし、引退をすれば人々が岳飛を放っておくわけがありません。再び「岳家軍」ができ、金と勝手に戦ってしまうかもしれません。**秦檜は謀反の罪をかぶせ、岳飛を殺害してしまいました。**

　岳飛がいなくなったことで、南宋は一気に秦檜が主張する和議路線に傾きます。南宋は金に臣下の礼をとり、多額の銀と絹を毎年贈ることで和平を結んだのです。これらのことによって、**岳飛は「国に忠義を尽くした英雄」、秦檜は「売国奴」のイメージが決定的についてしまったのですが、秦檜が和平を結んだおかげで、南宋は150年間の平和を手にしたのです。**

　もし、金との戦争が続いていたら、南宋は疲弊してすぐに滅んでいたかもしれません。今も秦檜の像は岳飛の像の前でひざまずかされ、棒で叩かれていますが、本当は秦檜のほうが国を永らえさせた「忠臣」であったかもしれません。

チンギス＝ハン

【1162年頃〜1227年】

モンゴル帝国を創始した
「草原の蒼き狼」

デリウン・ボルタグ（現在のモンゴル）出身とされる。モンゴル高原の諸部族らを統一し、クリルタイで大ハン位についた。遊牧民を千戸制と言われる軍事組織に編制し、ナイマン部族や、ホラズム、西夏を滅ぼした。その後も遠征を続け、わずか半世紀あまりでユーラシア大陸の東西にまたがる大帝国を築いた。

 現在も記念されるモンゴルの偉人

　国を代表する偉人の誕生日は、しばしばその国の祝日となっており、その業績や建国の理念などを振り返るという日になっています。たとえば、アメリカではワシントンの誕生日、ベネズエラではシモン＝ボリバルの誕生日、インドでは「マハートマー」ガンディーの誕生日が祝日となっています。

　さて、モンゴルの、国を代表する偉人といえば、なんといっても草原の「蒼き狼」の子孫という言い伝えをもつ**チンギス＝ハン**でしょう。その誕生日はモンゴルの祝日になっていますが、面白いことにその誕生日（モンゴルの祝日）は毎年変わるのです。

　モンゴルの古い記録によれば、チンギス＝ハンの誕生日は「冬のはじめの月の元日」ということになっています（ちなみに、2020年は11月16日、2021年は11月5日です）。当時は、モンゴルの大草原の中で日にちを把握

していたわけですので、太陽の運行をもとにした太陽暦ではなく、月の満ち欠けをもとにした太陰暦を使っていたと考えられます。そうすると、毎年誕生日が変わることになりますので、その都度、国会でチンギス＝ハンの誕生日を決めるという奇妙な状況になるのです。

勢力拡大を支えた圧倒的な機動力

　チンギス＝ハンの幼名は**テムジン**といいます。「鉄の人」という意味の名を持つこの少年は、９歳で父が毒殺され、貧しい生活を強いられました。

　成年になり次第に勇名がとどろくようになりましたが、ライバルの部族に襲撃され、妻を奪われてしまいます。かつてはテムジンの父がこの部族の妻を奪ったことがあり、その復讐ということですので、部族同士の争いはかなり多く起きていたのでしょう。テムジンは他の部族の力を借りて妻を取り戻し、「テムジン」の名前のごとく、鉄の意志で度重なる苦難を乗り越え、44歳頃にモンゴル高原の全部族を統一しました。テムジンはモンゴル部族の集会（**クリルタイ**）において21の部族から首長におされてモンゴルの君主であるハンの称号を名乗ります。ハンの称号に「光の神」をあらわす「チンギス」を加え、「チンギス＝ハン」となったのです。

　その後、約20年の間にチンギス＝ハンは東は北京まで、西はカスピ海まで帝国を広げていきます。**チンギス＝ハンの征服活動を支えたのは馬による機動力です。**兵士１人に５頭の馬があてがわれ、乗っている馬が疲れたら、別の馬に乗り換えて行軍し、そのほかの馬はつながなくても主人のあとを追います。その行軍の速度は日に70km以上といいます。普通の軍隊では日に20〜30kmといったところでしょうから、圧倒的なスピードだったのです。また、遊牧民を1000戸ごとに編成し、その下に100戸、10戸というグループを設けるしくみを整えました。**優秀な人材は民族に関係なく重く用い、そのブレーンには様々な民族の出身者がいました。**抵抗する者は容赦なく殺害することでその残忍さのみが語られることが多くありますが、クレバーで合理的な一面もあったのです。

バトゥ

1207年〜1255年

キプチャク＝ハン国を創始した
チンギス＝ハンの孫

モンゴル帝国・キプチャク＝ハン国の建国者。チンギス＝ハンの長男ジュチの子で、父の死後その領地を受け継いだ。オゴタイの命で西征し、キエフ公国を滅ぼしハンガリーにも侵攻。その後ワールシュタットの戦いで勝利したが、オゴタイの死により征西は中断された。南ロシアのサライに都を置き、キプチャク＝ハン国を建国。

驚くほど巨大な「モンゴル帝国」

　チンギス＝ハンの死後もモンゴル帝国の拡大は止まりません。息子のチャガタイ、オゴタイ、孫のバトゥ、フラグ、フビライらが帝国を拡大させていきました。この顔ぶれの、独特な名前の音の響きだけでも、いかにもモンゴルの勇者たちという感じがします。

　授業のときにはいつも、モンゴル帝国の最大領域が示されている、資料集の13世紀の世界地図を生徒に開かせます。**東は朝鮮半島から西は現在のポーランドやハンガリーに及ぶモンゴル帝国の領域**を見ると、生徒は決まって「こんなに大きいの!?」と驚きます。

ヨーロッパ遠征の総司令官に

　チンギス＝ハンのすぐれた孫たちの中でも、とりわけ名君との誉れ高い人物がこのバトゥです。

チンギス＝ハンの後継者としてモンゴル帝国のハンの位についたオゴタイ＝ハンの頃、ヨーロッパ遠征の総司令官に任命されたバトゥはまたたく間に南ロシアから東ヨーロッパに進出します。

　南ロシアのキエフを攻略したバトゥは10万人にも及ぶ軍を大きく３つに分け、右翼の部隊はポーランドに向かい、左翼は南下してドナウ川流域からセルビアを経てハンガリーに、そしてバトゥ率いる本隊はカルパティア山脈の正面からルーマニア北部を経てからハンガリー平原に進撃するという非常にスケールの大きな戦略をとります（地図を見ると、その構想の雄大さがわかると思います）。

　ポーランドに向かった一隊はクラクフを攻略し、さらにその支隊はポーランドからチェコの国境に向かい、神聖ローマ帝国とポーランド、そしてドイツ騎士団などの連合軍を破るワールシュタットの戦いに勝利します。この戦いのあと、モンゴル軍は倒れた敵の耳をそぎ落とし、首を槍にさして掲げ、その功をアピールしたといいます。

 ## 名君の誉れ高い「よき君主」

　この戦いの翌年、オゴタイ＝ハンが亡くなり、軍はいったん引き上げられることになり、バトゥのヨーロッパ攻勢はひとまず終わるのですが、バトゥは征服地の南ロシアでキプチャク＝ハンと称し、キプチャク＝ハン国を創始しました。キプチャク＝ハン国を漢字表記すると、「金帳汗国」となり、バトゥの天幕が金色の刺繍で飾られていたことによる名前です。

　バトゥは祖父のチンギス＝ハンにならい、敵に回った勢力には徹底的な殺害と破壊を行いましたが、降ってきた勢力や人民には寛大な統治を行いました。キプチャク＝ハン国内では産業を保護し、都市生活の充実を図り、その地の信仰を認めました。モンゴル人やイスラーム教徒からは「サイン＝ハン（よき君主）」と言われ、称えられました。

　敵には厳しく、味方にはやさしく、おしゃれで派手好みの、「絵になる名君」、といったイメージでしょうか。

フラグ

1218年〜1265年

「世界一の都」を陥落させた
「度を越した者」

祖父はチンギス＝ハン、兄は第4代モンケ＝ハン、第5代フビライ＝ハン。モンケの命で西アジアに遠征し、バグダードを陥落、アッバース朝を滅ぼす。イランのタブリーズを都にイル＝ハン国を建国。

第1章 ヨーロッパ（古代〜中世）
第2章 中東（古代〜オスマン帝国）
第3章 インド（古代〜ムガル帝国）
第4章 中国（古代〜清王朝）
第5章 一体化する世界の時代
第6章 革命の時代
第7章 帝国主義と世界大戦の時代
第8章 近代の中東・インド
第9章 近代の中国
第10章 現代の世界

西アジアを征服した実力者

　バトゥ、フラグ、フビライというチンギス＝ハンの優秀な孫たちのうち、こんどは**フラグ**を紹介したいと思います。「フラグ」とは、「度を越した者」を意味する言葉です。バトゥはヨーロッパ方面に進出しましたが、フラグは西アジアの征服におもむき、その地で**イル＝ハン国**を建国した人物です。

　フラグがモンゴル軍を率いて西に向かったのはチンギス＝ハンから数えて4代目のモンケ＝ハンの時代です。「エジプトの領土の境界まで征服せよ」と兄のモンケ＝ハンに命じられ、フラグは大軍を率いて現在のイランからイラク、シリアまで進撃し、十字軍にも接触したといいます。

「度を越した者」フラグの、度を越した業績は、やはり、**西の巨大都市、バグダードを攻略してアッバース朝のカリフを処刑したことでしょう。**アッバース朝の最盛期の時代からは500年近く経ち、宗教的権威者を意味するカリフは名目上の地位となっていましたが、ムハンマドの後継者を殺害したということはイスラーム世界に対して大きな衝撃を与えました。最後のカリフは皮袋に入れられ、馬に踏まれて殺されたと言います。

　また、攻略したバグダードも「度を越した」巨大都市でした。チンギス＝ハンもバトゥも経験したことのないような大都市の包囲をフラグは行い、陥落させたのです。フラグ軍がこのバグダードの戦いで殺害したバグダードの兵士や民衆は20万人とも80万人とも言われます。

フビライ＝ハン

1215年〜1294年

日本に侵攻した
元王朝の創始者

モンゴル帝国第5代ハン。チンギス＝ハンの孫。モンケ＝ハンのもと、チベット・雲南に遠征、大理を滅亡。その後即位し、カラコルムから大都へ遷都し、国号を「元」とした。また臨安を占領して南宋を滅ぼし、中国統一を達成。他にも交鈔の発行、積極的な外征で交易圏を拡大。チベット仏教を保護し、パスパ文字を制定。

 日本史の教科書唯一の「太字」の中国皇帝

「日本史」の教科書を読んでみましょう。おそらく日本で最も使われているであろう、山川出版社の日本史の教科書に登場する中国王朝の皇帝は7人います。日本に金印を授けたとされる後漢の光武帝、日本の帥升という人物が生口（奴隷）を贈った相手の後漢の安帝、古墳時代の雄略天皇が使者を送った南朝の宋の順帝、遣隋使の行き先になった隋の煬帝、そして、遣唐使におもむき、日本に帰国かなわなかった阿倍仲麻呂を重く用いた唐の玄宗皇帝、そして蒙古襲来のときに日本への攻撃を命じたフビライ＝ハン、そして、明の朱元璋（洪武帝）です（強いて言えば、満州国の執政となった溥儀は「中国最後の皇帝」と紹介されています）。

　さて、その教科書での扱いはどうか、というと、後漢の光武帝と安帝、隋の煬帝、明の朱元璋は地の文で登場しています。また、それ以外の皇帝は欄外で紹介されています。世界史ではこれらの人物は主役級の堂々とした

扱いですが、日本史の教科書では太字でもなく、予想以上に扱いが小さい
と感じます。その他の皇帝はたとえば、永楽帝のような有名人でも「明の
皇帝」など、人名ではなく、王朝名で紹介されるのみです。

　その中で、**唯一日本史の教科書で「太字」の人物がいます。それが、モ
ンゴル帝国の第5代のハンにして、中国の元王朝の初代皇帝のフビライ＝
ハンです。その扱いはもちろん、日本に対する遠征を行ったからでしょう。**
「蒙古襲来」は鎌倉幕府の財政難を呼び、恩賞が得られなかった御家人の不
満がつのって幕府が滅亡する要因のひとつとなっていくのです。

 ## 日本だけではないそれぞれの「蒙古襲来」

　元の皇帝としてのフビライは、南宋を滅ぼし、様々な民族の出身者を実
力で用い、通貨の統一や文字の統一を行った非常に英明な君主として知ら
れます。南宋を滅亡させたことで、モンゴル帝国は最大の領域にまで広が
りました。フビライはさらに拡張政策をとります。そのひとつがいわゆる
日本の「蒙古襲来」ですが、**日本にも蒙古襲来があれば、他の国々にもそ
れぞれの蒙古襲来があったのです。**日本より一足先に「蒙古襲来」を受け
ていたのは朝鮮半島の高麗です。高麗はフビライの先代、モンケの時代に
モンゴルに服属し、日本には元軍の一部として襲来しました。

　フビライが行った遠征を見ると、ビルマへの遠征は成功し、首都のパガ
ンを占領してビルマを元の支配下に組み込みます。一方、ベトナムへの遠
征は失敗します。元に服属していたベトナム陳朝が反旗をひるがえしたた
め、フビライは大軍を差し向けたのです。しかし、陳朝のゲリラ戦術に苦
しめられ、食糧難に陥って退却させられました。アメリカと同じように元
もゲリラに苦しめられた「ベトナム戦争」があったのだと興味深く思いま
す。フビライはジャワのシンガサリ朝やベトナム南部のチャンパーの遠征
にも失敗しており、意外とこの時期の元は負けているのがわかります。

　**世界史的な見方をすると、このフビライの頃がモンゴル帝国の拡大の限
界点であったということができるでしょう。**

第1章 ヨーロッパ（古代～中世）

第2章 中東（古代～オスマン帝国）

第3章 インド（古代～ムガル帝国）

第4章 中国（古代～清王朝）

第5章 一体化する世界の時代

第6章 革命の時代

第7章 帝国主義と世界大戦の時代

第8章 近代の中東・インド

第9章 近代の中国

第10章 現代の世界

朱元璋
しゅ げん しょう

1328年〜1398年

貧農から身を起こした
明王朝の創始者

鍾離（現在の安徽省）出身。明の洪武帝。紅巾の乱で白蓮教徒らの反乱軍に加わると頭角を現し、南京（金陵）を都に建国。中央集権化に努め、一世一元の制や中書省の廃止、律令の改定、朱子学の官学化、「六諭」の発行、里甲制を実施し賦役黄冊・魚鱗図冊の作成など、様々な改革を行った。対外的には、海禁政策をとり、朝貢貿易を推進。

独裁と粛清の明王朝

　中国の歴史の本は、始皇帝や項羽と劉邦、武帝と張騫、楊貴妃と玄宗のロマンス、『水滸伝』に描かれた北宋の生き生きとした民衆の姿、そしてモンゴル帝国の圧倒的スケール感など、ワクワクしながら読み進めていけます。清や近現代も、アヘン戦争に始まり、日清戦争から中国分割、そして大戦と内戦、中華人民共和国の動向など、興味深く読むことができます。

　しかし、どうしても読みづらいところが出てきます。私にとってはそれが、明王朝の歴史です（私の「中だるみ」が原因かもしれませんが…）。

　明王朝にも永楽帝と鄭和の話のように、スケールが大きな、興味をひかれるエピソードがあるにはあるのですが、全体的に「粛清」「刑死」「毒殺」のような言葉が乱れ飛び、読んでいて気が滅入ります。明王朝のしくみ自体が強力な皇帝の独裁体制のため、皇帝の気質や能力がすぐに政治に反映されるのです。力のある皇帝のときには皇帝自ら大勢の官僚を粛清します

し、統治能力がない皇帝の時には官僚どうしが争って反対派を大量処刑します。この王朝の名前が「明」というのは皮肉な話で、本当は「暗」にでもしたほうがよいと思うぐらいの暗い時代という印象を受けるのです。

高い能力と心の狭さをあわせ持つ二面性

こうした明王朝の王朝としての性格は、創始者である**朱元璋**の人間性によるところも大きいのではないかと思います。貧しい農民出身であった朱元璋は17歳のとき、両親と兄を亡くし、寺にあずけられました。両親の死は餓死だと言われていますので、本当に極貧の生活だったのでしょう。こうした環境が、皇帝へ登りつめる向上心と、その裏返しのうたぐり深さと心の狭さを育てたのかもしれません。

元王朝が滅ぶ原因となった紅巾の乱が起きると、朱元璋はそのリーダー格の郭子興という人物の軍団に入りました。朱元璋はその中でめざましい働きをします。郭子興から妻をもらいますが、郭子興が亡くなるとその軍団を乗っ取り、妻の実家である郭氏一族を殺します。軍団を手に入れ、紅巾の乱の中心となった朱元璋は中国の南部を支配し、明を建国します。

建国後の朱元璋は各省庁にあたる「六部」を皇帝の直属とし、皇帝独裁を強めます。そして明王朝の建国に手柄があった家臣たちに次々と罪を着せて処刑していくのです。その規模も一度に１万5000人とか、３万人というような数です。少しでも気に入らない者はすぐに殺され、この時代の官僚は、夕方帰宅すると、「今日も殺されなかった」とほっとしたといいます。

軍事的、政治的な能力は中国皇帝の中でもトップクラスであり、自身が貧農の出身だったので、農民の扱いがうまいという長所もあったのですが、その後の皇帝や官僚が反対派を大量に処刑するという暗い時代の先例もつくってしまったことになります。

朱元璋の肖像画は２種類あり、ひとつはふくよかで優しい顔、もうひとつは醜悪な顔で描かれています。優しい顔は「描かせた」肖像画、と言われ、醜悪な顔が本来の顔、と言われています。

第1章 ヨーロッパ（古代〜中世）

第2章 中東（古代〜オスマン帝国）

第3章 インド（古代〜ムガル帝国）

第4章 中国（古代〜清王朝）

第5章 一体化する世界の時代

第6章 革命の時代

第7章 帝国主義と世界大戦の時代

第8章 近代の中東・インド

第9章 近代の中国

第10章 現代の世界

永楽帝
えい らく てい

1360年〜1424年

実力で皇帝の位を奪い
明の国力を高めた皇帝

南京の出身。靖難の役で挙兵し、南京を占領して
即位。その後北京に遷都し、紫禁城を建設。内閣
を設置し宦官を重用。また、学術も奨励し、大編
纂事業を行った。一方、積極的な対外政策で、モ
ンゴル遠征やベトナムの一時占領を行ったほか、鄭
和を南海遠征に命じ、日本とは勘合貿易を開始し、
朝貢貿易の拡大を図った。

甥から皇位を奪った人物

　朱元璋（洪武帝）の死後、第２代皇帝になったのは建文帝という人物で
した。洪武帝の長男は亡くなってしまっていたので、洪武帝は孫の**建文帝**
を後継者に指名したのですが、洪武帝には亡くなった長男以外にも20人以
上の子がいました。洪武帝は建文帝の「おじさん」にあたるこれらの子ど
もたちにも領地を与え、各地の王に任命していたのです。

　第２代皇帝建文帝と、その側近たちにとっては、皇帝の「おじさん」た
ちが各地にいっぱい存在し、領地と兵を持っいる状況は脅威でしかありま
せん。いつ自分たちの地位をおびやかすかわからないからです。そこで、建
文帝とその側近たちは、各地の王たちの取りつぶしを始めたのです。

　南京にあった建文帝の政府は王たちの取りつぶしにかかり、さっそく罪
を着せられた３人のおじたちが庶民に落とされ、１人は流刑に、１人は焼
身自殺に追い込まれます。危機を感じたのが、北京を本拠地とする燕王の

朱棣という人物です。朱棣は逆に南京の正規軍を攻め、３年もの間戦いを繰り広げて南京を陥落させました。この事件を「靖難の役」といいます。

北京を都とした皇帝

この「靖難の役」に勝利した朱棣は皇帝に即位し、**永楽帝**となります。永楽帝は拡張志向を持った君主で、５回にわたって自ら兵を率いてモンゴル高原に遠征を行い、明の領域を広げました。もともと、永楽帝の本拠地は北京だったので、北方に対する永楽帝の関心が高かったのです。永楽帝が都を南京から北京に移したのも、北方への対策という一面があったのです。また、鄭和を指揮官とする艦隊を派遣し、大航海を行わせました。

日本の室町幕府が明に使節を送り、「貢ぎ物」と「授け物」という形での日明貿易を開始したのもこの頃です。日本のみならず、マラッカ、琉球、朝鮮、ベトナムなども明に朝貢しています。この頃の「永楽通宝」という硬貨は室町時代から戦国時代の日本でも広く使われ、織田信長が旗印に使用していたことでも知られています。

ここまで話を聞くと、スケールの大きなすぐれた君主の姿が思い浮かびます。実際に永楽帝はスケールの大きなすぐれた君主ではあったのですが、ここでも、明王朝おきまりの粛清が繰り広げられ、建文帝の重臣たちが大量処刑されているという「暗」の部分もあったのです。

特に永楽帝の「暗」の部分として知られるのが、宦官を重く用いたことです。先ほどの建文帝との対立の中、明の正式な官僚組織は皇帝の側につくことになり、永楽帝は建文帝の官僚組織とも対立をしたわけです。そのため、皇帝となった後にも、建文帝についていた官僚組織を信用できずに、洪武帝が遠ざけていた宦官を重く用いることになったのです。

強いリーダーシップで宦官をコントロールできた永楽帝の時代はよいとして、のちの皇帝は宦官をコントロールしきれずに、逆に皇帝のほうが宦官にあやつられてしまい、宦官たちが権力者のようにふるまうこともよく起こるようになりました。

第1章 ヨーロッパ（古代～中世）

第2章 中東（古代～オスマン帝国）

第3章 インド（古代～ムガル帝国）

第4章 中国（古代～清王朝）

第5章 一体化する世界の時代

第6章 革命の時代

第7章 帝国主義と世界大戦の時代

第8章 近代の中東・インド

第9章 近代の中国

第10章 現代の世界

鄭和
てい わ

1371年〜1434年頃

アフリカまで到達した
大艦隊の司令官

昆陽（現在の雲南省）出身。イスラーム教徒で宦官。靖難の役で活躍し、以降永楽帝に仕えた。海禁と朝貢貿易を基礎とする中華帝国の再編を目指す永楽帝により、南海遠征の指揮を命じられた。遠征は7回ほど行われ、東南アジアから西南アジア・アフリカ東岸をまわり、南海諸国との朝貢の促進、南洋華僑の発展の契機となった。

 ## ヨーロッパに先んじた明の「大航海」

　永楽帝の最大の事業は、なんといっても鄭和の大航海でしょう。『明史』のいうところでは、南海遠征の第1次航海では、62隻の船に約2万8000人を乗せて東南アジアに遠征を行ったといいます。1隻あたり450人の計算になりますから、相当な巨船だったことでしょう。

　遠征、と言っても戦いに行くのではなく、その圧倒的な船団を見せつけて、東南アジアの諸国を明に「ひれ伏させる」というのが目的です。遠征は7度にわたって行われ、その第4次から第7次遠征までは遠くアフリカに達しました。第4次遠征ではアフリカから初めてキリンが中国に持ち込まれ、中国古来の伝説上の生き物である「麒麟」と中国皇帝が初めて出会ったとされます。永楽帝は「麒麟」とは似ても似つかないこの動物を「麒麟」ではないと言いはりましたが、興味津々ではあったということです。**この遠征の結果、東南アジアからインド洋の様子がわかり、十数か国が明に**

朝貢するようになりました。

　その約100年後、マゼランが世界周航に成功するのですが、そのときの船団は5隻で265名といいますから、ずいぶんと差があります。「大航海時代」に先駆けたもうひとつの「大航海」というわけです。

 皇帝の陰で暗躍した宦官たち

　さて、中国の歴史を語る上で、宦官のことに触れないわけにはいきません。宦官とは、去勢して「男ではなくした」人々のことです。建前上、皇帝のプライベートスペースである「後宮」は、基本的には男性は皇帝ただひとりのみ、ということになっています。そこで産まれた子どもは確実に皇帝の子、ということにしておかなければ、自分の子どもと主張して皇帝の権力を奪う者が発生することになるからです。

　しかし、後宮にも男手が必要なときがあります。そのときに宦官の出番、ということになるのです。生殖能力を失っているので、後宮で子どもをつくる心配がなく皇帝の召使いとして適任ということです。ただ、多くの場合は子孫を残せないという状況から、その一代でのぜいたくや権力争いに終始し、皇帝の取り巻きとして権力に溺れます。時には皇帝を陰で操り、国を動かすこともありました。また、科挙に受かるような教育が受けられない貧しい階層が出世をするため、自ら宦官になる場合もありました。

　明は永楽帝以降、宦官を重用することとなり、一時は宦官の数が数万人にも達しました。**「裏の世界」の宦官は「表の世界」の官僚と激しく対立することとなります。**

　多くの場合、宦官は政治の腐敗をもたらす存在ですが、前漢の**司馬遷**は刑を受けて宦官の身になりましたが『史記』を書き、中国史上最大の歴史家になりました。後漢の**蔡倫**は紙を実用化した人物です。鄭和は12歳で宦官として永楽帝の召使いになり、靖難の役では抜群の軍功をおさめ、南海遠征のリーダーとなっています。**鄭和は歴史的に重要な功績を残した宦官の「代表格」と言えるでしょう。**

第1章 ヨーロッパ（古代〜中世）

第2章 中東（古代〜オスマン帝国）

第3章 インド（古代〜ムガル帝国）

第4章 中国（古代〜清王朝）

第5章 一体化する世界の時代

第6章 革命の時代

第7章 帝国主義と世界大戦の時代

第8章 近代の中東・インド

第9章 近代の中国

第10章 現代の世界

正統帝
（せい　とう　てい）

1427年〜1464年

野戦で捕虜となった
不名誉な皇帝

北京の出身。治世後半で失政が重なり、モンゴル高原のオイラト部のエセン＝ハンが侵攻した土木の変により捕虜となった。釈放され再即位したが、政治には消極的で、その後宮廷では宦官が権力を握った。

正統帝の大失敗となった「土木の変」

　永楽帝のあとの明の皇帝は、ぱっとしない皇帝ばかりです。そのために、官僚たちが争ったり、宦官が幅をきかせたりしたわけです。その中でも、この6代目の**正統帝**はとりわけ情けない皇帝として知られます。

　北方民族ににらみをきかせていた永楽帝の死は、北方民族にとってはプレッシャーの減少を意味しました。再び活動を始めた民族に、エセン＝ハンというすぐれた指導者を持つオイラトがありました。オイラトはモンゴル高原を支配し、明の北方に圧力をかけ始めたのです。

　これに対し、正統帝は50万人の兵を率いてオイラトを迎え撃ちにいったのですが、実戦経験が乏しかった正統帝が陣取ったのが土木堡という砦でした。食糧を運ぶ部隊が遅れていたので、その砦で待つことにしたのですが、エセン＝ハンはそこを見逃しませんでした。遠巻きに土木堡を囲み、兵糧攻めにしたのです。50万人が小さな砦にこもっては、食糧がもつはずもありません。飢えた明の軍隊に、エセン＝ハンは包囲の一部をわざと解いて逃げ道をあけ、罠とも知らず出てきた明の軍隊を待ち構えて壊滅させたのです。正統帝は茫然自失として草の上に座っているところを捕らえられたと言います。この「土木の変」で捕虜となった正統帝に対し、本国の明も「救う価値なし」とみて正統帝を見捨てて新しい皇帝を立て、身代金も払わなかったといいます。1年後、正統帝は釈放されました。

万暦帝
ばん　れき　てい

第1章 ヨーロッパ（古代〜中世）

第2章 中東（古代〜オスマン帝国）

第3章 インド（古代〜ムガル帝国）

第4章 中国（古代〜清王朝）

第5章 一体化する世界の時代

第6章 革命の時代

第7章 帝国主義と世界大戦の時代

第8章 近代の中東・インド

第9章 近代の中国

第10章 現代の世界

1563年〜1620年

**国の政治を放棄し
明の衰退を招いた皇帝**

北京の出身。10歳で即位し、名宰相張居正の諸改革により国内は安定。しかし、その死後、放蕩となり宦官の政治介入を招き、官僚ら東林派と宦官ら非東林派の対立が深まった。

政治を放棄し官僚の対立が高まる

　正統帝は中国の歴代皇帝の中で唯一、野戦で捕虜になるという不名誉な記録を残した皇帝ですが、この**万暦帝**も、負けず劣らず不名誉な皇帝です。万暦帝の廟号は「神宗」といいますが、「明の滅ぶは神宗に滅ぶ」と言われるぐらい、明は万暦帝の時代に急速に国力を落としたのです。

　それもそのはず、**万暦帝は25歳から50歳までの25年間、後宮に閉じこもって政務の場に顔を出さず、「引きこもり」状態だったのです。** 母親の葬儀にも顔を出さず、26歳から死ぬまでに5回しか家臣に会っていない、というかかなりの筋金入りです。その間はもっぱら、お気に入りの宦官と楽しく遊んでいたわけです。

　政治をほったらかしにしていたわけですので、官僚たちも激しく対立しっぱなしになってしまっていました。対外問題も山積みで、東北ではモンゴル人の反乱、南方でのミャオ族の反乱、そして、豊臣秀吉による朝鮮出兵と、様々な戦乱が起きていました。満州ではすでにヌルハチが動き出しており、明の滅亡と清の建国が近づいていたのですが、それでも万暦帝は政務の場に顔を出しませんでした。

　皇帝失格ともいえる万暦帝の治世ですが、その墓は世界遺産の明の皇帝の墓の中でいち早く発掘調査が行われ、現在、一般公開されています。死後、観光客を呼ぶことが一番役に立っていることかもしれません。

張居正
（ちょう きょ せい）

1525年〜1582年

働きすぎて失敗した
明の実務派官僚

江陵県（現在の湖北省）出身。万暦帝の治世に、宦官勢力を抑制して一条鞭法を施行し、財政難を克服した。黄河の治水事業など内閣大学士として諸改革を行い、北虜も退けた。死後はすべての名誉をはく奪された。

 仕事一徹の姿勢が反感を招く

「引きこもり」の皇帝だった万暦帝が政務から離れた原因のひとつが、ここで紹介する**張居正**の存在にあったかもしれません。万暦帝は10歳で即位しましたが、そこにはすでに、先代の皇帝が万暦帝の補佐につけていた張居正がいたのです。

張居正は幼い万暦帝になりかわり、独裁ともいえる権力をふるったのです。官僚の風紀の引き締めや、「一条鞭法（いちじょうべんぽう）」と言われる税制の改革、検地の実施など、次々に重要な政策を打ち出します。**赤字続きの国家を立て直し、10年分の食糧の備蓄をつくった非常に有能な人物です。**

しかし、父親が亡くなっても喪に服さずに仕事をするというような張居正の猛烈な仕事ぶりに、まわりの人々は少し「引いて」しまいました。万暦帝が皇帝として一人前になろうという時期にも「実権」を張居正が握り、周りが引いてしまうほど働いていたのですから、「じゃあお前が好きにやれよ」と、万暦帝も政務を放り投げたのではないかと思えます。

結局、敵ばかりになった張居正は、その死後、贈られた位もはく奪され、財産は没収され、家族も弾圧をされています。長男は自殺に追い込まれ、次男は遠くに流されました。こうなると、誰も明のために懸命に働こうとはしなくなります。**あとには政務を放り投げた皇帝と仕事をしない官僚が残ったのです。明の滅亡は必然だったのです。**

ヌルハチ

1559年〜1626年

女真族を率い

明と対抗した清王朝の祖

ヘトゥアラ（現在の遼寧省）出身。明末期、ツングース系女真族を統一し、満州全域を征服し後金を建国。行政組織「八旗」を創設し、サルフの戦いで明に大勝し、遼東地方を平定。また、モンゴル文字をもとに満州文字を制定し、女真族も満州族と改めた。死後、子のホンタイジより清の初代皇帝として追号された。

 清のもととなる「後金」を建国

　中国の王朝継承のパターンはいくつかあります。多くは建国者の長男が継いでいくのですが、建国者の長男がすんなりと引き継がずに、有能な人物がそれを倒して王朝の基礎を築いてしまうという唐や明のパターンもあります。

　また、国の基礎をつくった人物が先に存在し、実際に王朝を名乗った人物からさかのぼって建国者とするパターンも意外と多くあります。**たとえば、魏を建てたのは曹丕ですが、事実上の建国者は曹操です。西晋の司馬炎も、司馬懿という人物が基礎をつくっています。元も、チンギス＝ハンにあとから「太祖」という名を贈って、「建国の父」と称えているのです。**

　清王朝もこのパターンです。初代の**ヌルハチ**は明からの独立を宣言して「後金」を建国したのですが、はじめはまだまだ中国東北部の一勢力にすぎませんでした。しかし、これがのちに清王朝となるため、ヌルハチは清の

「太祖」として、さかのぼって初代の人物とされるのです。

女真族を8つの色に分けて組織化

　勢力を拡大することに成功した北方民族にはひとつのパターンがあります。それは、**遊牧民族や狩猟民族など、部族単位で行動することが多い北方民族に、一定の組織化を行った**、ということです。たとえば金王朝は猛安・謀克制という制度で組織化し、モンゴル帝国は千戸制というしくみで組織化しました。そして、このヌルハチは「八旗」を創始して女真族を組織化したのです。

　狩猟民族であった女真族は、狩りに旗を使っていました。狩りと言っても、部族全体で行う大規模なものですが、獲物を追い込む目標地点を黄色、そして、中央の部隊を青、そして、左右の部隊を赤と白とし、それぞれ旗を用いて集団をコントロールしていたのです。

　このしくみを応用したのが「八旗」です。**女真族を黄、青、赤、白に分け、その色で軍事や政治を行おうとするものです**。たとえば、軍事行動を起こす際にも、「赤組」「青組」などに分けておけば命令も行き届きやすい、というわけです。ヌルハチはこの4色に、赤や白のふちどりをつけた4色もつくり、合わせて8つの旗をつくりました。ヌルハチ自身は「黄色」と「赤いふちどりの黄色」の2色を直接動かし、残りの6色を家臣に任せるというしくみで女真族を「組織化」したのです。この八旗は、漢民族を支配した後も清の正規軍として軍事力の中核となります。また、ヌルハチは「女真族」の名を「満州族」と改称したことでも知られます。

　ヌルハチの勢力が明に対して自立宣言をしたときは、先ほどの、政治を放棄していた皇帝の万暦帝の時代にあたります。万暦帝の時代の国力低下の要因のひとつは豊臣秀吉の朝鮮出兵なのですが、明の国力が低下してくれたおかげでヌルハチが勢力を拡大でき、**朝鮮出兵の20年後にヌルハチが明に独立宣言をしたというタイミングを考えると、豊臣秀吉が清の建国に意外なアシストをしていたことになるのです。**

ホンタイジ

第1章
ヨーロッパ
（古代～中世）

第2章
中東
（古代～オスマン帝国）

第3章
インド
（古代～ムガル帝国）

第4章
中国
（古代～清王朝）

第5章
一体化する
世界の時代

第6章
革命の時代

第7章 帝国主義と
世界大戦の時代

第8章
近代の
中東・インド

第9章
近代の中国

第10章
現代の世界

1592年～1643年
国号を「清」に改めた
清の第2代皇帝

瀋陽（現在の遼寧省）出身。内モンゴルのチャハル部を征服、李氏朝鮮を属国とし、国号を中国風の「清」に改めた。また、モンゴル人や漢人の登用、理藩院の設置を行い、清王朝の基礎をつくって明に対抗した。

6人続いた「名君の系譜」

　明王朝は暗君が多い王朝ですが、清王朝は名君が多い王朝です。しかも、ローマの「五賢帝」のように、王朝の創始から6人連続で中国の歴史上に輝くような、「名君」と言える人物が続いたことは幸運なことでした。

　さて、清の2代目の名君は**ホンタイジ**です。ヌルハチが後継者を指名せずに亡くなってしまったので、すでに明との戦いに功績があったヌルハチの8男のホンタイジが後継者になったのです。この後も、**清は伝統的に皇帝の生前は後継者を明らかにせずに、死に際して後継者が決まるようにしています**（康熙帝までは偶然かもしれませんが、雍正帝以降は次期皇帝を書いた紙を密封し、死後封をあけて初めて次期皇帝がわかるしくみをつくっています）。そうすれば、唐や明のように、あらかじめ決められた後継者を実力者が倒すという混乱を避けることができるからです。

　ホンタイジは皇帝になると、朝鮮と内モンゴルを攻略し、服属させます。そして、国の名前を「金」から「清」に改めます。「金」や「女真族」は、北宋を滅ぼし、南宋を圧迫した王朝のイメージが残るため、名称を改めることによって**中国を「圧迫」する王朝ではなく中国「そのもの」の王朝であるという姿勢を明らかにしたのです。**しかし、ホンタイジの時代はまだ、万里の長城を破ることはできず「北方民族」の段階にとどまっていました。

順治帝
じゅん　ち　てい

1638年〜1661年

**万里の長城を越え
中国王朝とした清の第3代皇帝**

瀋陽（現在の遼寧省）出身。李自成の乱により明王朝が滅亡すると明の将軍の呉三桂の要請を受けて北京に無血入城し、清の中国支配を開始した。漢人官僚を重く用い、儒教を国政の中心に据え中国王朝の性格を強めた。

万歳で迎えられた異民族の皇帝

いよいよ、万里の長城を越えて清が中国の王朝になる時がきました。それがこの**順治帝**の時代です。順治帝は幼く、前半期は叔父のドルゴンという人物が摂政としてかわりに権力をふるいました。

清にとってラッキーなのは、李自成の乱という農民反乱が起き、明が自ら滅びてくれたことです。さらに、その李自成が北京を支配し、略奪を行い、重税を課したことから、人々の支持をすでに失っていたのです。

このありさまを見た明の将軍、呉三桂という人物が万里の長城の東端にあたる山海関をあけ、清軍と協力して李自成を討ったのです。このことにより、**清は「北方の異民族が中国を征服しにやってきた」ということではなく、「李自成という反乱軍の首謀者を討った中国の正式な王朝」という大義名分を手に入れたのです。** 明王朝の役人たちは北京に入城した清の軍隊を万歳で迎え入れたといいます。

北京を手に入れ、順治帝の親政が始まった清は、中国南部の攻略に乗り出します。明王朝の一族をかついだ「南明」と言われる勢力が清に抵抗しますが、次々と清に降り、清は中国全土を支配します。さらなる抵抗勢力の出現を防ぐため、清は頭を剃って後頭部の髪を伸ばして編む満州族の風俗、いわゆる「辮髪」を強制しました。辮髪にしなければ抵抗勢力とわかり、「見た目」で清の支配に従わせることができるようにしたのです。

康熙帝
こう　き　てい

1654年〜1722年

中国史上最高の名君と
称えられる清の第4代皇帝

北京の出身。オランダ勢力と鄭氏台湾の勢力を駆逐して台湾を占領。三藩の乱を鎮圧した。ロシアのピョートル1世とネルチンスク条約の締結などにより、領土を拡大した。また、黄河の治水、一条鞭法から地丁銀制への移行により、人口は増加。学術を奨励し、西洋学術の導入や『康熙字典』『古今図書集成』などを編纂。

第1章　ヨーロッパ（古代〜中世）

第2章　中東（古代〜オスマン帝国）

第3章　インド（古代〜ムガル帝国）

第4章　中国（古代〜清王朝）

第5章　一体化する世界の時代

第6章　革命の時代

第7章　帝国主義と世界大戦の時代

第8章　近代のインド・中東

第9章　近代の中国

第10章　現代の世界

 皇帝の人間性が反映される中国の歴史

　私の第1冊目の著作にあたる世界史の入門書『一度読んだら絶対に忘れない世界史の教科書』の中で私は、中国史の最重要キーワードは「皇帝の人間性」ということをお話ししました。皇帝に強大な権力が与えられる中国では、「独裁者」である皇帝の人間性が国の在り方にダイレクトに反映されるのです。名君のときには国は安定し、逆に暗君のときには国は乱れます。そんな中国で、**「名君」と言われる皇帝は、何よりもまず勤勉でなければなりません。「独裁者」が独裁者としてふるまうには、自分で国の在り方を決定し、家来たちを手足のように扱い、民衆を自分に従わせるという、非常にマメな作業が必要です。**

　20世紀のヒトラーは紛れもない「独裁者」ですが、ドイツの統治者としては、過労死をしてしまうのではないかと思われるほど勤勉です。広い中国ではなおさら、決裁をしなければならないことが皇帝に集まります。隋

の楊堅は早朝から会議を開いたといいますし、北宋の趙匡胤は科挙に皇帝の面接試験を取り入れ、膨大な人数の面接官となりました。名君はとても忙しいのです。

 独学で皇帝のスキルを高めた

　そうした意味では、「中国史上最高の名君」と言われるこの**康熙帝**は、まぎれもなく「中国史上最高に勤勉な皇帝」であったでしょう。順治帝が24歳の若さで亡くなったことから、8歳であとを継ぎ、16歳という若さで親政を始めた康熙帝は、皇帝としてのスキルを独学によって高めていくしかありませんでした。**世界史の資料集にも「血を吐くまで勉強した」と書いてあるほどの猛勉強で、漢人から四書、五経を教わり、イエズス会士たちから幾何学や天文学などの西洋の学問を教わりました。**また、中国全土の統治者として満州語、漢語、モンゴル語を話せるようになりました。

　康熙帝が20歳のときに起きた、「建国の功労者」であった呉三桂たちによる「三藩の乱」のときにも、王朝最大の危機であるにもかかわらず、陣中で毎日学問を続け、1日に300通の上奏文に目を通したと言います。

　文化事業では有名な『康熙字典』のほか、『古今図書集成』という百科事典などを作らせています。中国全土を実際に測って作った初の地図である『皇輿全覧図』も作成させています。この『皇輿全覧図』の作成にあたったイエズス会宣教師の**ブーヴェ**は康熙帝を評して、「高い記憶力と驚異的な多才、意志の強さを兼ね備えた大君主であり、美術に対する高い鑑賞眼ももつ」と、絶賛しています。

　精力的に遠征を行って台湾を征服し、内政では黄河の治水につとめ、財政基盤をつくりました。人口の増加により、人ごとにかける税をとることが困難になったと見るや、税制を土地に一本化し、シンプルな税制にするという「地丁銀制」を施行したことで税を確実に徴収し、減税を行うこともできました。マメで勉強熱心な皇帝の治世が61年も続いたことは、清の民衆にとっても幸運なことでした。

雍正帝
よう　せい　てい

1678年〜1735年

「硃批諭旨」を活用し中央集権を強化した清の第5代皇帝

北京の出身。13年の統治で清の基礎を確立。軍機処を設置し国政の最高機関とし、内閣大学士は形骸化した。宣教師を追放してキリスト教布教を禁止し、白蓮教など民間宗教も厳しく弾圧した。対外的には青島・チベットの平定を行い、ロシアとはキャフタ条約を締結し、中央アジアでの国境を定めて貿易をひらいた。

第1章 ヨーロッパ（古代〜中世）
第2章 中東（古代〜オスマン帝国）
第3章 インド（古代〜ムガル帝国）
第4章 中国（古代〜清王朝）
第5章 一体化する世界の時代
第6章 革命の時代
第7章 帝国主義と世界大戦の時代
第8章 近代の中東・インド
第9章 近代の中国
第10章 現代の世界

 康熙帝を悩ませた後継者問題

　康熙帝の頭を悩ませたのは後継者問題でした。ヌルハチやホンタイジ、順治帝は後継者を指名しないか、死の間際に皇帝を選んでいましたが、康熙帝はそのやり方を嫌い、後継者を生前に指名することにしたのです。

　康熙帝は22歳のときに、2歳の子を皇太子に立てました。8歳で即位して、独学で皇帝になるしかなかった康熙帝にとっては、同じ轍を踏まないように皇太子をあらかじめ指名しておいて、皇帝としての教育を施しておこうと思ったのです。康熙帝は皇太子に自ら読書を教え、教師をつけたのですが、親の願いもむなしく、皇太子は非行に走り、自分勝手に遊び仲間をつくり、遊び仲間たちも次期皇帝とつるんでいることを鼻にかけて横暴なふるまいをするようになりました。皇太子が反逆を企てている、という噂が流れるに至り、康熙帝は皇太子を廃します。結果、死の間際に指名されたのが、後継者としてノーマークであった第4子の**雍正帝**でした。

「硃批諭旨」に見え隠れする皇帝の本音

このような背景をもって即位した雍正帝は、後継者争いを防ぐため、皇帝が生前に後継者の名前を書いて密封しておき、皇帝の死後封が開けられてはじめて次期皇帝が判明するという「密建」のルールをつくります。

45歳で即位した雍正帝は、父の康熙帝の仕事ぶりをよく見ていました。**雍正帝もまた、朝から深夜まで精力的に政務をこなす、「マメな独裁者タイプ」であったのです。**特に、官僚からの上奏文に目を通し、赤字でコメントを入れて上奏者に戻す「硃批諭旨」を見ると、そのマメな仕事量に驚かされるとともに、雍正帝の正直な人柄が透けて見えるのです。

たとえば、「おまえは広州で将軍の任についているとき、書類を数文字ごまかしただろう、それはよくないことだ」とか、「お前の報告書には実際の理由が書かれていないのはなぜか、正直に申せ。もし隠し事をせずきちんと言えば、私も許そうと思う。しかし、なおごまかすならば、それは許さない」というようなコメントで不正を諭したり、「死ぬほど頑張ります」という上奏文には「死ぬなど、そんな表現を用いず、ふつうにきちんと働け」というようなコメントをつけたりもしています。自分が誤っていたら、「前の諭旨は私が誤っていた」「私がつけた前のコメントはそのとき考えていたことだが、いろいろなところを訪ねたところ、どうやらお前が言うことも一理あるようだ。今、前の諭旨は誤りだったと自分を責めているところだ。次のコメントを待っていてくれ」など、素直に認めています。

この上奏のやりとりとは別に中央に提出する正式な報告もあり、表向きにはそれで政治が動いていましたので、この「硃批」にはなおさら雍正帝の本音が見え隠れします。気に入らない官僚がいたら、とんでもない悪口を書き並べるという一面もありましたが、「私はきちんと仕事をして国を率いていきたい。だから、どんな書類も私が自らコメントをつける。私の言葉をきちんと信じてほしい」というような文面もあります。皇帝の真の人格が透けて見える、非常に面白い史料なのです。

乾隆帝
けん　りゅう　てい

【1711年〜1799年】

清の領土を最大にした
清の第6代皇帝

北京の出身。ジュンガル部・回部を平定し、「新疆」として藩部に加えるなど、積極的な外征で、清の最大版図を達成。また、学術も奨励し、『四庫全書』などを編纂。一方、言論統制は厳格で「文字の獄」や禁書で反清思想を弾圧。また、外交に関しては、貿易港は広州一港に限定し、公行が管理する貿易のみとした。

第1章 ヨーロッパ（古代〜中世）

第2章 中東（古代〜オスマン帝国）

第3章 インド（古代〜ムガル帝国）

第4章 中国（古代〜清王朝）

第5章 一体化する世界の時代

第6章 革命の時代

第7章 帝国主義と世界大戦の時代

第8章 近代の中東・インド

第9章 近代の中国

第10章 現代の世界

文化を愛する皇帝が作らせた大全集

　以前、台北の故宮博物院に行ったときに、『四庫全書』の保管庫の一部を展示するという展覧会がありました。壁一面に本が入った箱が並んでいるその様子は、ごく一部とはいえ圧巻で、息をのむ迫力でした。

　この『四庫全書』は、清の第6代皇帝、**乾隆帝**が学者たちを集め、全国の書物を収集してひとつの全集にしたものです。4冊1セットの箱が9000箱ほどあり、全部で3万6000冊にのぼります。全ページ数は230万ページ、文字数は10億字という一大全集です。

　その中には約3500種類の書物がおさめられています。『史記』『漢書』『三国志』『資治通鑑』などの歴史書の多くが含まれていますので、この本に書かれているエピソードも、じつは『四庫全書』の中におさめられた、歴史書のエピソードの孫引き、ということも多いのです。乾隆帝はこの大編纂事業の裏で、清に逆らう内容や都合の悪い内容の本を焼き捨て、版木も燃

やしてしまう、という思想統制も行ったのですが、現代に残っている『四庫全書』を見ると、「これだけのものをよく残してくれたな」と思えます。乾隆帝自身も文化を愛し、生涯に10万首の詩を詠んだといいます。

 積極的に外征を行った「十全老人」

乾隆帝は文化事業だけではなく、積極的な領土拡張を行いました。**康熙帝と雍正帝が財政面での「貯金」を増やしてくれていたことや、国内をよくおさめてくれていたということから、乾隆帝はそれらの遺産をフルに活用して国外への軍事行動が起こせたのです。**乾隆帝は現在の中華人民共和国の「新疆ウイグル自治区」にあたるジュンガルや東トルキスタン、ネパール、台湾、ビルマ、ベトナムなどに遠征を行い、10回の遠征すべてに勝利した、という意味の「十全老人」と自ら名乗っています。清の領域と国力は最大に達し、人々はその繁栄を謳歌していました。

 衰退の始まりを迎えた清王朝

しかし、最盛期は衰退の始まりでもありました。国内情勢が安定していたことと、サツマイモやトウモロコシなどの幅広い気候条件で栽培できる作物が伝えられたことから人口が急増し、乾隆帝の治世の間には約2億人から約3億人と、1億人もの人口増加が見られました。急に人口が増えたことから土地不足が急速に進行し、民衆の不満も高まったのです。

また、イギリスとの接触もありました。イギリスの使節であった**マカートニー**の対等な貿易の要求に対し、乾隆帝は無礼なことと断っています。乾隆帝の退位から45年後、**イギリスとの関係はアヘン戦争という形にまで発展していくのです。**

乾隆帝は祖父の康熙帝を尊敬し政治の手本としていました。康熙帝の在位期間の61年を超えないようにと、在位60年で退位しました。中国の歴代2位の皇帝在位期間の終わりは、清の斜陽の始まりでもあったのです。

第5章

一体化する
世界の時代

バルトロメウ＝ディアス

1450年頃〜1500年
「嵐の岬」を通過し、
インド洋に到達した航海者

ファロ（ポルトガル）出身。国王ジョアン2世の命でアフリカ西岸を探検し、ヨーロッパ人として初めてアフリカ南端に到達。これをジョアン2世は「喜望峰」とした。この発見により大航海時代の幕開けとなった。

 ## 「The Cape」と称される「岬の中の岬」

　アフリカ大陸の南端（最南端ではなく、ヨーロッパからアフリカの南を回るところにちょうど突き出ている部分です）に、「喜望峰」という有名な岬があります。この岬をヨーロッパ人として初めて「発見」したと言われる人物が、**バルトロメウ＝ディアス**です。

　ポルトガル王**ジョアン2世**の命を受け、インド洋への航路を探索しながら南下していたディアスは、大嵐にあい、13日間漂流していました。嵐がおさまってみると、ディアスの東には何もない広大な海、すなわちインド洋が広がっていました。ディアスは漂流している間に、いつの間にかアフリカの南端を越えてインド洋に到達していたのです。

　戻り道で喜望峰を発見したディアスは、**ジョアン2世にこの岬を「嵐の岬」と報告しましたが、ジョアン2世は不吉な名前を避け、「良い望みの岬」すなわち「喜望峰」と名付けたのです。**

　以後、この岬はスエズ運河が開通するまで、ヨーロッパの人々にとって海外進出の象徴のようになりました。**英語で「The Cape」と言えばそれだけで「喜望峰」のことを指します。「岬の中の岬」こそが、「喜望峰」というわけです。**また、漢字に置き換えるときも、昔の人々はこの岬に「喜望峰」という字をあてています。直訳すると「喜望岬」になるはずですが、あえて「峰」の字を用いているところが、翻訳の名作だと思います。

コロンブス

1451年〜1506年

未知の航路を西に進み
新大陸への航路をつくった航海者

ジェノヴァ（イタリア）出身。トスカネリの地球球体説を信じ、西回りでインドへの航海を計画。スペイン女王イサベルの支援を受け、サンタ＝マリア号で出航。サン＝サルバドル島に到達。この地をインドと信じ、先住民をインディオと呼んだ。4度の航海でヨーロッパにトウモロコシ、トマト、ジャガイモなどをもたらした。

第1章 ヨーロッパ（古代〜中世）

第2章 中東（古代〜オスマン帝国）

第3章 インド（古代〜ムガル帝国）

第4章 中国（古代〜清王朝）

第5章 一体化する世界の時代

第6章 革命の時代

第7章 帝国主義と世界大戦の時代

第8章 近代の中東・インド

第9章 近代の中国

第10章 現代の世界

 なかなか受け入れられなかったプレゼン

　イタリアのジェノヴァの毛織物職人の家に生まれた**コロンブス**は、若くして船乗りとなり、弟の住むポルトガルのリスボンを足場に航海術を習得しました。このリスボンで、コロンブスは「地球球体説」を唱えた**トスカネリ**と出会い、西回り航路の構想をあたためました。すでに様々な情報から、当時の人々は地球が丸いことは知っていたと言いますから、あとはそれを実証するだけという状況でした。

　まずはこの、「インディアス事業計画」をポルトガルのジョアン2世に持ちかけましたが、喜望峰まで到達していたポルトガルはアフリカを回る東回りのインド航路に手ごたえを感じており、コロンブスに「自費ならよいが、王室は支援しない」と断りました。

　そこでコロンブスはスペイン王室に計画を持ちかけます。**イサベル**女王自身はこの計画に興味を持ったものの、国王の諮問委員会が却下してしま

いました。がっかりしたコロンブスがフランスに向かおうとしたところ、**運よくスペインがイスラームの拠点であったグラナダを攻略し、レコンキスタを完成させたのです。勢いづいたスペイン王室はコロンブスへの支援を決め**、コロンブスは第1回航海に乗り出すことができたのです。

 ## 新大陸に到達し支配を試みた第1回・第2回航海

　そして、第1回航海が始まりました。第1回航海の船団は3隻、90人の乗組員でした。大西洋を横切り、何日も陸地の見えない不安な航海の末に（コロンブスは水夫を安心させるため、その日進んだ距離よりもわざと短い距離を水夫たちに知らせています）西インド諸島のサン＝サルバドル島に到着します。コロンブスの日記には、**先住民たちを「素晴らしい奴隷になるだろう」と書いていますので、征服する気満々であったことがわかります**。スペインに帰国したコロンブスを人々は賞賛で迎えました。

　第2回航海は、賞賛の中での航海なので多くの期待が寄せられました。20隻の船団と1500人の乗組員を率いて植民を行い、その地の経営を行おうとしました。しかし、「経営」とは程遠く、多くの先住民を殺したといいます。先住民に対する無秩序な凶行による混乱がおきたことから、スペイン王室はコロンブスを呼び戻し、まずい統治に対する釈明をさせました。

 ## 成果が得られなかった第3回・第4回航海

　第3回航海は、コロンブスは新たな地を求め、6隻の船で少し南を狙いました。南アメリカに上陸したあと、北上して弟に統治を任せていた植民地に向かいましたが、弟の統治のまずさからすでに反乱が起きており、コロンブスも統治の不正が疑われ、鎖につながれてスペイン本国に送還されます。第4回は「泣きの1回」でしたが、小型船4隻しか与えられず、まずい統治をしてしまった地域には「出禁」になっていたため、さまよっているうちに難破し、スペインに戻りました。コロンブスは自分の発見した土地を「インド」と主張し続け、失意のうちに亡くなりました。

ヴァスコ=ダ=ガマ

【1469年頃～1524年】

ポルトガルの期待を背負い
インドに向かった航海者

シネシュ（ポルトガル）出身。アフリカ東岸のマリンディを通り、インド西岸のカリカットへ到達し、ヨーロッパ人として初めてインドへの航路を開拓。アジア進出の先駆けとなった。香辛料貿易の中心はヴェネツィアからリスボンへ移り、アントウェルペンなど大西洋岸の諸都市が発展した（商業革命）。

 既知の海をつないで「ゴール地点」に向かったガマ

　バルトロメウ=ディアスは喜望峰、すなわちアフリカの南端に到達しましたが、そこから「一歩進んで」、インドの**カリカット**に到達したのが**ヴァスコ=ダ=ガマ**です。ガマは本書で紹介しているディアスやコロンブスやマゼラン、あるいはヴェスプッチと並ぶ大航海時代の有名な航海者ではあるのですが、ガマは他の4人とはちょっと違う「手柄」の立て方をしています。ガマは純粋な意味での「探検家」ではないからです。**なぜかと言えば、ディアスやコロンブス、マゼランやヴェスプッチは「未知の海」を進んだことに対し、ガマは「既知の海」を進んだからです。**

　たとえば、コロンブスは、まだ誰も（この時代のヨーロッパの航海者としてはです。ヴァイキングらもアメリカ大陸に渡ったとされています）渡ったことのない大西洋を進んでいき、不安な水夫たちをなだめすかしながら新大陸に到達しています。マゼランも、同じように果てしない未知の海

を進み、水夫たちの不安の中でなんとか世界周航していったのです。

　一方、**ガマはすでに「ゴール地点」を知っていたのです。**ポルトガルはすでに「先行調査」の使節を地中海からアラビア方面に派遣し、イスラーム教徒の船でカリカットに向かわせてアフリカの東海岸からインドの西海岸までの航路がすでにあることを確認しています。また、ガマの航海の途中まではバルトロメウ＝ディアスが乗組員として加わっていますし、アフリカからインドまでの長距離航海では、水先案内人に案内をさせています。すなわち、ガマの大きな功績はバラバラに存在していた「既知の海」をひとつにつなげて「航路」にしたことにあるのです。

 ## ポルトガル王室の「プロジェクトリーダー」

　いわば、ガマは「探検者」ではなく、ポルトガル王室の「プロジェクトリーダー」という存在なのです。すでにポルトガルには大航海時代の競争相手だったスペインがコロンブスを支援し、「インドを発見」したという情報が入ってきていたため、絶対に航路開拓を成功させ、香辛料を持ち帰らなければならなかったのです。しかし、到着地のカリカットでの香辛料入手の交渉は難航をきわめました。現地の王に贈り物をしても「みすぼらしい」と相手にされず、なかなか貿易の許可がおりなかったそうです。

　ガマはなんとか香辛料を買い付けて、ポルトガルへの帰路につきますが、季節は8月の末です。地理で「季節風」を学習したら必ず習う、大陸へ向かう「南西季節風」シーズンのど真ん中に、その南西方面のアフリカに帆船で向かうわけですので、うまくいくわけはありません。帰りの航海は往路の3倍以上の日数がかかりました。船員の多くはビタミンC不足からかかる壊血病によって亡くなってしまいました。このあたりの航海のまずさが、ガマがプロの航海者ではなく、プロジェクトリーダーとしての役割であったことがわかります。出発時には140人以上いた船員たちも、帰国したときには55人になってしまいました。しかし、プロジェクト自体は成功とされ、ポルトガルは香辛料貿易による繁栄を迎えることになります。

アメリゴ＝ヴェスプッチ

1454年～1512年

**南米を探検し「アメリカ」の
名の由来となった航海者**

フィレンツェ（イタリア）出身。コロンブスの航海後、4
度スペインやポルトガルの船団に加わりブラジルなどの
南米を探検し、アメリカ大陸がアジアの一部ではなく、
「新大陸」であると主張。

 ## 南緯50度で下した「新大陸」の判断

　ディアスやコロンブス、ガマらによって、ヨーロッパにとっての地理的
な「発見」がもたらされていた頃、もうひとつの報告がポルトガルにもた
らされていました。それは、ポルトガル人の**カブラル**という人物が、アフ
リカよりも西の陸地（現在のブラジル）に漂着したというものです。
「西の陸地」といえば、コロンブスが到達した西インド諸島や、現在のベ
ネズエラ付近が知られていましたが、カブラルが到達したのは、同じく西
のほうにある陸地でもだいぶ南に位置していました。当時の人々の疑問は、
この陸地がコロンブスの到達した陸地とつながっているのかどうか、果た
してそこはアジアなのかどうか、ということでした。

　この疑問を解決するためにポルトガル王室が派遣した航海者が**アメリゴ
＝ヴェスプッチ**です。ヴェスプッチはイタリアに生まれ、スペインのセビ
リアを拠点として活動していた航海者です。かつてブラジルの北岸を探検
した経験もあることから、適役である、と抜擢されたのです。

　ヴェスプッチは西の陸地をめざし、到達してからは沿岸を南下しました。
そして、**南緯50度まで達したところで判断します。喜望峰の南緯は34度、
東南アジアの南端付近のジャワ島でも南緯7度ぐらいです。「これはアフリ
カでも、アジアでもなく、まったくの『新大陸』だ」と。**この功績により
「アメリゴ」の名をとって付けられた大陸の名が「アメリカ」なのです。

マゼラン

1480年頃〜1521年

途中で戦死するも
艦隊が世界一周を達成

サボロザ（ポルトガル）出身。西回りでモルッカ諸島への到達を計画し、スペイン王カルロス1世の支援を受け、出航。マゼラン海峡を発見し、ヨーロッパ人として初めて太平洋を横断。フィリピンに到達したが、首長ラプ＝ラプに反撃され、殺害される。その後、部下らがスペインに帰還し、史上初の世界周航を達成。

 大航海時代の「最後のピース」

　ここまで、「大航海時代の航海者たち」の話をしてきました。バルトロメウ＝ディアスが喜望峰に到達し、コロンブスが西回り航路をひらき、ヴァスコ＝ダ＝ガマがインドに到達しました。そして、アメリゴ＝ヴェスプッチが西の大陸は「新大陸」だと証明しました。

　残るピースはひとつです。**「新大陸」からさらに西回りで、アジアに到達すればよいのです。しかし、その間に何があるのかは、当時、まったくわかっていない未知の領域だったのです。**

　その困難な課題に果敢にチャレンジしたのが**マゼラン**です。マゼランはポルトガル人でありながら、ポルトガル王に気に入られず、スペイン王**カルロス1世**に気に入られてスペインに仕えることになります。そして、大航海時代の「最後のピース」を埋める航海計画をカルロス1世にプレゼンテーションするのです。ポルトガルは、ポルトガル人であるマゼランがス

ペイン王の手下になって世界周航を行うということに、不快の意を示したといいます。

一行を苦しめた「何もない海」

　こうしたいきさつで出航したマゼランの旅は苦難続きでした。出発早々、アメリカ大陸南端を回る前からすでに、5隻中3隻が反乱を起こすという事態に陥りました。反乱は制圧したものの、1隻は難破で失い、1隻は勝手に離脱してスペインに引き返しています。アメリカ大陸南端を回るのも一苦労で、太平洋に抜ける海峡（マゼラン海峡）を通過するだけでも2か月かかりました。

　そして、3隻の艦隊はいよいよ太平洋を横断するのです。海そのものは穏やかでしたが、艦隊を苦しめたのは「何もない海」です。食糧を補給できるような島にも行きあたらず、不安なまま3か月と20日の航海を行うのです。その間、新鮮な食べ物は何もなく、乾パンに虫が大量発生し、腐敗して黄色くなった水を飲んだということです。多くの船員が栄養失調で命を落とす中、マゼランはようやくグアム島にたどり着き、その1週間後にはフィリピンに到達したのです。

　フィリピンでついに、マゼランの栄光の時がやってきます。マレー生まれの奴隷であったエンリケという人物が話しかけてみると、なんと、言葉が通じる人が現地にいたのです。これでアジアに西回りで到達したことがわかり、歴史に名を残すことができたのです。

　しかし、それからひと月、マゼランはフィリピンで亡くなってしまいます。マゼランはフィリピンでのキリスト教布教やフィリピンの支配を進め、従わなかった現地の王ラプ＝ラプと戦い、戦死してしまうのです。

　世界周航は部下のエルカーノが引き継ぎ、完遂します。残るたった1隻で東南アジアから喜望峰まで一気に到達した、この人物の航海技術は相当なものだっただろうと思います。世界周航の栄誉はマゼランに与えられましたが、真の世界周航者はこのエルカーノという人物なのです。

第1章 ヨーロッパ（古代～中世）

第2章 中東（古代～オスマン帝国）

第3章 インド（古代～ムガル帝国）

第4章 中国（古代～清王朝）

第5章 一体化する世界の時代

第6章 革命の時代

第7章 帝国主義と世界大戦の時代

第8章 近代の中東・インド

第9章 近代の中国

第10章 現代の世界

コルテス

1485年〜1547年

**メキシコへ渡りアステカ王国を
滅ぼしたコンキスタドール**

メデジン（スペイン）出身。探検家でコンキスタドール（征服者）。アステカ王国の都テノチティトランに侵入し、破壊。先住民インディオらを支配し、スペイン植民地の基礎を築いた。

コルテスが破壊した湖上の都

　メキシコの首都、メキシコシティは人口2000万人以上のメガシティです。世界遺産に指定されているメキシコシティの歴史地区の中心部にはメトロポリタン大聖堂という大きな教会があり、様々な様式が混在する壮麗な姿が多くの観光客を集めています。

　しかし、この壮麗な建築は少しずつ傾きつつあるのです。じつはこのメキシコシティの場所は、かつては大きな湖で、湖に浮かぶ**アステカ王国**の美しい都、**テノチティトラン**が存在していたのです。しかし、スペイン軍の侵攻によりテノチティトランは破壊され、その上にメキシコシティが建設されたのです。市街地の拡大とともに湖だったところは埋め立てられ、現在のメガシティに発展しました。しかし、もとは湖だったため、地盤が弱く、歴史地区も地盤沈下の被害を受けているというわけです。

　この、メキシコシティの「生みの親」が**コルテス**です。**大航海時代以降、「インディアス」と呼ばれた新大陸を征服した人々を「コンキスタドール」といいますが、コルテスはその代表格です。**コルテスは約500人の兵を率いて、テノチティトランを占領したといいます。このとき、髭を生やした肌の白いコルテスをアステカの人々は神と思い歓迎したため、難なくアステカの王を捕虜にできたそうです。その都を破壊し、スペインのメキシコ支配の拠点として建設されたのが、メキシコシティというわけです。

ピサロ

1478年頃～1541年

**「黄金郷」を夢見て
インカ帝国を滅ぼした男**

トルヒージョ（スペイン）出身。インカ帝国の都クスコに侵入し、征服するにあたりスペイン国王カルロス1世と協定を締結し、エンコミエンダ制を認めさせ、先住民インディオをキリスト教化・奴隷化した。

 ## わずかな兵を率いインカ帝国を滅ぼす

　一般的にはコンキスタドールたちは「文明の破壊者」とされ、世界史上あまり賞賛されるべき存在ではないかもしれません。**しかし、スペインは彼らのおかげで莫大な銀がもたらされ、栄光の時代をつくることができました。**そのため、一定のリスペクトはされているようです。ユーロ切り替え前のスペインの紙幣には、表がコルテス、裏がピサロというものもありました。

　スペインの地方貴族の家に生まれた**ピサロ**は新大陸遠征に加わり、アンデスの奥地に「黄金郷（エル・ドラド）」があるという噂を耳にして、**インカ帝国の征服を狙います。**すでにコルテスがアステカの都、テノチティトランを征服したという噂は耳に入っており、対抗心もあったのだろうと思います。

　ピサロは180人というわずかな兵でインカ帝国の2万人の兵を破り、インカ帝国のクスコを占領しました。捕虜にしたインカの王の身代金としてインディオたちに莫大な金銀を要求しましたが、金銀を手にすると約束を破って王を処刑し、そのままインカ帝国を滅ぼしてしまったそうです。

　スペインの支配が始まった新大陸では苛酷な搾取が行われ、先住民の人口は大きく減少しました。**コルテスやピサロはスペインでは英雄ですが、メキシコやペルーでは文明の破壊者と、評価が分かれています。**

レオナルド＝ダ＝ヴィンチ

1452年〜1519年

様々な分野で活躍した
ルネサンスを代表する「万能人」

ヴィンチ（イタリア）出身。ルネサンス三大巨匠のひとり。美術だけでなく、音楽、建築、幾何学、解剖学、兵器設計、都市計画などの幅広い分野でも活躍した「万能人」。代表作は、「最後の晩餐」「モナ＝リザ」「受胎告知」。他にも科学的研究に没頭し、多くの手稿を残す。フランスのフランソワ1世の宮廷にも仕えた。

 師匠を驚嘆させたその技術

　レオナルド＝ダ＝ヴィンチは、イタリアのフィレンツェ郊外のヴィンチ村に生まれました。レオナルドはイタリアではよくある名前なので、区別のための出身地をつけて「ヴィンチ村のレオナルド」という意味で、「レオナルド＝ダ＝ヴィンチ」と呼ばれているのです。

　父にその才能を見出されたレオナルドは、14歳でフィレンツェの画家であり彫刻家のヴェロッキオの工房に弟子入りします。20歳のとき、師匠の助手として「キリストの洗礼」という作品の共同制作に加わったところ、師匠のヴェロッキオがレオナルドの腕に驚嘆し、同じ土俵ではやっていけないと画家を引退したという話が伝わっています。

 それぞれの時期にそれぞれの名作を残す

　レオナルド＝ダヴィンチは、20代で『受胎告知』、30代で『岩窟の聖母』、

40代で『最後の晩餐』、50代で『モナ＝リザ』と、それぞれの時期にそれぞれの革新性のある絵を描いています。絵画作品は10数点しかありませんが、名作として残る「打率」が非常に高いのです。

ミラノのサンタ・マリア・デッレ・グラッツィエ修道院の食堂にある『最後の晩餐』は、その中でもとりわけ有名な作品でしょう。**緻密な遠近法によって描かれ、テーブルクロスの折り目のついている方向までわかります。まさにルネサンスが生んだ、写実性に富んだ絵なのです**。絵具の剥落が激しく、絵の保存のためにその食堂の入り口は二重ドアによって空気の出入りがコントロールされ、一度に大勢が見ることができません。30人ほどのグループが入れ替わりながら見るのですが、短時間ながらも、一目見れば他の絵とまったく違う、独特の空気感のある絵だとわかります。

 ## 「手稿」に見るレオナルドの人間像

レオナルド＝ダ＝ヴィンチは「万能の天才」です。手元の人物事典を開いて、そこに書かれてある芸術・学問を見てみると、絵画・彫刻・建築・機械工学・軍事学・物理学・数学・流体力学・飛行原理・解剖学・血液学・地質学・植物学と並んでおり、その博学多才ぶりに驚くほかありません。考えたことやスケッチをマメにメモする「メモ魔」でもあり、さらにそのメモに書かれている字は、他人にむやみに読まれないように左右を反転させた「鏡文字」で書かれているというから驚かされます。この、スケッチやメモを書いた「手稿」は約8000ページもあります。

しかし、その手稿の中には多忙な自分を憐れむような言葉もあります。レオナルド＝ダ＝ヴィンチも自分の多才ぶりに疲れてしまうこともあったのかもしれません。

多才で多忙な人生に、一区切りがついたのは死の３年前です。フランス王のフランソワ１世に招かれたレオナルドは、自ら「モナ＝リザ」をたずさえてフランスに行き、そこで３年間の隠居生活を送りました。フランソワ１世に看取られて息を引き取ったといいます。

第1章 ヨーロッパ（古代～中世）

第2章 中東（古代～オスマン帝国）

第3章 インド（古代～ムガル帝国）

第4章 中国（古代～清王朝）

第5章 一体化する世界の時代

第6章 革命の時代

第7章 帝国主義と世界大戦の時代

第8章 近代の中東・インド

第9章 近代の中国

第10章 現代の世界

ミケランジェロ

1475年～1564年

生涯にわたり

名作を残し続けた職人肌の人物

カプレーゼ（イタリア）出身。ルネサンス三代巨匠のひとり。代表作は、『ダヴィデ像』やシスティーナ礼拝堂の天井画『天地創造』、祭壇画『最後の審判』。また、サン＝ピエトロ大聖堂の設計にも携わった。フィレンツェとローマを拠点に活動。メディチ家の後援を受ける。後世のバロック芸術の先駆けともなった。

 最晩年の「作品」サン＝ピエトロ大聖堂

　ミケランジェロは、イタリアルネサンスの代表的な彫刻家にして画家、そして建築家です。ミケランジェロのすごさを知りたいのであれば、ヴァチカンに行くことをお勧めします。

　まず、サン＝ピエトロ広場に入ると、正面に**サン＝ピエトロ大聖堂**が見えます。このこの巨大な聖堂はブラマンテやラファエロが設計を手掛けますが、計画通りにいかず、当時71歳のミケランジェロがその設計を引き受けることになったのです。正面と広場はのちに手が加えられることになりましたが、ドームと内部構造は、ミケランジェロが設計したものです。ミケランジェロは死ぬまで大聖堂の建築に力を尽くしています。サン＝ピエトロ大聖堂はミケランジェロ最晩年の「作品」というわけです。

　サン＝ピエトロ大聖堂の内部に入ってみましょう。巨大な空間に、想像を絶するくらい巨大な柱が並んでいますが、右側のひとつ目の柱の手前を

右に曲がり、奥に進むと、そこにはミケランジェロの彫刻作品『ピエタ』があります。こちらはミケランジェロの最初期、20代の作品のひとつです。注目すべきはイエスの下にある布です。石を彫ってここまで布のような感じを出せる、ということに驚嘆します。それまでの嘆きの聖母像とは違う、若々しい姿でマリアを表現したのも、当時のミケランジェロの若さならではではないでしょうか。フィレンツェの『ダヴィデ像』も20代の作品です。

 ## 円熟期の大傑作が残るシスティーナ礼拝堂

サン＝ピエトロ大聖堂を出て、ヴァチカン美術館に向かいましょう。見学ルートのクライマックスにはシスティーナ礼拝堂があります。この礼拝堂には大天井画と、祭壇画『最後の審判』があります。これらはミケランジェロの30代から50代の、円熟期の大傑作です。天井画には『創世記』の9つのエピソードを中心に、7人の預言者と5人の巫女を配しています。壮大な創世記の物語を追いながら見ると、どれだけ見ても見飽きず、とにかく首が疲れてしまいます。小一時間見ているだけでも首が疲れるぐらいなので、当時のミケランジェロも立ったまま、首をそらせた体勢で4年間ずっと描き続けていたというのは、非常につらい作業だったでしょう。

正面の『最後の審判』は、マリアと聖人をしたがえたキリストが審判を下し、選ばれた人が天に昇る様子と、罪深い人が地獄に落ちる様子が描かれています。その劇的な構成は見る者の心を打ちます。

 ## 生涯を通し名作を残した創作活動

ミケランジェロは頑固一徹の職人肌で、寸暇を惜しんで仕事をしました。食事の時間や着替えの時間も惜しみ、常にボロボロの作業着のまま眠ったといいます。孤独を好み、ひとりでコツコツと作品を仕上げるタイプで、弟子の数もわずかでした。しかし、その分、「人任せにしない」創作の期間は長く、キャリアの序盤、中盤、終盤にわたり、彫刻、絵画、建築とスキのない仕事ぶりを我々に見せてくれているのです。

第1章 ヨーロッパ（古代〜中世）

第2章 中東（古代〜オスマン帝国）

第3章 インド（古代〜ムガル帝国）

第4章 中国（古代〜清王朝）

第5章 一体化する世界の時代

第6章 革命の時代

第7章 帝国主義と世界大戦の時代

第8章 近代の中東・インド

第9章 近代の中国

第10章 現代の世界

ラファエロ

1483年～1520年
イタリア＝ルネサンスを
代表する「若き巨匠」

ウルビーノ（イタリア）出身。ルネサンス三大巨匠のひとり。代表作は、数多くの聖母子像や『アテネの学堂』。また教皇庁にも招かれ、ヴァチカン宮殿の装飾やサン＝ピエトロ大聖堂の設計にも携わった。

 フィレンツェでの「三大巨匠」の出会い

　レオナルド＝ダ＝ヴィンチ、ミケランジェロ、そしてラファエロはイタリア＝ルネサンスの「三大巨匠」と言われます。その三大巨匠が顔を合わせたのは、16世紀の初頭、1503年のフィレンツェでした。フィレンツェの政庁舎であるヴェッキオ宮殿の壁画を競作するという依頼をレオナルドとミケランジェロが請けたのです。当時の年齢は、レオナルド＝ダ＝ヴィンチが51歳、ミケランジェロが28歳で、レオナルドは『アンギアーリの戦い』、ミケランジェロは『カッシナの戦い』という大作に取り組みました。この競作は未完に終わっていますが、その制作中にフィレンツェを訪れ、２人の技術を目の当たりにしたのが21歳のラファエロでした。

　ラファエロは当時、徒弟を卒業し、ようやく一人前の画家として独り立ちをしたところです。この２人の競作は「早熟の天才」ラファエロにさらなるインスピレーションを与えたに違いありません。ヴァチカン美術館の「ラファエロの間」には、有名な『アテネの学堂』という絵があり、その中には**ギリシアの哲学者の姿を借りて、ルネサンスの巨匠たちの肖像画が描かれていますが、この２人と実際に出会ったということならば、その中のレオナルドとミケランジェロの姿も真実に近いものなのでしょう。**

　50人もの弟子を抱え、すぐれた聖母子像を残したラファエロですが、37歳で惜しくも（不摂生の結果ですが）亡くなっています。

ブリューゲル

1525年頃〜1569年

**独特の画風を残す
フランドルの画家**

ブレー（ベルギー）出身。北欧ルネサンス、フランドル派を代表する芸術家。代表作は、『農民の踊り』。農民の生活や風俗を題材に写実的に描いた。アントウェルペンやブリュッセルでも活動。

『ウォーリーをさがせ！』風の名作群

　ルネサンス美術の中心地はなんといってもイタリアですが、**イタリアのルネサンスに影響を受け、ヨーロッパの諸都市でも多種多様なルネサンスが花開きました。** ドイツの**ホルバイン**や**デューラー**、ネーデルラントの**ファン＝アイク兄弟**などが代表的な芸術家ですが、その中で独特の光を放っているのがネーデルラントの**ブリューゲル**です。

　「農民画家」と言われたブリューゲルは、『農民の踊り』『農民の婚礼』など、農民の生活を主題とした作品で知られますが、その他にも多くの題材を絵にしています。**私のおすすめ作品は『ネーデルラントのことわざ』『子供の遊戯』『死の勝利』の３枚です。** この３枚ともに、手前を見ても、遠くを見ても、右を見ても、左を見ても、画面いっぱいに様々な人々が登場し、『ウォーリーをさがせ！』的な興味を覚えます。

　『ネーデルラントのことわざ』は100以上のことわざが「実写化されて」描かれています。気が短い人を「熱い炭の上に座っている人」というのですが、実際にこの絵では人が炭の上に座っているように描かれています。『子供の遊戯』は当時のネーデルラントの人々に知られた遊びが80以上も描かれています。元気いっぱいに遊ぶ子どもたちの姿がほほえましいです。『死の勝利』は一転、全面に展開される「死」のグロテスクなイメージにあふれており、その絵の持つパワーには圧倒されます。ぜひご覧ください。

エラスムス

1469年頃～1536年

カトリックの立て直しを訴えた

16世紀最大の人文主義者

ロッテルダム（オランダ）出身。パリ大学で神学を学び、文献研究を重視し、腐敗したローマ教会を批判。主著『愚神礼賛』。また、ギリシア語原典による新約聖書を刊行し、のちのルターらの宗教改革にも影響を与えた。一方、エラスムス自身はルターの宗教改革を批判した側面もある。イギリスに渡り、トマス＝モアとは生涯親交を持った。

 古典に触れ感じたカトリック教会への疑問

　エラスムスは「16世紀最大の人文主義者」と言われます。それまでカトリック教会は絶対のものとして疑われなかった時代に、古典や聖書の原典に戻り、人間とは何か、神とは何かを探ろうとした人々が「人文主義者」たちです。

　エラスムスは現在のオランダ、ロッテルダムに生まれて修道院に入り、修道士としての生活の中で学問に目覚めます。古典を読みあさり、博識なことで名声を得ます。そしてパリに留学、その後イギリス、イタリアにも渡って学問を深め、再びイギリスに戻ってケンブリッジ大学で哲学とギリシア語を教えました。

　従来の中世の学問は「スコラ学」と言われ、キリスト教の教義を研究し、さまざまな学問分野をキリスト教と結びつけるものであったことに対し、エラスムスはキリスト教が成立する前のラテン語の書物やギリシア語の書物

第1章
ヨーロッパ
（古代〜中世）

第2章
中東
（古代・オスマン帝国）

第3章
インド
（古代〜ムガル帝国）

第4章
中国
（古代〜清王朝）

第5章
一体化する
世界の時代

第6章
革命の時代

第7章
帝国主義と
世界大戦の時代

第8章
近代の
中東・インド

第9章
近代の中国

第10章
現代の世界

を読み、様々な人文学者と交流するうちに、**人間とは何か、キリスト教とは何かと、従来のスコラ学の枠を超えて深く考えるようになったのです。**聖書の原典を研究する中でヘブライ語やアラム語も習得し、より深くキリスト教の本質に迫れるようにもなりました。

エラスムスは研究を深めれば深めるほど、聖書と実際のカトリック教会の行いとの間に矛盾が出てくることに疑問を持ちました。実際のカトリック教会は堕落と偽善と形式主義に陥っており、聖書の説く、イエスの言葉との間には遠く隔たりがある、と考えたのです。

『愚神礼賛』で伝えたかった真意

ここでエラスムスが書いた書物が『愚神礼賛（ぐしんらいさん）』です。「愚かさの女神」が自分の功績を語るという形で、人間の愚かさを演説していきます。

その中で女神は、あらゆる制度やあらゆる人々に対し、風刺と皮肉をきかせて虚栄や無能であるとこきおろすのです。**「愚か」と風刺された者たちには王や貴族もいれば、聖職者や神学者もいます。**

エラスムスも聖職者のひとりですから、この『愚神礼賛』の裏には、愚かな行いをしているからこそ、イエスの言葉に立ち返り、堕落と偽善を改めてほしい、というメッセージをひそませているのですが、多くの聖職者たちはそのことに気づきません。エラスムスは聖職者を冒涜したとして誹謗中傷を受けたのです。しかし、エラスムスと同じような疑問を持つ者は多く、エラスムスの名声は高まります。エラスムスは原典により近い形の聖書を出版し、カトリック教会の立て直しを促したのです。

こうしたエラスムスの考えに触れた人々によって「宗教改革」が始まりました。しかし、エラスムスは「宗教改革者」たちには批判的でした。宗教改革者のようにカトリックからは離れず、あくまでもカトリックの力を信じて、その改善を行うことこそが重要と考えたのです。そのため、エラスムスは宗教改革では批判されたカトリック側に立ち、教皇レオ10世に聖書を献呈し、ルターを弾圧したカール5世の顧問にもなっています。

ルター

1483年〜1546年

宗教改革の発端となった

「九十五ヵ条の論題」

アイスレーベン（ドイツ）出身。ローマ教皇の販売した贖宥状を批判し、「九十五ヵ条の論題」を発表、宗教改革を始めた。主著『キリスト者の自由』で福音主義・信仰義認説・万人祭司主義を主張し、教皇から破門、神聖ローマ帝国皇帝からは帝国を追放された。しかし、ザクセン選帝侯に保護され、『新約聖書』のドイツ語訳を完成。

 自らの意志で修道会に入り修行を行う

　鉱山経営者の子に生まれた**ルター**は、ドイツの名門大学のエルフルト大学で法学を学びました。周囲もこのまま、ルターが経営者としての道を歩くと思っていたのですが、友人の死に直面したことや、大学から家への帰り道に激しい雷雨にさらされて死の恐怖を感じたことなどの「心境の変化」により、周囲の反対を押し切って修道会に入会しました。どの本を見ても「両親の期待に背き」とか「父の希望に反して」ということが書いてあるので、鉱山を継がせる気満々のお父さんは、さぞかしがっかりしたでしょう。しかし、おかげでルターは歴史上に残る業績をつくれたのです。

　ルターは熱心に神学研究と祈禱にはげみ、ヴィッテンベルク大学の神学の教授になりました。その中でエラスムスが出版した聖書に出会い、「誰もが聖書を手にして読み、聖書に基づいた生活をすべきだ」という、聖書を信仰のよりどころとするエラスムスの考えに触れることになります。

カトリック世界を揺るがした「九十五カ条の論題」

そして、「**宗教改革**」の転機となる出来事が起きました。おりしも、ローマ教皇**レオ10世**によって、サン＝ピエトロ大聖堂の修築資金を得るための贖宥状販売がドイツで始まったのです。ルターは贖宥状販売を含め、カトリック教会の在り方への疑問を「九十五カ条の論題」を掲示することで世に問うたのです。

はじめはラテン語の「論題」に対して教会もあまり反応はありませんでした。しかし、**ルターの友人や学生たちはこの論題を書き写し、ドイツ語に訳して印刷し、「拡散」したのです。反響の大きさを知った教皇は使節を送り、ルターに事の次第を問いますが、ルターは自説を主張するのみです。**

ルターはカトリック教会が送り込んだ神学者との公開討論で教会と対決することになりました。教皇はルターの「論題」のうち41カ条に反論して断罪し、60日以内に自説を撤回しないと破門するという「教皇勅書」で圧力をかけました。対するルターは自説を曲げなかったどころか、ヴィッテンベルクの城門前で勅書を公然と焼き捨てたのです。ルターは教会を破門され、さらに圧力がかけられました。神聖ローマ皇帝の**カール5世**により国会に召喚され、自説を撤回するように求められますが、ルターはそれも拒否します。カール5世はルターを帝国から追放します。

宗教界からも帝国からも追放され、身に危険が迫ったルターですが、ここで消息を絶ちます。ルターの身を案じた**ザクセン選帝侯フリードリヒ**という人物がルターを自らの領内にかくまったのです。

身を隠している間に、**ルターは『新約聖書』のドイツ語訳に取り組みました。エラスムスの理念のように、「誰もが聖書を手にして読み、聖書に基づいた生活をすべきだ」ということを、誰でも読めるドイツ語で表現したのです。** この聖書は印刷されて「拡散」し、ルターの教えを支持する者が増えました。コンテンツが「拡散」され、支持者が増えるというのは、現代のインフルエンサーにも通じるものがあります。

第1章 ヨーロッパ（古代～中世）
第2章 中東（古代～オスマン帝国）
第3章 インド（古代～ムガル帝国）
第4章 中国（古代～清王朝）
第5章 一体化する世界の時代
第6章 革命の時代
第7章 帝国主義と世界大戦の時代
第8章 近代の中東・インド
第9章 近代の中国
第10章 現代の世界

カルヴァン

1509年～1564年

『キリスト教綱要』を著し
改革運動に生涯をささげる

ノアイヨン（フランス）出身。スイスのジュネー
ヴで活動。主著『キリスト教綱要』ではプロテス
タント神学を体系化し、福音主義を主張。教会組
織においては、司祭制に代わって長老主義を採用。
また、「予定説」を主張し蓄財を肯定したため商工
業者に支持され、のちの近代資本主義の形成に影
響を与えた。

 ## ヨーロッパ全域に広がった「カルヴァン派」

　宗教改革運動の中で、カトリックから分離していったルター派、カルヴ
ァン派、イギリス国教会などをまとめて「プロテスタント」と言っていま
す。そのほかにもプロテスタントには多くの宗派があり、ひとくちに「プ
ロテスタント」と言っても、様々な教義や組織があるものです。

　その「プロテスタント」のさまざまな宗派の中でも世界史の教科書での
「主役」はカルヴァン派でしょう。**教科書にはオランダ独立戦争に立ち上が
った「ゴイセン」たち、イギリスの「ピューリタン」革命、そしてフラン
スの「ユグノー」戦争のように、「ゴイセン」「ピューリタン」「ユグノー」
などのカルヴァン派を示す言葉が随所に見られます。**カルヴァン派は成立
後、またたく間にヨーロッパ全域に広がり、大きな影響力を持ちました。

　一方、ルター派教会が浸透したのは、ドイツを中心にした比較的狭い地
域に限られており、与えた影響も限定的でした。ルター派とカルヴァン派

第1章 ヨーロッパ（古代〜中世）
第2章 中東（古代・オスマン帝国）
第3章 インド（古代〜ムガル帝国）
第4章 中国（古代〜清王朝）
第5章 一体化する世界の時代
第6章 革命の時代
第7章 帝国主義と世界大戦の時代
第8章 近代の中東・インド
第9章 近代の中国
第10章 現代の世界

の２つの宗派は、同じように人文主義の流れの中で生まれて、聖書こそが絶対的権威であるという聖書主義をとり、ローマ教皇こそ絶対的権威としたカトリック教会から分かれましたが、その性格は異なるものでした。

信仰の広がりを生んだ「ガイドブック」の存在

カルヴァン派が広まっていった理由のひとつが『キリスト教綱要』の存在です。ルターはあくまで信仰をその人の内面の問題とし、聖書を自ら読み、イエスの言葉である「福音」を自分で受け止めて解釈し、信仰につなげていくという立場をとります。どのように神と向き合い、どのように信仰するのか、その人にゆだねられる部分も多くあります。

一方、カルヴァンは『キリスト教綱要』を著し、信仰を体系化したのです。「綱要」は「要点」という意味ですので、簡潔に、論理的にまとめられています。**その中ではキリスト教徒としての生活のありかたや、どのように神をとらえ、信仰していけばよいか、ということが書かれています。この「ガイドブック」の存在が、カルヴァン派の拡大を生んだのです。**

もうひとつの理由が、『キリスト教綱要』の中にもある「予定説」です。「誰が神に選ばれて神の恩寵を受ける者で、誰が神に見放される者かということは、神が人を創造する前からすでに予定して選んでいる」すなわち、**「人が救われるかどうかは生まれながらにすでに決定されている」という考えです。**それでは、救われると決定されていればどんな悪事を働いてもいいかといえば、そうではなく、カルヴァンは「自分は救われると信じて、真面目に生きなさい」ということを説いたのです。そして、真面目に働いた結果として、金銭的な成功をおさめた場合は、それは「神が与えた財産」なのだから、お金を稼ぎ、貯めることは良いことだ、と説いたのです。

これは商工業者にとっては、とても嬉しい考え方です。それまで商業に携わる者は「安い物を高く売り、利ザヤを稼ぐ」ことに後ろめたさをもっていたからです。カルヴァンの教えは商工業者に受け入れられ、カルヴァン派はその商業活動とともに一気にヨーロッパに拡大したのです。

ヘンリ8世

1491年〜1547年

イギリス国教会をひらき
自ら首長となる

グリニッジ（イギリス）出身。離婚問題でローマ教皇と対立して宗教改革を推し進め、イギリス国教会を創始。合わせて、首長法の制定、修道院の解散、反対派の弾圧などにより絶対王政を確立。一方、5ヶ国語に通じ、武術・音楽に優れた側面もある。また、王立海軍を創始し、その後のイギリス海軍の基礎を築いた。

 「万能の天才」か「好色で無慈悲な悪王」か

　イギリスのテューダー朝の2代目の王である**ヘンリ8世**は「万能の天才」と言ってよい人物です。王立海軍を創設してイングランド南岸の防衛を強化し、巧みな外交で小国のイギリスをフランスやスペインと対等な地位にまで高め、アイルランド支配を確立し、自らをイギリス国教会の首長とする宗教改革を行いました。政治以外にも馬上試合や狩猟などの武芸を磨き、舞踏会を盛んに開き、詩を書き、楽器を演奏しました。現在もヘンリ8世が書いた曲の楽譜が残されています。

　しかし、ヘンリ8世を世界史上の有名人にしているのは、6度の結婚をして、そのうち2人を処刑し、2人は無理やり離婚している、ということでしょう。そのため、「好色で無慈悲な悪王」というイメージが定着しているのです。その背景にはばら戦争後の不安定なイギリス情勢をまとめるため、強い男の世継ぎがほしいと思った、という事情があるのでしょう。

それぞれの運命をたどった6人の妻

　スペインから迎えた初めの王妃、キャサリンとは、当初は夫婦仲も良好で、5人の女の子をもうけましたが、男子が生まれませんでした。ヘンリ8世の心は次第に王妃の侍女であるアン＝ブーリンに移ります。離婚を認めないカトリック教会に対抗してヘンリ8世は**イギリス国教会**を創始して自ら国教会の首長となり、離婚にこぎつけます。

　2番目の王妃、アン＝ブーリンはヘンリ8世の愛人になり、ヘンリ8世に離婚を迫ったといいます。結婚後、半年も経たずにのちの**エリザベス1世**が生まれていますが、ヘンリ8世の興味はアン＝ブーリンの侍女であるジェーン＝シーモアに移ります。アン＝ブーリンは反逆罪と姦通罪に問われ、斬首刑に処せられます。

　3番目の王妃はジェーン＝シーモアです。アン＝ブーリンの処刑後、ヘンリ8世と結婚します。ここで待望の男子である、のちの**エドワード6世**を出産します。ヘンリ8世の喜びはいかばかりと思うのですが、ジェーン＝シーモアは産後12日にして亡くなってしまいます。

　4番目の王妃はアン＝オブ＝クレーヴズです。この人物はドイツのいち諸侯の娘として生まれ、イギリスに嫁いできました。ヘンリ8世のもとには肖像画が届いていたのですが、ヘンリ8世はアンを見るなり、肖像画に描かれた姿とはかけ離れていると言って、半年後には離縁したという話が伝えられています。

　5番目の王妃、キャサリン＝ハワードは4番目の妃のアン＝オブ＝クレーヴズの侍女で、2番目の妃のアン＝ブーリンのいとこ、3番目の妃のジェーン＝シーモアのはとこにあたります。男性関係を疑われ、処刑されました。

　6番目の王妃、キャサリン＝パーは、ヘンリ8世の子であるメアリ1世やエドワード6世、エリザベス1世と良好な関係を築いた聡明な女性であったようです。ヘンリ8世はこの妃を残して亡くなっています。

第1章　ヨーロッパ（古代〜中世）

第2章　中東（古代〜オスマン帝国）

第3章　インド（古代〜ムガル帝国）

第4章　中国（古代〜清王朝）

第5章　一体化する世界の時代

第6章　革命の時代

第7章　帝国主義と世界大戦の時代

第8章　近代の中東・インド

第9章　近代の中国

第10章　現代の世界

カルロス1世（カール5世）

1500年～1558年
スペイン王とドイツ王を兼ねた
ヨーロッパのキープレイヤー

ヘント（ベルギー）出身。ハプスブルク家出身でスペイン王と神聖ローマ皇帝を兼任。治世下にルターの宗教改革やマゼランの世界周航、オスマン帝国のウィーン包囲があった。イタリア政策を推進しブルボン家と対立。

「兼任王」を生んだ複雑な情勢

　スペイン王**カルロス1世**は、神聖ローマ皇帝**カール5世**です、と言うとピンとこないかもしれませんが、スペインの王でありながら、ドイツ王と通称される神聖ローマ皇帝でもあると言えば、おわかりいただけるでしょうか。

　ヨーロッパ随一の名家と言われるハプスブルク家に生まれたカルロス1世は父方の祖父に神聖ローマ皇帝を持ち、母方の祖父・祖母にスペイン王のイサベルとフェルナンドを持ちます。

　スペイン王であった母の精神変調のため、カルロスはまず、スペイン王に就任しました。**神聖ローマ皇帝のほうは、有力諸侯である「選帝侯」たちによる選挙で決まります。**皇帝の孫として選挙に出馬したカルロス1世の対抗馬はフランス王のフランソワ1世でした。「スペイン王とフランス王がドイツの王の選挙に出る」という不思議な状況になりましたが、結局、カルロス1世が圧勝し、神聖ローマ皇帝カール5世として即位したのです。

　大国の王を兼任したカルロス1世の業績は多岐にわたります。**神聖ローマ帝国からルターを追放したのは「カール5世」ですし、マゼランの航海を支援したのは「カルロス1世」です。スレイマン1世にウィーンを包囲されたのは「カール5世」ですし、インカ帝国を征服したピサロに爵位を授けたのは「カルロス1世」です。**忙しい日々だったに違いありません。

フェリペ2世

1527年～1598年

「太陽の沈まぬ帝国」を率い
カトリック諸国を束ねた王

バリャドリード（スペイン）出身。ハプスブルク家出身。父カルロス1世よりスペインとその海外領土などを継承、またポルトガルも併合し、「太陽の沈まぬ帝国」を現出。レパントの海戦でオスマン帝国に勝利したが、オランダ独立戦争でネーデルラントに、アルマダ海戦でイギリス海軍に敗れ、以降は衰退。

第1章 ヨーロッパ（古代～中世）

第2章 中東（古代～オスマン帝国）

第3章 インド（古代～ムガル帝国）

第4章 中国（古代～清王朝）

第5章 一体化する世界の時代

第6章 革命の時代

第7章 帝国主義と世界大戦の時代

第8章 近代の中東・インド

第9章 近代の中国

第10章 現代の世界

外見は質素な大帝国の宮殿

　スペインの首都、マドリードから鉄道で1時間ほど行くと、**フェリペ2世**がつくらせた王宮、エル=エスコリアル宮殿があります。エル=エスコリアルの駅を降り、しばらく行くと、大きくて地味な建物が連なっています。一見、古い街並みに建っている集合住宅と同じような見栄えなのですが、歩いても歩いても建物が続いています。じつはこれが、「太陽の沈まぬ帝国」の王、フェリペ2世の居城であり、世界遺産に指定されているエル=エスコリアル宮殿なのです。

　先代の**カルロス1世**はスペインとドイツの王を兼ねていましたが、**そのうち、スペインの領土を継承したのがこのフェリペ2世です**。カルロス1世は死に際し、「自分の墓を建ててほしい」と言い残したところ、フェリペ2世はこのエル=エスコリアルに墓所としての修道院を建て、そこを自分の宮殿ということにしたのです。

この、エル＝エスコリアル宮殿は、入場口も一見わからず迷うほど、外側は地味な建物ですが、中に入るときらびやかな装飾やフレスコ画の数々に目を奪われます。フェリペ２世自身は質素を重んじ、宮殿内の自室は装飾を排した地味なものであったようですが、フェリペ２世の自室以外の部屋は金銀細工やフレスコ画、豪華なタペストリーで飾り立てたといいます。日本からやってきた天正遣欧使節の少年たちも、「外は地味、中は派手」というギャップにさぞかし驚いたことでしょう。

「紙で世界を動かした」フェリペ２世

　フェリペ２世の主要な業績であるレパントの海戦の勝利も、ポルトガルの王位を継承してその領土をあわせ持ち、「太陽の沈まぬ帝国」と豪語したことも、オランダの独立運動に対応したことも、アルマダ海戦で敗北したことも、この宮殿で指示を出し、報告を受けたことです。報告書や命令書が行き交うエル＝エスコリアル宮殿にあって、フェリペ２世は書類によってエル＝エスコリアルから世界を動かしているのだと豪語したと言います。

　フェリペ２世自身は質素を好んだかもしれませんが、**国家としてのこの時代のスペインは間違いなく「浪費体質」でした。アメリカ大陸からもたらされた莫大な金銀を戦費で消費し尽くし、通貨を過剰に流通させインフレーションを起こして経済が混乱していました。**

　国家財政は４度にわたって破産を宣言するほどで、金融業者から何度もお金を借り、それを踏み倒す、といったありさまでした。その治世の末期には疫病の流行で人口が激減してさらに経済は打撃をうけました。スペインの没落はこのフェリペ２世の時代からすでに始まっていたのです。

　「外は地味、中は派手」というエル＝エスコリアル宮殿とは逆に、スペインの見た目は「太陽の沈まぬ帝国」であってもその国内事情は、財政の破綻や疫病によって「斜陽」を迎えていたという「外は栄光、中は斜陽」という国だったのです。

オラニエ公ウィレム

1533年～1584年

超大国スペインと戦った
「オランダ建国の父」

ディレンブルク（ドイツ）出身。独立宣言後の初
代オランダ総督。スペイン王フェリペ2世のカト
リック強制政策に対し、ゴイセンらの支持を受け
独立運動を展開。結果、カトリック教徒の多い南
部を除いて北部ホラント州を中心に「ネーデルラ
ント連邦共和国」を成立させた。のち、ウエスト
ファリア条約で独立が承認された。

フランス南部由来の「オレンジの国」

　サッカーのワールドカップの常連国のひとつである、オランダ代表のユ
ニフォームの色は鮮やかなオレンジです。「オレンジ軍団」として知られる
強豪国ですが、ワールドカップの優勝はまだありません。

　この「オレンジ軍団」の名称の由来となったのが、オランダ独立運動の
指導者にしてネーデルラント連邦共和国の初代総督となった**オラニエ公ウ
ィレム**です。この「オラニエ公」は英語で「オレンジ公」という意味で、オ
レンジは果物のオレンジのことです。しかし、オレンジはヨーロッパのだ
いぶ北に位置するオランダでは穫れません。オレンジが穫れない国で「オ
レンジ軍団」なのですから、少し違和感を与える愛称です。

　ウィレムは、ドイツの名門であったナッサウ伯という家に生まれ、あと
つぎがいなくなったフランスのオラニエ公の領地を継ぐことになりました。
この、オラニエ公の領地というのがフランスの南部、プロヴァンス地方に

あり、そこではオレンジの売買が盛んだったので「オラニエ公」の名が付けられてたのです。この領地を得たウィレムは、神聖ローマ帝国のカール5世に仕えます。そこで、カール5世から命じられた赴任先が、現在のオランダにあたる「ホラント州」だったのです。

「低い土地」の独立運動に尽力

オランダの正式名称は「ネーデルラント」と言います（「オランダ」という名称は、日本がオランダに付けた通称で、オラニエ公ウィレムの赴任先であった「ホラント州」がなまった表現です）。**ネーデルラントというのは「低い土地」すなわち「低地」の意味ですが**、ここにもオラニエ公ウィレムのエピソードが絡んできます。

ホラント州を任されたオラニエ公ウィレムでしたが、このホラント州はカール5世の死後、スペインの**フェリペ2世**の支配下に入ります。カトリックの熱心な信者であるフェリペ2世はホラント州を含むネーデルラントの自治権を奪い、カトリックを強制して支配を強化します。**カトリックを強制するフェリペ2世に対し、プロテスタントの多いネーデルラントの人々は反発しました。**ウィレムも自治権を奪われることには納得がいきません。ウィレム自身もプロテスタントに改宗し、ネーデルラントのプロテスタントのリーダーとして独立運動に立ち上がったのです。

敵は「太陽の沈まぬ帝国」スペインなので、苦戦を強いられます。また、ネーデルラントの南部が独立運動から離れてスペイン側にとどまったため、さらに苦境に立たされますが、オランダの人々は粘り強く戦いました。

このときに用いられた戦術が、オランダの「低い土地」を利用した堤防決壊戦術です。オランダ軍が水門を決壊させ、スペイン軍を水攻めにしたのです。こうした戦術はオランダの各所で見られ、スペインを苦しめました。

オラニエ公ウィレムは独立戦争半ばでフェリペ2世派のカトリック教徒により暗殺されましたが、今でも「建国の父」として称えられています。

エリザベス1世

1533年〜1603年

イギリス国民に敬愛された
「よき女王ベス」

グリニッジ（イギリス）出身。父ヘンリ8世の政策を継承し、首長法の再制定・統一法の制定により、イギリス国教会を完成、絶対王政全盛期を現出。また、アルマダ海戦の勝利により、国際的地位を一気に高めた。その後、イギリス東インド会社の設立、重商主義政策の採用、救貧法の成立などにより、大英帝国の基礎を築いた。

第1章　ヨーロッパ（古代〜中世）

第2章　中東（古代〜オスマン帝国）

第3章　インド（古代〜ムガル帝国）

第4章　中国（古代〜清王朝）

第5章　一体化する世界の時代

第6章　革命の時代

第7章　帝国主義と世界大戦の時代

第8章　近代の中東・インド

第9章　近代の中国

第10章　現代の世界

国にささげたその生涯

イギリスの**エリザベス1世**は、国民には「よき女王ベス」として敬愛され、**フェリペ2世時代のスペインの「無敵艦隊」を打ち破り、東インド会社の創設をするなど、イギリス絶対王政の基礎をつくりあげた人物であり、栄光に飾られた存在として知られています。**また、その生涯を国家のためにささげるとして、生涯結婚せず、「処女王」というニックネームを持つ王としても知られています。

父に処刑されたエリザベスの母

エリザベスの父は多くの妻と離婚したヘンリ8世です。「男の子ができない」という理由で初めの妻のキャサリンと離婚した父が、2番目の妻に迎えたのがエリザベスの母、アン＝ブーリンでした。しかし、アン＝ブーリンが産んだ子はまたしても女の子、すなわちエリザベス1世だったのです。

男の子が欲しかった父のヘンリ8世は当然、エリザベスに愛情を注がず、エリザベスは王宮から遠ざけられました。その上、アン＝ブーリンはエリザベスが3歳の時に、ヘンリ8世の命令で処刑されてしまいます。

姉から幽閉される

　ヘンリ8世とエリザベスの弟のエドワード6世の死後、国王になったのはヘンリ8世のはじめの妻、キャサリンとの間の子である姉の**メアリ1世**です。姉のメアリ1世はスペインの王、フェリペ2世と結婚したのですが、その結婚には反対も多く、反乱が起きてしまいました。反乱の旗印と見られたエリザベスはロンドン塔にとらわれの身となりました。エリザベスは必死に無実を訴えましたが、幽閉は1年あまり続きました。

生涯独身を貫き国のかじ取りに専念

「処女王」エリザベスといえども、恋人として噂にのぼった人物もありますし、結婚を考えた人物もいたそうですが、ついに結婚することはありませんでした。国際紛争や国内の派閥争いを避けるため、という理由が考えられていますが、エリザベスの結婚に対する消極的な姿勢はやはり、「母が父に殺され、父に愛情を注がれず、姉に幽閉された」という運命がエリザベスの結婚観、家庭観に大きな影響を与えたとも見ることができるでしょう。**エリザベスは生涯独身を貫いて国家のかじ取りに集中し、イギリスの絶対王政の最盛期を築きます。**

　しかし、エリザベスが結婚をしなかった、ということは子を産まなかったということですから、その死後に混乱を招きます。エリザベスの死後、その王朝のテューダー朝は断絶してしまい、スコットランド王のジェームズ1世が王に迎えられ、新たにステュアート朝が始まります。このステュアート朝のジェームズ1世、ついでチャールズ1世がピューリタンに厳しい姿勢をとったことで、ピューリタン革命が始まることになりました。

チャールズ1世

1600年～1649年

**国民の前で
公開処刑されたイギリス王**

ダンファームリン（イギリス）出身。王権神授説を信奉し、イギリス国教会を強制し、ピューリタンやカトリックを弾圧し、議会と対立した。権利の請願を無視し、ピューリタン革命の発端となった。

第1章 ヨーロッパ（古代～中世）

第2章 中東（古代～オスマン帝国）

第3章 インド（古代～ムガル帝国）

第4章 中国（古代～清王朝）

第5章 一体化する世界の時代

第6章 革命の時代

第7章 帝国主義と世界大戦の時代

第8章 近代のインド

第9章 近代の中国

第10章 現代の世界

 ## 議会との協力関係を築けず死刑宣告を受ける

　受験生が唱える「呪文」のような言葉に「ジェームズ・チャールズ・チャールズ・ジェームズ」というものがあります。おそらく、世界史で大学入試を受けた方ならば、一度は唱えたことがあるのではないでしょうか。これは、ステュアート朝の王を順番に言ったものです。エリザベス1世には子がいなかったため、スコットランドから王が迎えられ、スコットランドとイングランドを兼ねたのが、このステュアート朝の王なのです。

　ステュアート朝の初代、**ジェームズ1世**と議会との関係は、当初は悪くありませんでしたが、財政が悪化し、エリザベス1世のようなカリスマ性もなかったため、次第に議会との関係が悪くなっていきました。

　続く**チャールズ1世**は、専制的な政治を行うようになりました。フランスやスペインとの戦争、また、イギリス国教会を強制したために起きたスコットランドでの反乱などの戦費がかさむようになり、課税を強化します。議会は「権利の請願」により議会の同意なき課税に反発しますが、チャールズ1世は議会を解散し、11年もの間、議会なしで統治を続けました。**宗教面、政治面で衝突した国王と議会の争いは「王党派」と「議会派」の武力衝突（ピューリタン革命）に発展します。**議会派の勝利により、チャールズ1世は有罪を宣告され、人々の目の前で斬首されるという不名誉な王となってしまいました。

225

クロムウェル

1599年～1658年

わずか12年間だった「王がいないイギリス」のリーダー

イギリスのピューリタン革命の指導者。ステュアート朝国王チャールズ1世の専制政治やスコットランドの反乱の失政に対し、議会派の中心となり反発。国王・王党派を抑え、国王を逮捕し、さらに議会内の長老派を追放し、国王を処刑。その後、共和政を樹立し、他の水平派も弾圧。護国卿となり独裁政治を展開。

共和政を開始し独裁的権力をふるう

　チャールズ1世が処刑されることとなったピューリタン革命ですが、このピューリタン革命で、私財を投じてつくった「鉄騎軍」を率いて活躍し、議会派を勝利に導いたのがこの**クロムウェル**です。クロムウェルは議会派を勝利に導くと、議会派内部の対立にも勝利し、チャールズ1世を裁判にかけて処刑します。**ここに、イギリス史上初の共和政（王のいない政治）が成立したのです。**

　共和政が成立すると、クロムウェルはアイルランドやスコットランドに出兵を行い、商敵として台頭していたオランダをけん制するために航海法を制定し、**イギリス＝オランダ戦争**に持ち込みます。そのあたりからクロムウェルは強権的にふるまうようになりました。議会を解散して終身の「護国卿」という地位について独裁権を握り、自分のもとに一院制の議会を置きました。軍を用いたクロムウェルの厳しい独裁に対し、次第に国民から

の不満が高まり、クロムウェルへの支持は低下していきました。クロムウェルの病死後には息子があとを継ぎましたが失脚し、ステュアート朝の王が再び復活してイギリスの共和政は12年で終わりました。

死後も分かれるその評価

クロムウェルのお話は亡くなったあとも続きます。王政に戻った後、クロムウェルはチャールズ１世を処刑した反逆者として罪に問われ、埋葬されていたクロムウェルの墓が暴かれました。死後２年経ったクロムウェルの遺体はわざわざ絞首刑にされたあとで首が切られ、ウエストミンスター・ホールの屋根に約25年間もさらされたといいます。その後、クロムウェルの首は何人かの手を経て母校であるケンブリッジ大学に葬られました。

現在、ロンドンのウエストミンスター宮殿、すなわち国会議事堂の正門前にはクロムウェルの銅像が立っています。イギリス王家にとってクロムウェルは王を処刑し、王家を分断した「反逆者」とも言えますが、クロムウェルによる共和政には、重商主義政策をとってオランダと戦い、特権商人の独占権を廃止してイギリスの資本主義経済を発展させ、市民層の立場を強めたことなど、時代の転換点にあたる評価すべき政策も多くあります。「すぐれた指導者」なのか、「独裁者」なのか、クロムウェルに対する評価は時代や人によっても変わり、それぞれです。宮殿前の銅像ひとつとっても、撤去すべきだという意見と、残すべきだという意見があります。クロムウェルは功罪あわせ持つ、多面的な見方ができる人物ということでしょう。

ステュアート朝が復活し強い王権も復活

クロムウェルの死去後、王政が復活したイギリスですが、**チャールズ２世、ジェームズ２世**と続いた復古王政では再び王による独断的な政治が行われるようになりました。こんどはカトリックが強制され、再び国民たちの間に不満が巻き起こります。

第1章 ヨーロッパ（古代〜中世）

第2章 中東（古代〜オスマン帝国）

第3章 インド（古代〜ムガル帝国）

第4章 中国（古代〜清王朝）

第5章 一体化する世界の時代

第6章 革命の時代

第7章 帝国主義と世界大戦の時代

第8章 近代の中東・インド

第9章 近代の中国

第10章 現代の世界

ウィリアム3世、メアリ2世

(ウィリアム3世)1650年～1702年／(メアリ2世)1662年～1694年

オランダから招かれた
夫婦の国王

名誉革命において、ジェームズ2世の王政復古体制下で迎えられ共同統治の王についた。議会の「権利の宣言」を認めて「権利の章典」として発布し、イギリス立憲政治の基礎を確立。

 ## 名誉革命で固まった議会主権

　エリザベス1世の死後、イギリスでは、王や護国卿と議会との関係がなかなかうまくいきませんでした。**その中で、「イギリスの血筋を引く人物を外国から招き、議会が主権を持つことを承認してもらったうえで王位についてもらえばいいのではないか」**という声が上がりました。

　そこで、オランダ総督の「オラニエ公ウィレム（歴史上何人もの「オラニエ公ウィレム」がいます）」であった**ウィリアム3世**と、その妻である**メアリ2世**をオランダから招くことになったのです。ウィリアム3世は「オランダ総督」ではありましたが、オランダ総督に嫁いだチャールズ1世の娘の子であり、その妻のメアリ2世もチャールズ1世の息子の子という、いとこどうしで、イギリス王家に近い血筋の持ち主でした。

　兵を率いてイギリスにやってきたウィリアム3世とメアリ2世に対し、国民の支持を失っていたジェームズ2世に味方する者はなく、ジェームズ2世は抗戦をあきらめてフランスに亡命することになります。これが「名誉革命」と言われる事件です。

　イギリスの共同統治者となったウィリアム3世とメアリ2世は即位時に議会が提出した権利の宣言を認め、それを権利の章典として発布しました。これにより、**議会が主権を持つ立憲君主政が確立し、現在のイギリスの政治体制の基礎になったのです。**

ジョージ1世

1660年～1727年

**ドイツからやってきた
現在のイギリス王朝の祖**

ハノーヴァー（ドイツ）出身。ハノーヴァー選帝侯がイギリスの王位を継承し即位したが、英語が話せず「君臨すれども統治せず」の原則に基づく責任内閣制が発展。ホイッグ党のウォルポールが首相を務めた。

第1章 ヨーロッパ（古代～中世）

第2章 中東（古代～オスマン帝国）

第3章 インド（古代～ムガル帝国）

第4章 中国（古代～清王朝）

第5章 一体化する世界の時代

第6章 革命の時代

第7章 帝国主義と世界大戦の時代

第8章 近代の中東・インド

第9章 近代の中国

第10章 現代の世界

ドイツの地名を冠したイギリスの王朝

　現在のイギリス王家は「ウィンザー朝」と言われます。この、ウィンザー朝というのは、途中で王朝名が改称されてこの名前になったのですが、改称前の名称は「ハノーヴァー朝」あるいは「サクス＝コバーク＝ゴーダ朝」といいます。この、「ハノーヴァー」や「サクス＝コバーク」「サクス＝ゴーダ」というのは、ドイツの地名であり、**ステュアート朝が断絶して以来、約200年もイギリスはドイツの地名を王朝名に冠していたことになります。**そして、第一次世界大戦中、ドイツと戦争をしているのにドイツの地名を冠しているのはふさわしくない、と、イギリスの王宮があるウィンザーという地名をとって改称されたのが、現在のウィンザー朝です。

　こうした、「イギリスのドイツ」王朝は、ステュアート朝が断絶し、ドイツより**ジョージ1世**が迎え入れられたことによってできました。ジョージ1世の母の母の父がイギリス王ジェームズ1世ですので、2代続いて母方をたどる、少し遠めの血縁、ということになります。

　ですから、王に迎え入れられたジョージ1世、いやゲオルク＝ルートヴィヒは完全にドイツ人で、英語も話せず、政治はイギリス人にお任せするしかなくなります。しかし**そのことがかえって「君臨すれども統治せず」という王の性格をさらに強め**、政治を議会とそのメンバーから構成される内閣に任せるという議院内閣制を確立させることになったのです。

アンリ4世

1553年〜1610年

**フランスの宗教戦争を
終わらせた「善王アンリ」**

ポー（フランス）出身。母の影響でユグノー（新教徒）となり、新教徒の指導者としてユグノー戦争で活躍した。「サンバルテルミの虐殺」が起きると旧教に改宗したが、のちに新教徒に戻る。ヴァロア家のアンリ3世が暗殺されると、アンリ4世として即位してブルボン朝を創始。カトリックに改宗後、ナントの王令を発令した。

 ## 長期化していたユグノー戦争

　この章では、ルターとカルヴァンを紹介したあと、ヘンリ8世、カルロス1世（カール5世）、フェリペ2世、オラニエ公ウィレム、チャールズ1世、クロムウェルと、宗教改革とその後の宗派間の対立に関連する人物について紹介をしてきました。**現在でもカトリックとプロテスタントはその教義において対立を続けている面があり、その根は深いな、と思わされることがよくあります。**

　この時代のフランスも例外ではありませんでした。「ユグノー戦争」と言われるカトリックとプロテスタントの争いがフランスの政治の主導権争いと絡み、長期化、泥沼化していたのです（**フランスのカルヴァン派プロテスタントのことを「ユグノー」といいます**）。

　ユグノー戦争が始まったときのフランス国王は**シャルル9世**といいますが、まだ幼少であったシャルル9世の王権を固めるため、プロテスタント

貴族が一掃された虐殺事件が起き、プロテスタントであった**アンリ4世**も、命を守るため、一時的にカトリックに改宗を余儀なくされました。

「両方の顔を立てた」宗教的寛容政策

　シャルル9世が亡くなったのち、アンリ3世という人物がフランス王になりました。アンリ4世は命の危険がないと感じると再びプロテスタントに改宗してそのリーダーとなりました。このときのユグノー戦争は、フランス王家は「アンリ3世」、カトリック側のリーダーは「ギーズ公アンリ」という人物、プロテスタント側のリーダーは「ナヴァル公アンリ（アンリ4世）」と、3勢力のリーダーがいずれも「アンリ」という、奇妙な状況でした。この「三アンリの戦い」は、フランス王アンリ3世とフランス王をねらうギーズ公アンリの対立となりました。アンリ3世はギーズ公アンリを暗殺しましたが、このアンリ3世も暗殺され、フランスの「ヴァロア朝」という王朝が断絶してしまいます。

　アンリ3世とギーズ公アンリが相次いで暗殺され、はからずも王権が「転がり込んできた」ような形で即位したのがブルボン家のアンリ4世です。アンリ4世自身はプロテスタントなので、即位したときにはカトリック勢力の反発があり、カトリック側は新しい王の即位を認めずにいました。

　そこで**アンリ4世自身はプロテスタントを捨ててカトリックに改宗した上で国王の戴冠式を行い、国民に対しては**ナントの王令**を発してプロテスタントの信仰を認めるという「両方の顔を立てる」方策でこのピンチを乗り切ります。**もともとアンリ4世はプロテスタントからの支持が高かったわけですし、カトリックにとっても自分たちの統治者がカトリックに改宗したわけですから、その支配を受け入れる気にもなるでしょう。この宗教政策によってユグノー戦争は終結に向かいます。

　ブルボン朝の創始者となったアンリ4世は、宗教的寛容政策とり、直接税を引き下げて間接税の税率を上げ、特権身分からも税を取れるようにして民衆の生活を良くするなどの功績から「善王アンリ」と呼ばれました。

第1章
ヨーロッパ
（古代〜中世）

第2章
中東
（古代〜オスマン帝国）

第3章
インド
（古代〜ムガル帝国）

第4章
中国
（古代〜清王朝）

第5章
一体化する
世界の
時代

第6章
革命の時代

第7章
帝国主義と
世界大戦の
時代

第8章
近代の
中東・インド

第9章
近代の中国

第10章
現代の世界

ルイ13世

**絶対王政の基礎を
つくったフランス王**

フォンテーヌブロー（フランス）出身。宰相にリシュリューを登用し、全国三部会を停止し、ユグノー勢力を弾圧するなど、絶対王政の基礎を確立。一方、ハプスブルク家との対立から、三十年戦争には新教徒側を支援。

リシュリューによって強化されたその王権

　父のアンリ4世が暗殺されたため、**ルイ13世**は9歳という若さで即位することになりました。幼少の王、ということは、摂政が必要なのですが、ルイ13世の場合はそれが、イタリアの名家であるメディチ家出身の、母親のマリ＝ド＝メディシスでした。

　マリはイタリア出身のコンチーニという人物を重用し、名家のプライドからフランスに「上から目線」の政治を行うようになります。カトリックを信奉するマリは、フランスとのライバル関係を無視して、カトリック国の代表であるスペインからフェリペ2世の孫娘を招きルイ13世と結婚させます。ルイ13世の成人後もマリは実権を渡そうとしませんでした。

　ルイ13世と母マリの亀裂は深まり、完全に政敵になってしまいました。そしてルイ13世が動くのです。マリの重臣であるコンチーニを暗殺し、母マリを監禁します。しかし、マリも監禁を抜け出し、貴族たちを集めて一派をつくるなど抵抗を見せます。マリはルイ13世の重臣であるリシュリューの失脚を図りますが、失敗し、逆に再び監禁され、最後には国外に亡命することとなります。

　これらの事件を経験したルイ13世と**リシュリュー**は、政策の中心を王権の強化に置きます。そのことがフランスの絶対王政を確立することになり、次のルイ14世が絶対的権力をふるうお膳立てとなったのです。

ルイ14世

1638年〜1715年

フランス絶対王政の頂点に君臨する「太陽王」

サン＝ジェルマン＝アン＝レー（フランス）出身。宰相マザランによってフロンドの乱を鎮圧し、絶対王政を確立。マザラン死後は、親政を宣言し、ヴェルサイユ宮殿の造営、常備軍の設置、数々の対外戦争などで王権を強化。財務総監にコルベールを重用し、独自の重商主義政策を推進。ナントの王令を廃止した。

ギネスにも登録されている世界最長の在位

　父のルイ13世とスペイン生まれの妻との関係がうまくいかなかったことから、ルイ13世の子どもができたのが遅めであったことと、ルイ13世が結核にかかり、41歳で急死してしまったことから、新しい王の**ルイ14世**は4歳という幼さで即位することになりました。そしてその治世は76歳まで続き、**「中世以降の国家元首として最長の在位期間を持つ人物」として、ギネス世界記録にも認定される72年間の長い統治期間を過ごしました。**

　もちろん、その治世の最初期はあまりに幼少のため、補佐役が必要ではありました。しかし、補佐役の宰相**マザラン**も先代の宰相であるリシュリューにならって王権の強化に努め、ルイ14世の権力の基礎が整えられていきました。外交手腕に長けたマザランのもと、三十年戦争の講和条約であるウエストファリア条約の締結や、ルイ14世とスペイン国王の長女マリ＝テレーズとの結婚が行われ、フランスに安定期が訪れます。

権力をふるうマザランに対して、反マザラン派の貴族たちは反乱に立ち上がりますが、マザランはそれを鎮圧します。マザランがこの「フロンドの乱」と言われる事件で口うるさい貴族たちをおさえたことで、王権はさらに強化されることになったのです。ルイ14世が22歳のときにマザランが亡くなり、ルイ14世は親政を始めました。

 ## 「朕は国家なり」を具現化したその治世

マザランが外交的安定をつくり出してくれていたこと、反抗的な貴族を一掃してくれていたこと、そしてルイ14世が成人を迎え、いよいよこれからというときに、ある意味「死去してくれた」ことから、ルイ14世には王権をふるう好条件が重なったのです。「太陽王」と呼ばれ、「朕は国家なり」と豪語したルイ14世の治世は、マザランのおかげと言っていいでしょう。

親政を始めたルイ14世は、官僚制度をととのえ、**コルベール**を財務総監に任命して重商主義を進めました。コルベールは関税で海外製品の流入をブロックしつつ、海外植民地との貿易を盛んにし、国内工業のマニュファクチャ（工場制手工業）を育成しました。そして、強大な王権を示す**ヴェルサイユ宮殿**の造営をすすめます。ルイ13世の頃から造営が始まったこの絢爛豪華な宮殿は現在でも多くの観光客をひきつけています。

しかし、長い治世ですから失点も少なくはありません。**ヴェルサイユ宮殿の造営自体が財政難を招いてしまったこと、ナントの王令を廃止し、カルヴァン派を禁止したことで商工業者が国外に出ていってしまったこと、そして強引な対外戦争を繰り返したことです。**

特に、母も妻もスペイン王家という関係から、ルイ14世も継承権を主張できるスペインにはこだわりを見せ、スペインのハプスブルク王家が途絶えたときには自身の孫をスペイン王にねじこもうと「**スペイン継承戦争**」を起こします。結果的に、孫のフィリップを**フェリペ5世**として即位させてやることには成功しますが、ひきかえに海外植民地を失い、戦費によって財政難を加速させることとなり、晩年の大きな失点になりました。

フリードリヒ2世

1712年～1786年

国の先頭に立ちプロイセンを強国にのし上げた芸術を愛する王

ベルリン（ドイツ）出身。啓蒙専制君主。父フリードリヒ＝ヴィルヘルム1世の富国強兵路線を継承し、軍備を強化。オーストリア継承戦争・七年戦争でオーストリアよりシュレジエンを奪い、重商主義政策の採用で国力を高めた。また、芸術を愛好して啓蒙思想家ヴォルテールと親交。サンスーシ宮殿を建築した。

第1章　ヨーロッパ（古代～中世）

第2章　中東（古代～オスマン帝国）

第3章　インド（古代～ムガル帝国）

第4章　中国（古代～清王朝）

第5章　一体化する世界の時代

第6章　革命の時代

第7章　帝国主義と世界大戦の時代

第8章　近代の中東・インド

第9章　近代の中国

第10章　現代の世界

 サンスーシ宮殿につくられた音楽室

　フランスの「太陽王」ルイ14世は絢爛豪華な「バロック様式」のヴェルサイユ宮殿を建てましたが、北ドイツの国家、プロイセンの「大王」**フリードリヒ2世**はベルリンの郊外、ポツダムに小ぶりながら華麗でかわいらしい「ロココ様式」のサンスーシ宮殿を建てました。

　3階建てで豪華なヴェルサイユ宮殿には700以上の部屋がありますが、平屋建てで簡素なサンスーシ宮殿には15ほどの部屋しかありません。その部屋にもフリードリヒ2世のこだわりがあるのです。

　玄関を抜けてまず入る中央の部屋が晩さん会などを行う「大理石の間」です。そして、その横に謁見室があり、フリードリヒ2世はここで来賓と会います。その奥が本来、大王の執務室というのが通常の設計だと思われるのですが（たとえば、学校でも入り口のホールがあって、応接室があって、その奥に校長室があるのがふつうの建て方です）、このサンスーシ宮殿

はその間に「音楽室」をはさむのです。

　つまり、「ホール→謁見室→音楽室→執務室」という並びになっているのです。フリードリヒ２世は毎日の激務の中でも、常に音楽のことは忘れなかったといいます。

 ## 富国強兵につとめた文武両道の王

　それもそのはず、フリードリヒ２世はフルートの名手としても知られ、フルートの曲を多数作曲しています。たとえば、YouTubeのサイトを開き、「フリードリヒ大王　フルート」で検索すると、フリードリヒ２世が作曲した曲がヒットし、今でも聴くことができます。また、サンスーシ宮殿の執務室の奥には円形の書斎があり、読書も好んだことが知られています。

　読書と音楽を好むフリードリヒ２世ですが、彼が生きた時代のヨーロッパは王たちがしのぎを削った「戦国時代」ともいえる時代でした。フリードリヒ２世の父の**フリードリヒ＝ヴィルヘルム１世**は「軍隊王」の異名をとるバリバリのスパルタ派です。音楽や芸術に興味を持つ「軟弱者」の息子に容赦ない体罰を加え、音楽や芸術に触れることを禁止したと言います。しかし、フリードリヒ２世は隠れて演奏会を開きます。父はそれを見つけてさらに罰を与え……というやりとりの末、フリードリヒ２世はついに国外逃亡を図ります。しかし、それも見つかって死刑宣告を受け、身代わりとなった側近が処刑され…とその確執はずっと続いたのです。

　しかし、父の心配は無用でした。フリードリヒ２世は音楽や読書を好みましたが「軟弱者」などではなかったのです。父の死によって王となったフリードリヒ２世は官僚制をととのえ、産業を起こして軍隊をととのえます。オーストリアが継承問題で揺れると、果敢に大国オーストリアに戦争をしかけ、オーストリアの工業地帯の**シュレジエン**をもぎ取ります。続く**七年戦争**も苦戦はするものの勝利をおさめ、プロイセンをヨーロッパ指折りの強国にのし上げたのです。その間もフリードリヒ２世は音楽や読書を欠かさず続け、戦争続きの心を癒したと言います。

マリア=テレジア

第1章 ヨーロッパ（古代〜中世）

第2章 中東（古代〜オスマン帝国）

第3章 インド（古代〜ムガル帝国）

第4章 中国（古代〜清王朝）

第5章 一体化する世界の時代

第6章 革命の時代

第7章 帝国主義と世界大戦の時代

第8章 近代の中東・インド

第9章 近代の中国

第10章 現代の世界

1717年〜1780年

オーストリア国民から「国母」と敬愛された女帝

ウィーン（オーストリア）出身。オーストリア=ハプスブルク家出身。オーストリア継承戦争でプロイセンのフリードリヒ2世に敗れシュレジエンを失い、フランスと同盟して（外交革命）七年戦争を戦うが敗北した。

 ## フリードリヒ2世の生涯のライバル

　フリードリヒ2世の生涯のライバルとなったのが**マリア=テレジア**です。オーストリア・ハンガリーをおさめるハプスブルク家に生まれたマリア=テレジアは、23歳の時に父が亡くなったことで広大な領地を相続します。しかし、女性がオーストリアを相続することに反対したフリードリヒ2世のプロイセンをはじめとする周辺諸国がオーストリアに宣戦布告し、**オーストリア継承戦争**がはじまります。オーストリアの継承権はなんとか確保したものの、戦争には敗北し、豊かなシュレジエン地方を失います。

　敗北したマリア=テレジアはこの失地を取り返すべく、貴族の中から有能な人材を官僚に抜擢し、中央集権化と徴兵制を導入してオーストリアの近代化を急速に進めます。そして、ライバルのフランスと外交革命と言われる同盟を組み、フリードリヒ2世とのリベンジマッチである**七年戦争**に臨んだのです。機先を制して侵攻してきたフリードリヒ2世と激戦になり、一時はフリードリヒに自殺を考えさせるほどまで優勢になりますが、結果的には敗北してしまい、シュレジエンの奪還はなりませんでした。

　対外的には苦労続きのマリア=テレジアでしたが、ドイツ女性の鑑、「国母」と言われ、国民から敬愛される美しい容姿の持ち主でした。夫のフランツ1世とは幼馴染の遊び友達から恋愛対象に変わっていった仲良し夫妻で、マリ=アントワネットら16人の子どもを出産しました。

ピョートル1世

1672年～1725年

ヨーロッパ諸国に学び
ロシアの近代化に尽力した大帝

モスクワ（ロシア）出身。即位後、ヨーロッパを視察し、西欧的技術を取り入れ、産業の近代化・富国強兵を推進。オスマン帝国からアゾフ海沿岸を奪回し、南下政策の拠点とした。また、清とはネルチンスク条約を締結。北方戦争でスウェーデンを破り、バルト海覇権を握ると、「西欧への窓」となるペテルブルクに遷都した。

 ## 大きな体で学び取った西洋の技術

　ロシアのロマノフ朝の皇帝、**ピョートル1世**は身長2メートルを超す大男だったそうです。ピョートル1世が皇帝になって気づいたのは、ヨーロッパの諸国と比べて、ロシアの近代化がとても遅れていることでした。

　そのため、ピョートル1世はヨーロッパ各国を回る視察団を派遣しました。じつは、その視察団にピョートル自身も加わっていたのです。身分を隠して視察団に参加したピョートルはドイツ、オランダ、イギリス、オーストリアなどの「先進国」たちを自分の目で見ようと思ったのです。

　ピョートルは視察の途中、アムステルダムの造船所に（身分を隠したまま）4か月間にわたって弟子入りしました。船大工とともに働いて技術を自ら学び、親方としての特許状も得ています。ロンドンの造船所（当時はオラニエ公ウィレムがイギリス国王ウィリアム3世として迎えられていたため、オランダとイギリスは一体化していました）で働くピョートルの姿

が描かれた絵画が残されていますが、きわだった大男が大工と一緒に汗を流している様子がわかります（ピョートル自身は身分を隠していたつもりでしょうが、その大男ぶりに、じつはバレバレだったといいます）。もちろん、1年半にもわたって皇帝が国を留守にしてしまうことは政情の不安を招きましたが、それを押してでも海外の技術を「盗みとりたい」というピョートルの熱い気持ちが伝わります。

 ## ロシアの近代化を進めた熱い思い

　西欧の技術や政治、経済のありかたを「盗んできた」ピョートルは各方面にわたるロシアの近代化をすすめました。技術だけではなく、内政でも近代化を図り、人口調査を行って人ごとに税をとり、暦を変え、中央集権化を図り、ロシア正教会を従属させ、教育を重視し…と、その業績はここには書ききれないほどです。その改革は日常生活や服装にまで及んだ（有名なものがロシア風の長いあごひげを切らせる政策です。従わない者には「ひげ税」を課しました）ため、反乱も起きましたが、それには容赦なく対応していきました。

　軍事政策では、海への出口を求めることに狙いを定め、艦隊を育成して常備軍をととのえ、オスマン帝国と戦って黒海の北岸にあるアゾフ海沿岸を割譲させます。また、スウェーデンと戦った北方戦争に勝利し、バルト海の優位を確立します。そのときに築いたバルト海沿岸の要塞を拡充して都とし、自分の名前の由来となった聖人の聖ペテロの名前を付けて「ペテルブルク」とします。ですから、「ペテルブルク」は「ペテロの都」であると同時に「ピョートルの都」でもあるということなのです。

　ピョートルの性格は残忍で暗いところがあり、国民から恐れられていましたが、ロシアを愛する熱い思いも持っている皇帝でした。砂州で立ち往生していた船を助けるため（一説には溺れる兵士を助けるため）真冬の海に入って風邪をこじらせて急死したという話が伝わっていますが、そのあたりも人情派の「熱い男」だなと感じさせます。

第1章 ヨーロッパ（古代〜中世）

第2章 中東（古代・オスマン帝国）

第3章 インド（古代〜ムガル帝国）

第4章 中国（古代〜清王朝）

第5章 一体化する世界の時代

第6章 革命の時代

第7章 帝国主義と世界大戦の時代

第8章 近代の中東・インド

第9章 近代の中国

第10章 現代の世界

エカチェリーナ2世

1729年～1796年

**夫を廃位してロシアの
君主となった女帝**

シュテッティン（現在のポーランド）出身。啓蒙専制君
主。夫ピョートル3世を廃し、即位。国内改革だけでな
く、クリム＝ハン国の併合、ポーランド分割などで領土
も拡大。また、根室にラクスマンを派遣。

 ## 人望が集まったドイツ生まれの「恋多き女」

　ロシア皇帝である**エカチェリーナ2世**は、じつはロシア人ではありませ
ん。ドイツの小貴族から嫁いできた純粋なドイツ人です。ロシアの皇太子
であった夫のピョートル3世もドイツの公爵として育ったため、エカチェ
リーナは非常にドイツ要素が強い中にいました。聡明で勉強熱心なエカチェ
リーナは「ロシアの王家に嫁いだからには」と、自らロシア語を学び、ロ
シア正教に改宗し、ロシアの文化に積極的に触れて国民の人気を得ていき
ました。一方、夫のピョートル3世はロシアの皇帝に即位したあともドイ
ツ風にこだわり、国民の支持を失っていきます。これではどちらがロシア
皇帝かわかりません。

　意を決したエカチェリーナは近衛兵とはかり、クーデターを起こしてピ
ョートル3世を捕らえて廃位し、自身がロシア皇帝に即位しました。この
のち、ピョートルは殺害されたようですが、かえって国民は歓迎したと言
います。ピョートル3世への支持は本当に低かったのでしょう。事件の背
景にはエカチェリーナの愛人の存在があるとされ、生涯に20人とも、300
人とも言われる愛人がいたとされる「恋多き女」でもあったようです。

　**エカチェリーナは行政改革や対外戦争を推進し、3度にわたるポーラン
ド分割を行い、ロシアの発展にさらに貢献しました。**江戸幕府の日本にラ
クスマンという使節を派遣したことでも知られる人物です。

第6章

革命の時代

ジョン＝ケイ、ハーグリーヴズ、アークライト、カートライト

18世紀～19世紀初頭

世界を変える発明をした
イギリス産業革命の群像

ジョン＝ケイは、飛び杼を発明。ハーグリーヴズは、ジェニー紡績機を発明。アークライトは、水力紡績機を発明。カートライトは、力織機を発明。彼らの発明は、工場制手工業からから工場制機械工業への転換を促し、資本の蓄積、農業革命、交通革命などをもたらし、近代資本主義経済の確立へと結びついた。

⚔ 世界を変えた画期的な発明の数々

　イギリスから始まった産業革命は機械、動力、交通などの発明や改良を生み、世界に近代資本主義社会の形成をもたらしました。ジョン＝ケイ、ハーグリーヴズ、アークライト、カートライトの４人はイギリスの綿織物工業に関する機械を発明した人々で、産業革命の幕開けを告げた４人として教科書でも必ず取り上げられる人物たちです。

　ジョン＝ケイが発明したのは「飛び杼」です。織物のタテ糸にヨコ糸を通す「杼」がヒモを引っ張ることで素早く飛び出すという簡単な機構ですが、この発明によって織物を織るスピードが飛躍的に向上し、イギリス中で糸が不足するほど生産性が向上しました。

　ハーグリーヴズは「ジェニー紡績機」を発明しました。綿によりをかけ、綿糸にする「紡錘」を連続的につなげることで、ひとりで同時にたくさんの綿糸がつむげるようになりました。

アークライトはこのジェニー紡績機を改良し、「水力紡績機」を発明しました。川に水車を置き、その動力に接続して人の力を使わずに自動的に糸がつむげるようになりました。

カートライトは綿織物の織機に蒸気機関を使う「力織機」を発明しました。蒸気の力を利用することで、ひとりの職人が多数の織機を使って織物が織れるようになりました。

⚔ 労働者に敵視された寂しい晩年

このように、機械の改良によって生産性が飛躍的に高まり、安価で良質な織物が世界に流通するようになりました…と、ここまで書くと、良いことずくめのような気がしますが、彼らに非常に反感を持った人々がいます。それが、今まで手で織物をおり、手で糸を紡いでいた手工業者たちです。

彼らは「機械に仕事が奪われる」と、発明者たちを非難し、機械を打ち壊したのです。 現代でも産業構造の変化により、今ある仕事の大部分がAIやロボットに置き換えられると言われていますが、18世紀のイギリスにも同じような状況が起きていたのです。歴史に輝く発明者たちは労働者に敵視され、その晩年は寂しいものでした。

ジョン＝ケイは同業者の織布工に非難され、裁判を起こされます。イギリスに居づらくなったジョン＝ケイはフランスに渡りますが、そこではすでに自分のコピー商品が出回っており、自分の技術も売れなくなり、貧困の中で亡くなってしまいます。

ハーグリーヴズは暴徒に機械を破壊され、職工仲間から迫害を受けます。今までのやり方が通用しなくなった資本家たちもハーグリーヴズに対して訴訟を起こしたことでハーグリーヴズは苦しめられます。

アークライトも特許権を巡る脅迫と訴訟に悩まされました。マンチェスターにつくった大きな工場も火災で焼失したといいます。

カートライトの工場も綿布工の襲撃を受けて破壊されています。特許の権利も失い、政府からの年金で余生を送ったといいます。

第1章 ヨーロッパ（古代～中世）

第2章 中東（古代・オスマン帝国）

第3章 インド（古代～ムガル帝国）

第4章 中国（古代～清王朝）

第5章 一体化する世界の時代

第6章 革命の時代

第7章 帝国主義と世界大戦の時代

第8章 近代の中東・インド

第9章 近代の中国

第10章 現代の世界

ワシントン

1732年～1799年

独立戦争を戦い抜いた
アメリカの初代大統領

ウェストモアランド（ヴァージニア州）出身。アメリカ独立戦争の指導者のひとり。植民地議会議員・大陸会議代議員を経て、その後イギリス本国との独立戦争で、植民地軍を指導。合衆国建国後は初代大統領に就任し、政権内の連邦派の財務長官ハミルトンと反連邦派の国務長官ジェファソンの両者の中間の立場で、政権の均衡に努めた。

⚔ 歴史の浅い国の「歴史をつくった男」

　アメリカの首都ワシントンD.C.の中心、「モール」と言われる公園の中央に、ワシントン記念塔と言われる古代エジプトのオベリスクを模した高さ169mの巨大な建造物が立っています。この塔はアメリカ独立の約100年後に完成し、アメリカ建国の父であるワシントンの業績をたたえています。ワシントンに遠慮してか、現在でも、ワシントンD.C.では、この記念塔より高い建物は建てられていません。

　また、ニューヨークには世界の「三大美術館」に数えられるメトロポリタン美術館があります。一般的には、美術館の主要コレクションはその国の芸術家の作品となるのですが、アメリカの美術館の場合は、アメリカ美術がメインでなく、アメリカのお金持ちがヨーロッパから買い集めた美術品がメインとなります。メトロポリタン美術館の純粋な「アメリカ美術」は入って右奥の「アメリカ翼」に固めて置かれていますが、自然風景の絵

が中心で歴史的な絵画はほとんどありません。その中でひときわ目立っているのが、壮大な歴史画である「デラウェア川を渡るワシントン」という絵です。

　アメリカの独立は日本でいえば江戸時代の後期にあたる時代で、よく、**アメリカは「歴史のない国」「歴史の浅い国」と言われます。その中にあってワシントンは、「歴史なき国の歴史をつくった『建国の英雄』」として記念碑や絵画において別格の扱いを受けているのです。**

3期目を固辞した大統領の地位

　ワシントンはヴァージニア植民地の農場主でした。アメリカの地をイギリスとフランスが奪い合った「**フレンチ＝インディアン戦争**」では、参謀少佐としてイギリスのために戦いました。

　その後、ヴァージニア植民地の議員として、フレンチ＝インディアン戦争後のイギリスからの課税強化に反対します。独立戦争が始まると、植民地代表の会議である**大陸会議**において、満場一致でイギリス軍と戦う植民地軍の総司令官に選出されました。

　こうして、ワシントンはアメリカ独立のための軍を率いることになりましたが、装備も規律も不十分な「民兵」を率い、イギリスの正規軍にあたらなければなりません。勝利のためにワシントンは、常に兵を鼓舞し続けました。先ほどの絵画「デラウェア川を渡るワシントン」は、夜にまぎれて渡河作戦を敢行し、植民地軍に勇気を与えたというワンシーンです。

　独立戦争に勝利するとワシントンは司令官を辞し、農場経営に復帰します。アメリカ軍を率いてきた自分が指導者になれば、強すぎる権力を持ってしまうと考えたからです。しかし、人々はワシントンを待望しました。引退の4年後、憲法制定議会は固辞するワシントンを議長に据え、その2年後、満場一致でアメリカ大統領に選出しました。ワシントンは2期大統領を務めましたが、3期目は固辞し、後の政界復帰の要求も断りました。これが、大統領の任期が2期までというルールの元となったとされます。

第1章 ヨーロッパ（古代〜中世）

第2章 中東（古代〜オスマン帝国）

第3章 インド（古代〜ムガル帝国）

第4章 中国（古代〜清王朝）

第5章 一体化する世界の時代

第6章 革命の時代

第7章 帝国主義と世界大戦の時代

第8章 近代の中東・インド

第9章 近代の中国

第10章 現代の世界

ジェファソン

1743年～1826年

構想を形にする力に長けた
アメリカ独立宣言の起草者

シャドウェル（ヴァージニア州）出身。アメリカ独立戦争の指導者のひとり。大陸会議代議員として、アメリカ独立宣言の起草を主導。ワシントン政権で国務長官を務めた後は、連邦派のハミルトンと対立した末、政権交代を実現し第3代大統領に就任。フランスからルイジアナ、スペインからフロリダなどを買収し、領土を拡大。

世界遺産の設計者

　ジェファソンを「アメリカ独立宣言の起草者」として知っている人は多いと思いますが、「世界遺産の建物の設計者」という建築家の面は、あまり知られていないかもしれません。ジェファソンもワシントンと同じヴァージニア州の生まれですが、そのヴァージニア州のほぼ中央に位置するシャーロッツヴィルという町に、ジェファソンの設計した邸宅である、「モンティチェロ」があります。ジェファソンが手がけたこの建物は、近代の技術を用いて古代のギリシアやローマの様式に似せた建物を建てるという「新古典様式」の代表的な建物で、ジェファソンが創設したヴァージニア大学とあわせ、「シャーロッツヴィルのモンティチェロとヴァージニア大学」として世界遺産に登録されています。アメリカの5セント硬貨の表にはジェファソンが、裏にはモンティチェロが描かれているので、いつの間にか目にしている人もいるかもしれません。

アメリカという国をデザインした構築力

　ジェファソンは建築に限らず、政治の面でも自らの構想を形にする「構築力」のある人物のようです。ジェファソンの歴史上の最大の業績は「アメリカ独立宣言」の起草でしょう。**建築のデザインのみならず、アメリカという国をデザインする中心メンバーとなり、その理念はアメリカのみならず、のちの市民革命に影響を与える理念となります。**

　ヴァージニアの大農園主の子として生まれたジェファソンは弁護士となったのちに議員となり、大陸会議の代表となってアメリカの独立宣言の起草にあたりました。弁護士の経験があり、法にあかるいジェファソンは、その独立宣言の中に、近代の自然法の思想や社会契約説の考えを取り入れ、「正統な権力は統治される者の同意に由来するもので、この同意を破るような政府に人々はそれを廃して新たな政府を組織する権利を持つ」という条文を盛り込みました。**すなわち、「革命を起こす権利を人民に与える」ことを意味する「革命権」を明示したのです。**

　また、ジェファソンは独立戦争中にヴァージニア州の知事になりますが、戦争の最中にもかかわらず、植民地時代の制度の廃止や宗教の自由を認める法律の制定、公立学校や公立図書館の建設など、「一歩先を読んだ」改革を行い、その構築力を発揮しています。独立戦争後は公使としてフランスに赴任し、フランス革命の勃発を目撃しています。

フランスから広大な土地を手に入れる

　ジェファソンは、第3代大統領に就任した後、新たな首都、ワシントン市に遷都し、ナポレオンが売りに出していたミシシッピ川より西のルイジアナをフランスから購入します。現在のアメリカ合衆国の5分の1にあたるこの広大な地域を手に入れたことにより、アメリカの領土は倍増し、そこに農民たちを入植させることによってアメリカの生産力を飛躍的に高めました。ジェファソンの構築力は大統領就任後も冴えを見せたのです。

第1章 ヨーロッパ（古代〜中世）

第2章 中東（古代〜オスマン帝国）

第3章 インド（古代〜ムガル帝国）

第4章 中国（古代〜清王朝）

第5章 一体化する世界の時代

第6章 革命の時代

第7章 帝国主義と世界大戦の時代

第8章 近代の中東・インド

第9章 近代の中国

第10章 現代の世界

ルイ16世

1754年〜1793年

民衆の前で断頭台の露と消えた
フランス国王

ヴェルサイユ（フランス）出身。旧体制下最後の国王。重農主義者のテュルゴー、銀行家のネッケルを登用し、財政再建を試みたが、長期化した英仏植民地戦争、アメリカ独立戦争への支援により、一層緊迫し、フランス革命が勃発。国民公会でジャコバン派（山岳派）らにより、処刑執行が可決され、革命広場にてギロチンで処刑された。

無能のレッテルを貼られた王の意外な"素顔"

「この立場に生まれなければ、幸せな人生だっただろうな」と、私が思える人が何人かいます。その代表的な人物が、**ルイ16世**です。錠前づくりが趣味といいますから、手先は器用なのでしょう。現代でいえば、プラモデルづくりが趣味のようなもので、時計職人の家にでも生まれていれば、さぞかし幸せな人生だったのではないかと思います。

　妻は浪費家で、勝気な人物でしたが、何より美人です。夫婦仲については、当初は良くありませんでしたが、ルイ16世自身はひとりも側室を置かず、妻とうまくやっていこうとする良い夫でした。そして、「子はかすがい」で、子どもが生まれた後は奥さんも次第に家族思いになりました。

　つまり、ルイ16世は、フランスの、それもブルボン朝の末期で財政難のピークであったフランスの王に生まれてきたのが悲劇だったのです。ふつうの市民に生まれれば、温和でお人好しで、奥さんが美人な、腕のいい職

人さんで生涯をまっとうでき、間違いなく幸せな人生だったでしょう。

⚔ やることなすことすべてが裏目に

しかし、現実はフランス王に生まれてしまったルイ16世を苦しめます。最も困難であったのはフランスの財政難です。**先々代のルイ14世がヴェルサイユ宮殿をつくり、スペイン継承戦争を起こし、先代のルイ15世は七年戦争に介入し、ルイ16世自身はアメリカ独立戦争に介入します。**これらの費用により国庫は底をつき、財政再建に乗り出さざるを得ませんでした。

ルイ16世は**テュルゴー**、**ネッケル**といった人物を相次いで財務長官に任命し、特権身分への課税を図りますが、貴族たちの反対を受けるとその2人を任からおろすなど、「優柔不断」ぶりを発揮し始めます。ルイ13世以降停止されていた三部会を招集すると、身分間の対立がますます激しくなってしまいます。

ここからはやることなすことすべてが裏目になってしまいます。三部会から離脱した平民たちの勢いが増してくると弾圧を行いますが、人々はそれに反発して革命の勃発を招きます。勢いづいた平民たちがパリから20kmほど離れた政務の中心であったヴェルサイユに押しかけ、ルイ16世にパリへの移動を要求するとあっさり受け入れ、しばらくは革命への協力姿勢を見せますが、その後国を捨てて国外逃亡を図ってバレてしまい、パリへ連れ戻されてしまいます。

そんなルイ16世の苦境を見て、妻の実家のオーストリアがフランスに出兵すると、パリの民衆はルイ16世を捕らえ、幽閉してしまいます。その後、共和政を宣言した**国民公会**によって「市民カペー」と一般人としての名でおとしめられて裁判にかけられ、ギロチンで処刑されてしまいました。

このように、ルイ16世の生涯はなかなか厳しいものでした。近年、刑罰の人道主義化や拷問の禁止、プロテスタントに対する寛容令の発布など、ルイ16世の革命前の政策が再評価されつつあります。しかしながらやはりルイ16世は、「心優しい、王に向かない人」ではあったようです。

第1章 ヨーロッパ（古代〜中世）

第2章 中東（古代〜オスマン帝国）

第3章 インド（古代〜ムガル帝国）

第4章 中国（古代〜清王朝）

第5章 一体化する世界の時代

第6章 革命の時代

第7章 帝国主義と世界大戦の時代

第8章 近代の中東・インド

第9章 近代の中国

第10章 現代の世界

マリ＝アントワネット

1755年〜1793年

**フランス王家に嫁ぎ、
断頭台に散った波乱の人生**

ウィーン（オーストリア）出身。ルイ16世の王妃。マリア＝テレジアの娘で、ヴェルサイユ宮殿に嫁ぎ奢侈な生活を送ったが、フランス革命のさなか、ルイ16世に続き、ロベスピエールらによりギロチンで処刑された。

フランス国民に嫌われた「オーストリア女」

　オーストリアのマリア＝テレジアの末の娘、**マリ＝アントワネット**が政略結婚でフランス王ルイ16世に嫁いだのは14歳のときでした。結婚後のマリ＝アントワネットは軽率でぜいたくにふけり、民衆をさげすみ、フランス王である夫に対して常に上から目線で、国民の不人気を一身に受けて「オーストリア女」と呼ばれて嫌われた、と言われますが、出身地を悪口にされる、というのはいたたまれないことでしょう。九州生まれの私も「九州男児」が悪口になったら、いたたまれないことだと思います。

　しかしこの、「オーストリア女」の悪口には理由があるのです。フランスとオーストリアが同盟国となったのはマリ＝アントワネットが生まれた年、すなわち嫁いできたわずか14年前のことです。**じつは、フランスにとってオーストリアのハプスブルク家は、ヴァロア朝やブルボン朝の時代を通して、300年以上の長きにわたって戦い続けてきた「宿敵」だったのです。**フランスには先祖代々、オーストリアと戦ってきたような人も多かったことだろうと思います。14年前に同盟国になったとはいえ、フランスの人々にはまだまだ、オーストリアに対するわだかまりが残っていたのです。

　そうした中、オーストリアから嫁いできた王妃が浪費し、上から目線で政治に口を出し、オーストリア領に逃亡したりオーストリア軍を引き入れようとしたりしたわけです。国民の反感を買ったのもわかります。

ロベスピエール

1758年～1794年

恐怖政治を展開した
フランス革命の中心人物

アラス（フランス）出身。急進的共和派で、穏健共和派のジロンド派を追放し、独裁者となり恐怖政治を開始。封建制の全廃などの諸改革を行ったが、テルミドールのクーデターにより失脚、処刑された。

第1章（古代～中世）ヨーロッパ

第2章（古代～オスマン帝国）中東

第3章（古代～ムガル帝国）インド

第4章（古代～清王朝）中国

第5章 一体化する世界の時代

第6章 革命の時代

第7章 帝国主義と世界大戦の時代

第8章 近代の中東・インド

第9章 近代の中国

第10章 現代の世界

⚔ 革命にフル活用されたギロチン

　東京、駿河台に明治大学博物館があります。この博物館の目玉は「刑事部門」の展示です。メインの展示は日本の刑罰関連の法令や文書、江戸時代の刑罰具や捕り物の道具などですが、ここに、ギロチンが展示されています。明治大学のものは2分の1サイズの複製品ですが、その実際のサイズを推測し、「ここに頭が……」などと考えると、ぞっとしてしまいます。

　ギロチンとはフランスの内科医、ギヨタンの提案によって導入された処刑具です。処刑といえば絞首刑や斬首刑の時代に、受刑者に苦しみを与えずに処刑するという「人道的」な道具として生まれました。ギヨタンという人物の名前から「ギヨチーヌ」となり、「ギロチン」となったようです。

　この、ギロチンを史上最もフル活用した人物は**ロベスピエール**でしょう。ルイ16世一家が逮捕、監禁された「8月10日事件」ののち、国民公会という議会がフランスを動かすようになりますが、ロベスピエールはその主導権を握ってギロチンによる国王の処刑を行いました。

　ロベスピエールは民衆の高い支持を得て、**農奴が主人に払う税の廃止などの徹底的な改革を行いましたが**、その間もロベスピエールは革命の進行を妨げようとした人々を次々に裁判にかけてギロチンで処刑しています。ロベスピエールのこの姿勢は「恐怖政治」と言われますが、そのフランス語である「テルール」は「テロリズム」の語源にもなっています。

ナポレオン

1769年〜1821年

国民の圧倒的な支持により
皇帝の座についた英雄

コルシカ島（フランス）出身。イタリア遠征を指導し、名声を高め、エジプト遠征の最中に弱体化した総裁政府をクーデタで倒し、統領政府を樹立。その後、フランス革命の拡張を理念に、ナポレオン戦争を展開し、皇帝に即位。しかし、反ナポレオン勢力の反撃により次第に衰退し、2度の流刑にあって帝政は崩壊した。

⚔ 砲兵の将校として名をあげ皇帝に登りつめる

　ロベスピエールがフランスの実権を握っていた頃、反革命派とイギリス・スペイン軍に奪われていたフランス南部のトゥーロンの港を革命軍が奪回した戦闘がありました。この戦いで、砲兵の将校として名をあげたのが当時24歳の**ナポレオン＝ボナパルト**でした。ナポレオンは砲撃に適した2つの高地を奪取して、そこから港内の敵艦隊を狙い撃ちにするという、まさに日露戦争の「二〇三高地」のような戦いぶりを見せたのです。

　ロベスピエールが失脚し、処刑されると、ロベスピエールの弟と交流があったナポレオンは監獄に入れられ、解放されたあとも階級を下げられ、しばらく不遇の時期を過ごしました。しかし、王権回復のための暴動が起きると、その鎮圧をなしとげ、ナポレオンは再びフランス軍の司令官に返り咲きます。その後、イタリア方面軍司令官、エジプト遠征軍司令官となり、順調に功績を重ねました。そしてパリに戻り、弱体であった当時の政府を

倒し、**統領政府を樹立してフランスの実権を握ります。そして、ナポレオンは国民投票の圧倒的支持を得て皇帝に即位し、第一帝政を開始するのです。**

⚔ 「負けてニュースになる男」の鮮やかな勝ちっぷり

　世界史の教科書を見ると、ナポレオンは対外戦争に勝利し、ヨーロッパのほとんどを支配下・勢力下においた、ということになっています。教科書には、皇帝となった後のナポレオンの戦いが、「トラファルガーの海戦」「アウステルリッツの戦い」「モスクワ遠征」「ライプチヒの戦い」「ワーテルローの戦い」と並んでいますが、このうち、勝利したのは「アウステルリッツの戦い」だけです。

　教科書にナポレオンが「勝った」戦いがひとつだけで、他は負けた戦いばかり載せてあるのは、「1勝4敗」という意味ではなく、勝利したアウステルリッツの戦いを「別格」として、その他はナポレオンが負けて、歴史の転換点になったからこそ教科書に載っているのです。「勝ってニュースになること」より「負けてニュースになること」が真の強者である、とよく言われますが、まさにナポレオンこそがその人物なのです。

　ナポレオンの「勝ち試合」で唯一、教科書に載っているアウステルリッツの戦いは、教科書に載せられるだけの価値がある最も華々しい戦いでした。ナポレオンがオーストリアの皇帝、ロシアの皇帝をまとめて破り、大陸ヨーロッパの覇権を握ったという歴史的にも重要な戦いです。

　若いときのナポレオンは高地を奪取したことで勝利しますが、アウステルリッツの戦いでのナポレオンは高地をわざと敵に譲り、自分の陣形を敵に見せました。わざと手うすにした右翼を見せるようにして、それをおとりにして敵に襲わせ、敵の左翼が高地を下り、敵の左右の軍が分かれ始めたタイミングで、士気の高い中央軍が中央を突き、敵の左翼がもともと陣取っていた高地を奪取し、敵の軍団を左右に分断したのです。地形をうまく使い、敵を術中にはめたナポレオンの完勝となったのです。

第1章 ヨーロッパ（古代～中世）
第2章 中東（古代～オスマン帝国）
第3章 インド（古代～ムガル帝国）
第4章 中国（古代～清王朝）
第5章 一体化する世界の時代
第6章 革命の時代
第7章 帝国主義と世界大戦の時代
第8章 近代の中東・インド
第9章 近代の中国
第10章 現代の世界

アレクサンドル1世

1777年～1825年

ナポレオンの野望を阻んだ
ロシアの皇帝

ペテルブルク（ロシア）出身。ツァーリズムを維持。フランスのナポレオンに対抗し、アウステルリッツの戦い（三帝会戦）で大敗するも、その後は、ナポレオンの大陸封鎖令を無視し、ロシア遠征軍を撃退。ナポレオン失脚後は、ウィーン会議で神聖同盟の盟主としてウィーン体制を主導し、ポーランド立憲王国初代国王も兼任した。

⚔ ナポレオンを破った「最高殊勲選手」

　アウステルリッツの戦いにおけるナポレオンの勝利についてお話ししたので、こちらではナポレオンの敗北についてお話ししようと思います。ナポレオンが没落に向かう決定的な敗北を喫したのが「**モスクワ遠征**」です。

　私の手元にある世界史の資料集には、ナポレオンの戦力消耗についてのグラフが掲載されています。これによると、ナポレオンはモスクワ遠征に61万人の大軍団を率いて出発しましたが、フランスに帰国したときにはわずかに5000人になった、とあります。もちろん、その全員が戦死したわけではなく、兵の把握ができないまでに散り散りになったということでしょうが、それにしてもこのモスクワ遠征は大失敗に終わったのです。

　このモスクワ遠征でナポレオン軍を引き受け、再起不能にまで追いやったのがナポレオン戦争の「最高殊勲選手」であるロシア皇帝、**アレクサンドル1世**です。

第1章 ヨーロッパ（古代〜中世）

第2章 中東（古代〜オスマン帝国）

第3章 インド（古代〜ムガル帝国）

第4章 中国（古代〜清王朝）

第5章 一体化する世界の時代

第6章 革命の時代

第7章 帝国主義と世界大戦の時代

第8章 近代の中東・インド

第9章 近代の中国

第10章 現代の世界

⚔ ナポレオンを跳ね返した焦土作戦と冬将軍

　アレクサンドル1世が戦場で初めてナポレオンと相まみえたのは即位から4年後のことでした。オーストリアを圧迫するナポレオンに対してアレクサンドル1世が救援を差し向けたところ、**アウステルリッツの戦い**で大敗北を喫したのです。アレクサンドル1世自身も捕虜になりそうになり、多くのロシア兵を失っています。**アレクサンドル1世はナポレオンのイギリスに対する「大陸封鎖」に参加することを誓わされ、穀物の輸出で利益を得ていたロシアは大きく苦しめられました。**

　次第に悪化するロシア経済に業を煮やしたアレクサンドル1世はフランスの「大陸封鎖令」を破り、イギリスとの輸出入を再開し、フランスからの輸入品に高い関税をかけることに踏み切ります。これは、ナポレオンの大軍をロシアが引き受ける、ということを意味します。

　アレクサンドル1世率いるロシアの戦いは「焦土作戦」と言われます。侵攻するナポレオン軍に対し、撤退に撤退を重ね、モスクワ市街までナポレオン軍を誘導します。モスクワの住民はすでに退避させており、ナポレオンを空っぽの市街に入れたのです。その夜、モスクワに大火事が起こり、市街地のほとんどが燃え、ナポレオン軍は「焼き打ち」されたのです（火災の原因はわかっていませんが、ロシアが意図的に火をつけたとされます）。ナポレオン軍は空っぽのモスクワで食糧の調達もできず、撤退を余儀なくされます。さらにロシアに冬がやってきます。撤退中のナポレオン軍に、寒さに慣れたロシア兵が襲いかかり、壊滅的な打撃を与えたのです。

　占領地の利用価値をあらかじめなくして国土を明け渡すという、捨て身の「焦土作戦」が、ナポレオンを再起不能にさせました。この戦いが「先例」となり、夏場は侵攻に耐え、冬場は厳しい寒さの力を借りて一気に反撃するという作戦が、その後のロシアやソ連の戦略のベースになるのです。**戦後のロシアにはウィーン会議により、最高殊勲選手に報いるためポーランド、モルドバ、フィンランドが与えられました。**

255

メッテルニヒ

1773年～1859年

「踊る」ウィーン会議の議長と
なったオーストリアの外交官

コブレンツ（ドイツ）出身。オーストリア外相としてウィーン会議を主宰。フランス革命とナポレオン失脚後、ウィーン体制を主導。しかし、各地で自由主義・ナショナリズムが高揚すると三月革命で失脚した。

143か国の利害を調整した外交のスペシャリスト

　ナポレオン戦争後の「ウィーン会議」は長期にわたって利害の調整がつかず、「会議は踊る、されど進まず」という風刺をされたことで有名です。

　それもそのはず。フランス、プロイセン、オーストリア、ロシア、イギリスと名だたる大国をはじめとする143もの国々の利害を調整したわけですから、調整が難航するのも無理はありません。こうした国際会議をまとめる議長には卓越した外交能力が要求されます。

　この、ウィーン会議の議長を務めたのが、オーストリアの**メッテルニヒ**です。若いころのメッテルニヒはストラスブール大学に学びました。この大学がある**ストラスブールという町は、ドイツとフランスの奪い合いの歴史を持つ、アルザス地方の中心です。**複雑な歴史を持つ地で外交学を学んだことが、メッテルニヒのキャリアの第一歩というわけです。

　長じてメッテルニヒはナポレオン時代の、オーストリアの駐フランス大使になりました。マリ＝アントワネットのところでもお話ししたように、フランスには根強い反オーストリア感情がありました。その上、ナポレオンの絶頂期の駐フランス大使ですので、反オーストリア感情の中で、表面上はナポレオンに従いながらも、裏ではオーストリアの利益のために働かなくてはなりません。この難しいポストをこなした、ということも、メッテルニヒの外交力を大きく鍛えたのでしょう。

ルイ＝フィリップ

1773年〜1850年

七月革命で王になり二月革命で王をおろされ亡命したフランス王

パリの出身。自由主義者に接近し、ナポレオン失脚後の七月革命で立憲君主として即位。共和運動に対しては弾圧し、極端な制限選挙で国内の貧富格差は拡大して反発が強まり、二月革命で失脚。

第1章 ヨーロッパ（古代〜中世）
第2章 中東（古代・オスマン帝国）
第3章 インド（古代〜ムガル帝国）
第4章 中国（古代〜清王朝）
第5章 一体化する世界の時代
第6章 革命の時代
第7章 帝国主義と世界大戦の時代
第8章 近代の中東・インド
第9章 近代の中国
第10章 現代の世界

映画「レ・ミゼラブル」の背景となった時代

　ウィーン会議によって、時計の針は「逆回し」になり、フランスにはブルボン朝の王政が戻ってきますが、自由と権利を求める民衆は革命を起こし、再びブルボン朝を打倒します。これが「**七月革命**」です。

　この七月革命の結果、人々が迎えた王が**ルイ＝フィリップ**という人物です。**王を倒して王を迎える、というのも変な話ですが、フランス革命を経験している民衆にとっては、共和政というのも、それはそれでうまくいかない面もあることを知っていました。そこで、「自由主義に理解ある王」としてルイ＝フィリップが王に迎えられ**「七月王政」が始まったのです。

　しかし、この王は「株屋の王」と言われたように、資本家の利害ばかりを考えるようになり、民衆の暮らしは良くなりませんでした。

　2012年公開のミュージカル映画「レ・ミゼラブル」の舞台は「七月王政」時代のフランスです。この映画の中に大きな象の像のシーンから始まる、少年ガブローシュを中心としたシーンがありますが、ガブローシュは貧民街の民衆をバックに、かつて革命が起きて民衆は王を倒したが、新しい王もひどい王だ、という趣旨の歌を歌うシーンがあります。その「ひどい王」がルイ＝フィリップというわけです。

　「レ・ミゼラブル」で描かれる民衆たちの暴動は鎮圧されますが、のちに**二月革命**が起きてルイ＝フィリップは亡命し、その王政は終わります。

ヴィクトリア

1819年～1901年

64年の長きにわたって大英帝国に君臨した「ヨーロッパの祖母」

ロンドンの出身。「ヴィクトリア朝」「パクス＝ブリタニカ」と呼ばれる空前の大英帝国繁栄を現出し、初代インド皇帝も兼任。二大政党制の完成により、議会政治は大きく発展。強大な海軍力によって、全世界各地に植民地を獲得。また、子女らはヨーロッパ各国の王室と結び、「ヨーロッパの祖母」とも呼ばれた。

⚔ 今も16か国の国王を兼任するイギリス王

　授業中、生徒に「現在のオーストラリアの国王は誰ですか」と質問すると、多くの生徒が「オーストラリアに王様っていたっけ？」という顔になります。正解はイギリスの女王、エリザベス2世です。では、ニュージーランド国王は？といえば、それも、エリザベス2世です。それだけではありません。カナダも、ジャマイカも、パプアニューギニアも国王はエリザベス2世で、合わせて16か国の国王を兼任しています。オリンピックのときなどは、国王としてどの国を応援するのだろうか、と考えてしまいます。

　このように、多くの国がイギリス王を国王としているのは、イギリスの植民地帝国の名残といえるでしょう。イギリス王を「国王」としていない国々でも、マレーシアやインド、パキスタン、南アフリカやナイジェリアなど、もとのイギリス領であった植民地の多くは、現在も「イギリス連邦」と言われる組織の一員です。このイギリス連邦は、独立国同士のごくゆる

いつながりではありますが2年に一度、代表が顔を合わせて会談をするということになっています。これらの国が共同して具体的に何かをやろう、というわけではないのですが、54か国という、世界の約4分の1の国の代表が2年ごとに顔を合わせるということに興味深さをおぼえます。

⚔ 大英帝国のシンボルとなったヴィクトリア女王

イギリスの植民地帝国が大幅に拡大したのが**ヴィクトリア女王**時代です。「君臨すれども統治せず」の原則のもと、ヴィクトリアの時代は近代君主制の模範とされ、その在位期間でイギリスの海外領土はおよそ10倍に拡大しました。**その在位の前半は「世界の工場」としての自由貿易体制が確立し、その後半は自由党、保守党の二大政党が交互に政権を担当する議会政治のもと、帝国主義的政策が展開されました。**多くの植民地を持つ「大英帝国」のシンボルがヴィクトリアだったのです。

⚔ 功罪の二面性を持つヴィクトリアの支配

昔の植民地の国々同士は、かつてのイギリスの支配についてはわだかまりが残るものの、英語という共通の言語を持っており、ある意味の「仲間意識」を持っています。世界共通語の性格を持つ「言葉」自体が「インフラ」になっていることが、旧植民地の国々にとって大きなアドバンテージになっているためです。当時のイギリスとしては先住民に教育を与えて「文明化」し、飢餓や部族間の対立から救うという理念もありました。ヴィクトリア女王の存在はこうした植民地を束ねるシンボルとなっており、その人気は植民地の人々からも高く、反乱が起きても反乱軍はヴィクトリア女王には敬意を払ったといいます。

しかし、イギリスは**アヘン戦争**、**インド大反乱**、アフガニスタン戦争、マフディーの乱、**南アフリカ戦争**と、強引な植民地戦争を各所でしかけ、高圧的な支配を行ったことも事実です。どうしてもイギリスの歴史を教えるときはその強引な政策と植民地支配を批判的に扱わざるを得ません。

第1章 ヨーロッパ（古代〜中世）

第2章 中東（古代〜オスマン帝国）

第3章 インド（古代〜ムガル帝国）

第4章 中国（古代〜清王朝）

第5章 一体化する世界の時代

第6章 革命の時代

第7章 帝国主義と世界大戦の時代

第8章 近代の中東・インド

第9章 近代の中国

第10章 現代の世界

ナポレオン3世

1808年～1873年

伯父ボナパルトの栄光を
引き継いだ第二帝政の皇帝

パリの出身。ナポレオン＝ボナパルトの甥。七月王政・二月革命後の共和政政権下で大統領に就任すると、クーデタを起こし、実権を握った。その後、国民投票を経て、皇帝に即位。自由貿易政策を採用し、フランスの産業革命を完成。また、積極的な対外政策を行い、植民地の拡大にも努めたが、普仏戦争で敗れ捕虜となり、退位した。

⚔ フランス革命後の混乱の中で登場

　フランス革命以降の歴史は非常に複雑で、世界史を教える上での「難所」のひとつです。ブルボン朝から第一共和政、ナポレオンの帝政から王政復古、七月王政、第二共和政と、政権の名称が目まぐるしく変わります。政治体制も絶対王政から立憲王政、急進的な共和政から穏健な共和政、帝政と変化し、自由主義的な改革が行われたり、社会主義寄りの政策が取られたりと、非常に込み入った歴史をたどりました。それとともに、「資本家」「市民」「農民」「労働者」などの社会の様々な階層が、それぞれの利益をめぐって対立をするようになっていました。そのような状況下に登場したのがルイ＝ナポレオン、すなわち**ナポレオン3世**です。

　ナポレオン＝ボナパルトを伯父に持つナポレオン3世の前半生は波乱に満ちていました。帝政の復興を目指して反乱を起こすも失敗し、アメリカに追放されたのちにイギリスに亡命します。そして、フランスに戻って再

び反乱を企てますが失敗して終身刑で投獄されます。しかし、脱獄してイギリスに逃れ、二月革命の際にようやくフランスに戻ることができました。

⚔ 「ボナパルティズム」を推進した皇帝

　フランスに戻ったナポレオン３世は議員に当選し、次いで大統領選挙に当選しました。そして、伯父と同じく国民投票により皇帝の位につき**第二帝政**を開始するのです。ナポレオン３世の政治は「ボナパルティズム」と言われます。**ナポレオン＝ボナパルト崇拝を後ろ盾にして、皇帝に強い権力を集中させ独裁を行いました。**フランス革命の成果である民衆の自由や権利を保護し（議会や普通選挙も存続させていますが、法案提出権はナポレオン３世が持ち、議会は審議権だけを持ちます）各勢力の利害を調停する姿勢を見せることで支持を獲得します。「国民みんなが支持する独裁者ならば、みんなが納得するだろう」という考えです。

　国民の各層が対立をしている中で、「みんなが納得」という政策には無理があり、どうしても国民に不満が残ります。**ナポレオン３世はこの不満を「経済的繁栄」「外交上の栄光」という２つの政策でそらしていくのです。**まず、大型の公共事業を起こして経済を活性化させます。中でも大きな公共事業は「パリ大改造」です。「光の都パリ」を夢見たナポレオン３世は道幅を拡大し、近代的な集合住宅を建て、美しい並木を整備し、上下水道をととのえます。このような「目に見える成果」は国民の支持を得ることに役立ちました。また、パリの万国博覧会もこの時期に開催されています。**「外交上の栄光」では、クリミア戦争、アロー戦争、インドシナ出兵、イタリア統一戦争と勝利を重ね、アジアやアフリカの植民地を広げるという「目に見える成果」を国民に示していきます。**しかし、成果を求めるあまりに**メキシコ出兵**に失敗したことから、急速に人気が衰え、焦ったナポレオン３世はビスマルクの挑発にのせられて**プロイセン＝フランス戦争**を戦い、ナポレオン３世自身が捕虜になるほどの大敗北を喫しました。「ナポレオン伝説」の後継者は、亡命先のイギリスで寂しく亡くなっています。

第1章 ヨーロッパ（古代～中世）

第2章 中東（古代～オスマン帝国）

第3章 インド（古代～ムガル帝国）

第4章 中国（古代～清王朝）

第5章 一体化する世界の時代

第6章 革命の時代

第7章 帝国主義と世界大戦の時代

第8章 近代の中東・インド

第9章 近代の中国

第10章 現代の世界

ビスマルク

1815年～1898年

**卓越した政治と外交の能力で
ドイツをつくり上げた「鉄血宰相」**

シェーンハウゼン（ドイツ）出身。プロイセンの
首相としてドイツ帝国の統一を実現。鉄血宰相と
言われた。軍備を拡大し普墺戦争・普仏戦争に勝
利し、ドイツ帝国統一を完成。工業化を急ぐ一方、
社会福祉政策も施行。また、「ビスマルク体制」を
主導し、ドイツの国際的地位を高めた。皇帝ヴィ
ルヘルム2世と対立し、罷免された。

⚔ ドイツを統一した「攻め」のビスマルク

　プロイセンの首相、そして統一後のドイツ帝国の首相となったビスマル
クの「首相人生」の前半は「攻め」、後半は「守り」ということができます。

　ユンカー（領主貴族）の家に生まれた**ビスマルク**は政治家としてのキャ
リアを重ね、47歳でプロイセン王のヴィルヘルム1世に任命され、プロイ
センの首相となりました。当時のドイツはたくさんの小国家が存在してお
り、先頭に立ってその統一を進めたのがプロイセンでした。**プロイセン時
代のビスマルクはまさに「攻め」のビスマルクです。軍備拡張のための予
算をめぐる議会では、「言論や多数決では今の問題は解決しない、ドイツの
統一は鉄と血によってのみ解決される」と**、議会の反対を押し切って強行
し、軍備を拡大しました。

　この演説から「鉄血宰相」と呼ばれたビスマルクは、まずデンマークに
侵攻し、その戦後処理の中でオーストリアに戦争をしかけます。このプロ

イセン=オーストリア戦争に勝利したことで、ドイツ統一の主導権をプロイセンが握ることになりました。

こうしたドイツ統一の動きを苦々しく思っていたのが、隣国フランスのナポレオン3世でした。ビスマルクはその感情を逆手に取ります。電報を巧妙に編集し、ナポレオン3世がプロイセンのヴィルヘルム1世に無礼をはたらいたという内容にして新聞に公表し、フランスを挑発して戦争に持ち込みました。

このプロイセン=フランス戦争はナポレオン3世を捕虜にする大勝利に終わります。統一を妨げる最大のライバルに勝利したプロイセンはドイツ統一を完成させ、ヴェルサイユ宮殿でドイツ帝国の成立を宣言したのです。

⚔ 統一後は「守り」のビスマルク

ここから、ビスマルクは統一をなしとげたドイツ帝国を「守る」政策を展開します。**フランスからのリベンジを避けるため、ロシア・オーストリアと三帝同盟を結び、さらにオーストリア・イタリアと三国同盟、そしてロシアとの二国間条約も結び、フランスを孤立させます。** そして、突出した強国の出現を防止するために、各国の利害の調停者としてふるまいます。こうした勢力均衡策は「ビスマルク体制」と言われました。

ビスマルクにとって、ドイツ帝国はひとつの「作品」のようなものであり、ドイツ国民も統一ドイツをつくり上げたビスマルクにある種の「信仰」のようなものを持ちました。しかし、皇帝ヴィルヘルム1世が亡くなり、**ヴィルヘルム2世**が即位すると、若い新皇帝からはその「守り」の態度が消極的すぎると見られました。ビスマルクは退任させられ、ヴィルヘルム2世が「攻め」の外交を展開して第一次世界大戦に突入するのです。

引退して5年後、ビスマルクの80歳の誕生日には9500通以上の祝電と約4万5000通の手紙が届いたと言います。祝賀行事には見渡す限りの人があふれたそうですが、皇帝をしのぐ人気を見たヴィルヘルム2世は複雑な心境だったに違いありません。

第1章 ヨーロッパ（古代～中世）

第2章 中東（古代～オスマン帝国）

第3章 インド（古代～ムガル帝国）

第4章 中国（古代～清王朝）

第5章 一体化する世界の時代

第6章 革命の時代

第7章 帝国主義と世界大戦の時代

第8章 近代の中東・インド

第9章 近代の中国

第10章 現代の世界

ヴィットーリオ＝エマヌエーレ2世

1820年～1878年

オーストリアと戦い
イタリアを統一した初代国王

トリノ（イタリア）出身。ウィーン体制後も分裂していたイタリアで、カブールを首相に登用し、千人隊のガリバルディが征服した両シチリア王国の献上を受け、イタリア王国統一を達成。

⚔ 小国家ひしめくイタリアの統一を達成

イタリアの作曲家に『椿姫』や『アイーダ』などの代表作を持つ、ジュゼッペ・ヴェルディという人物がいます。この作曲家が書いた曲の中で、とりわけイタリア国民に親しまれている曲が「イタリア第二の国歌」と言われる、オペラ『ナブッコ』の中の「行け、わが想いよ、黄金の翼に乗って」という曲です。この曲は、旧約聖書の「バビロン捕囚」を題材に、捕らわれの身となっているヘブライ人たちが祖国を想って歌う場面の曲です。

この曲の「祖国を想う」というところが、オーストリアに支配されている地域のイタリア人の気持ちとマッチし、オーストリアからの解放とイタリア統一の「旗印」のような存在になります。

この曲と同じように、イタリア統一の「旗印」になったのがサルデーニャ王国の国王、**ヴィットーリオ＝エマヌエーレ2世**です。**ヴィットーリオ＝エマヌエーレ2世は、小国家がひしめき分裂状態にあったイタリアの統一を成し遂げ、オーストリアからイタリア北部を奪回し、初代イタリア国王になった人物です。**即位の7年前に作曲されたヴェルディの曲はまるでヴィットーリオ＝エマヌエーレ2世の「テーマソング」になったのです。

イタリアでは毎日のようにどこかのオペラ座でヴェルディのオペラを観ることができるように、イタリアの街を歩けば、通りの名や記念碑など、至る所でヴィットーリオ＝エマヌエーレ2世の名を見ることができます。

ガリバルディ

1807年～1882年

「赤シャツ隊」を組織し
イタリア統一に協力した国民的英雄

ニース（フランス）出身。イタリア統一運動の指導者。「青年イタリア」に影響を受け、のちにオーストリアとのイタリア統一戦争を指揮したが、サルデーニャ王国がフランスと密約すると、失望して離反。千人隊を率いて、両シチリア王国を統一しこれらの征服地をサルデーニャ王国に献上し、イタリア王国の統一に貢献した。

第1章（古代～中世）ヨーロッパ

第2章（古代～オスマン帝国）中東

第3章（古代～ムガル帝国）インド

第4章（古代～清王朝）中国

第5章 一体化する世界の時代

第6章 革命の時代

第7章 帝国主義と世界大戦の時代

第8章 近代の中東・インド

第9章 近代の中国

第10章 現代の世界

⚔ 南米にあった「赤シャツ隊」のルーツ

ヴィットーリオ＝エマヌエーレ2世がイタリア統一の主役ならば、もうひとり、主役級の人物がいます。それが、**ガリバルディ**です。

イタリア統一の理想に燃えるガリバルディは26歳でイタリア統一を掲げる結社である「**青年イタリア**」に入り、蜂起を企てますが、失敗に終わります。死刑宣告を受けたガリバルディは、フランスのマルセイユに逃れ、南アメリカ行きの船に乗り込むのです。

ガリバルディはこの南アメリカでもうひとつの「英雄伝説」をつくっています。ブラジルでは奴隷解放の理想を掲げてリオグランデ・スルという地域の独立運動にかかわったり、ウルグアイでは独裁者に抵抗し、モンテビデオの町を守ったりしています。その中でガリバルディは寄せ集めのイタリア人部隊を組織しゲリラ戦術を身につけるのです。ガリバルディはイタリア人部隊の制服として、安く売られていた売れ残りの赤シャツを買い

取って着せたため、その部隊は「赤シャツ隊」と言われるようになりました。それが、ガリバルディ部隊のトレードマークになったのです。

⚔ 両シチリア王国を国王に献上

　イタリアに舞い戻ったガリバルディは再びイタリア統一のために戦います。途中、失敗してロンドン、アメリカ、中国に亡命することもありましたが、またイタリアに戻り、ヴィットーリオ＝エマヌエーレ2世の率いるサルデーニャ王国の統一運動に加わっています。

　統一のためとはいえ、ヴィットーリオ＝エマヌエーレ2世がフランスにイタリアの一部を譲ったことに反発したガリバルディは、ヴィットーリオ＝エマヌエーレ2世のもとを離れて「赤シャツ隊」を復活させ、独自にイタリアの統一に動き出すのです。ジェノヴァ近郊の町で声をかけ、約1000人の志願兵を得たガリバルディは、シチリア島に向かいました。そのときにはまだ50人分ほどしか赤シャツの準備ができなかったといいます。

　シチリア島に渡ったガリバルディは兵力を増強しながらイタリア半島へ進撃し、**ついにはナポリを占領してかつてのシチリア王国、ナポリ王国と言われた「両シチリア王国」を征服したのです。**

　北からはヴィットーリオ＝エマヌエーレ2世のサルデーニャ軍が南下し、南からはガリバルディの「赤シャツ隊」が北上しています。両軍はついに相まみえることになりました。一度はともに戦ったものの、けんか別れをした格好になっている両者なので、緊張感が漂いました。もしかすると、イタリアの南北を真っ二つに割る「関ケ原」になるかもしれません。

　しかし、ヴィットーリオ＝エマヌエーレ2世にガリバルディは叫んだのです。「イタリア王がここにおられるのだ！」と。**占領したイタリア南部を譲り、ガリバルディは身を引いたのです。ガリバルディにとって、最も大切なのは自身の天下ではなく、イタリアの統一だったのです。**南アメリカとイタリアで活躍した「2つの大陸の英雄」ガリバルディは晩年、勲章や名誉も断り、地中海のとある島で隠居生活を送ったといいます。

ニコライ1世

1796年〜1855年

**南下政策を推進しクリミア戦争に
惨敗したロシアの皇帝**

ペテルブルク（ロシア）出身。国内ではツァーリズムを強化。1848年革命に乗じたポーランド蜂起を鎮圧し、「ヨーロッパの憲兵」と言われた。以降、南下政策を推進し、クリミア戦争を引き起こした。

第1章 （古代〜中世）ヨーロッパ

第2章 中東 （古代〜オスマン帝国）

第3章 インド （古代〜ムガル帝国）

第4章 中国 （古代〜清王朝）

第5章 世界の時代 一体化する

第6章 革命の時代

第7章 帝国主義と世界大戦の時代

第8章 近代の中東・インド

第9章 近代の中国

第10章 現代の世界

誤算と苦しみに満ちた在位

ニコライ1世にとって、その30年間の皇帝の在位は苦しみと誤算に満ちたものでした。そもそも、皇帝に即位したときも、兄のアレクサンドル1世が急死し、次兄のコンスタンチンが帝位を放棄したため、自分に皇帝の座が回ってきたのです。若かりし頃、皇帝にはなりたくないと泣いたと言われるニコライ1世にとって、それは最初の誤算となったでしょう。

また、その即位の数時間前に反体制派の青年将校が「**デカブリストの乱**」という反乱を起こしたことも皇帝の船出として不運と言うしかありません。この反乱は鎮圧したものの、**フランス革命を経験していた世界は自由や権利、独立を求める声で満ちあふれていたのです。**皇帝の独裁を維持するために、「ヨーロッパの憲兵」と言われたニコライ1世は秘密警察を新設し、民衆の弾圧と独立運動の鎮圧に終始することになるのです。

また、対外政策も誤算が続きました。フランスの七月革命に影響を受けたポーランドの反乱に手を焼きますし、「帝政の仲間」であるオーストリアでハンガリーの反乱が起きると、その鎮圧に手を貸して苦戦することになります。そして、オスマン帝国に圧力をかけたことから勃発したクリミア戦争では、イギリスとフランスの「ヨーロッパ最強タッグ」と対戦することになり、大敗を喫します。最後は風邪をひきながら、凍てつく寒さの中で軍事パレードに臨み、肺炎になって亡くなったということです。

アレクサンドル2世

1818年～1881年

農奴解放令を発し

ロシアの遅れを取り戻そうとした皇帝

モスクワ出身。クリミア戦争中に死去したニコライ1世に代わり即位。クリミア戦争に敗北後、農奴解放令を発布し、ロシアの近代化を促進し、大改革を行った。しかし、不徹底な上からの改革にインテリゲンツィアらがナロードニキ運動で反発した。ナロードニキの流れをくむ一派のテロリズムにより暗殺された。

⚔ 近代化を妨げてきた皇帝たちのジレンマ

　この本ではピョートル1世、エカチェリーナ2世、アレクサンドル1世、ニコライ1世と、ロシアの皇帝たちを紹介してきましたが、彼らも、そして、この**アレクサンドル2世**もおそらく理解していたのだと思います。

　何を理解していたかというと、**ロシアを強くするためには近代化が必要です。しかし、近代化をすると、知識人階級が育ってしまいます。知識人たちは皇帝の独裁に疑問を持ち、自由や権利を口にするようになるに違いありません。**ロシアの皇帝たちは近代化をすすめたいものの、近代化をすすめると皇帝の権力が揺らいでしまうというジレンマがあったのです。

　しかし、父のニコライ1世はクリミア戦争に完敗しています。ロシアには鉄道網が整備されておらず、兵員の補給が追い付かず、兵士2人に1丁しか銃が渡されず、イギリス・フランスに比べるとはるかに旧式でした。また、近代化を支える財政基盤も弱く、敗北は必然だったのです。

⚔ ロシアの後進性を痛感し改革を始める

　アレクサンドル2世は、クリミア戦争の敗北に直面してはじめて「目覚め」、このロシアの後進性にメスを入れることにしたのです。そこでアレクサンドル2世が取り組んだのが農奴の解放でした。農奴は「農民奴隷」ですので、「働かされて働く」という非常にモチベーションの低い存在です。その生産性は低く、農奴たちを軍隊に転用しても健康状態は悪く、士気が低くて使い物にはならなかったのです。

　アレクサンドル2世はここに「**農奴解放令**」を出し、ロシアの近代化に大きな一歩を踏み出したのです。しかし、アレクサンドル2世は「半端な改革者」のパターンでした。**半端な改革者は、それまでの「既得権益」層から見れば自分たちの利益を減らす者として映り、さらなる改革を求める層から見れば、不十分な改革と見られるのです。**

　農奴解放令は、「農民は人格上自由になる」「農地を買い戻せば農民の物となる」「買い戻し金は政府が年利6％で貸し出す」という内容です。**解放されたはずの農奴は自分で土地を買い戻さなければならず、しかもその買い戻すお金は政府に借りろという、まさに悪徳商法のような命令です。**農民たちは結局、ミールという共同体に所属し、借金を返すために働く、ということになるのです。名目上、地主の農奴から国の農奴に変わっただけで、そのことに気づいた農民たちの反乱がひんぱんに起こるようになりました。この動きの中で社会主義運動も起こり始めることになります。

　アレクサンドル2世に対する不満は、度重なる暗殺未遂事件にあらわれます。若い貴族に命を狙われ、かかった医師からは至近距離で発砲され、皇帝専用列車が爆破され、晩さん会に爆弾がしかけられます。そしてついに馬車に爆弾が投げつけられました。無事だったアレクサンドル2世がけが人を助けようと馬車をおりたところ、もう一発の爆弾が足元で炸裂し、アレクサンドル2世は命を落としました。不十分な「改革者」にはやはり批判がつきもので、うまくはいかないものです。

リンカン

1809年〜1865年

**南北戦争に勝利し
アメリカの分裂を防いだ大統領**

ハーディン郡（ケンタッキー州）出身。弁護士を経て政治家となり、共和党の大統領として就任。南部諸州によって結成されたアメリカ連合国との戦争に勝利し、合衆国の分裂を防いだ。その間、ホームステッド法や奴隷解放宣言によって支持を拡大させた。南北戦争後のゲティスバーグの演説では民主主義の理念をうたった。

現在も高い人気を集める大統領

アメリカの世論調査会社、ギャラップ社という会社が行った2007年の世論調査によると、アメリカの歴代大統領のうち、高く評価する大統領のランキングをつくったところ、1位はリンカン、2位はレーガン、3位はケネディになっています。そのほかの調査でもリンカンはほぼ3位以内をキープしています（上位の「常連」はワシントン、セオドア＝ローズヴェルト、フランクリン＝ローズヴェルトなどがいます）。

このランキングが示すとおり、リンカンにはいまだに高い人気が集まっています。リンカンがいなければアメリカは分裂してしまい、間違いなくこんにちのアメリカ合衆国はなかったでしょう。

経済と奴隷制をめぐり南北が対立

リンカンはアメリカのちょうど南北を分ける境界の近く、ケンタッキー

州の貧しい農民の家に生まれました。正規の学校教育は1年ほどしか受けていませんでしたが、独学で弁護士になったあと、州議会議員、下院議員に当選して政治家の道を歩みます。

当時のアメリカはその経済構造から、**「イギリス製品の流入を防ぎたい保護貿易を要求する北部」「イギリスとの貿易を促進したい自由貿易を要求する南部」、「奴隷制に反対する北部」「奴隷制の存続を要求する南部」と、南北で真っ二つに分かれていました。** そこにもうひとつの要素である「西部」が絡んでいきます。アメリカは西部の地域を外国から買収したり、戦争で勝ち取って併合を重ねたりして、急拡大していました。アメリカは新規の領土に新たな州を設置していくのですが、新しく設置された州を北部と南部が、どちらの味方に引き込むかということでモメたのです。

アメリカの大統領選挙は州ごとに「選挙人」を選び、しかも住民投票で勝ったほうが「州全体の意志」としてその選挙人を総取りできるという「総取り方式」です。そのため、南北それぞれが、自分たちに都合のよい大統領を当選させるために、新しい州を自分の味方に引き込みたいのです。この、**新しい州の「勧誘合戦」が南北戦争のひとつの原因になったのです。**

⚔ リンカンによって守られた大国アメリカの姿

南部は北部からの分離を図り、アメリカ連合国を結成すると、ついに南北戦争が勃発しました。リンカンはアメリカの分裂を避けることを戦争の目的とし、西部の農民に対して**ホームステッド法**を発し、開拓地の所有を認めるとともに、南部の奴隷に向けて**奴隷解放宣言**を発して北軍に正義があると国際社会に訴えました。

もし、合衆国からの分離を求める南部が南北戦争に勝利していたら、アメリカは「北部」「南部」「西部」の3つの国に分かれていたかもしれません。そうすると、「ウォール街」「大規模農業とシリコンバレー」「メキシコ湾岸油田」などが別々に存在することになり、工業大国であり、農業大国であり、経済大国である現在のアメリカは存在しなかったことでしょう。

第1章　ヨーロッパ（古代〜中世）

第2章　中東（古代〜オスマン帝国）

第3章　インド（古代〜ムガル帝国）

第4章　中国（古代〜清王朝）

第5章　一体化する世界の時代

第6章　革命の時代

第7章　帝国主義と世界大戦の時代

第8章　近代の中東・インド

第9章　近代の中国

第10章　現代の世界

ジェファソン＝デヴィス

1808年〜1889年
アメリカ合衆国からの離脱を訴え
北部と戦った南部のリーダー

クリスチャン郡（ケンタッキー州）出身。リンカンが大統領に就任し、奴隷制の拡大反対を主張すると、南部諸州のアメリカ連合国の大統領に選出された。南北戦争を指導したが敗北し、反逆罪で投獄された。

「アメリカ連合国」唯一の大統領

　南北戦争において、南部は「**アメリカ連合国**」を結成し、アメリカ合衆国からの離脱を訴えますが、その「アメリカ連合国」の唯一の大統領がこの**ジェファソン＝デヴィス**です。

　ジェファソン＝デヴィスのキャリアのスタートは軍人としてでした。陸軍士官学校を卒業し、7年間の軍務のあと、ミシシッピ州の義勇兵を率いてアメリカ＝メキシコ戦争に従軍しています。その後はミシシッピ州で大農場を経営し、州選出の下院議員、上院議員となり、軍事委員会委員長、そして合衆国の陸軍長官と、軍務畑を歩んでいきます。そして、ミシシッピ州が合衆国から離脱を決めると、合衆国の職を辞職し、南部でアメリカ連合国が結成されると、その初代大統領に就任します。南北戦争の初期は南軍が優勢でしたが、軍務にあかるいジェファソン＝デヴィスが大統領であったことも要因でした。南部の降伏により一時は逮捕・投獄されましたが、のちに赦され、友人の農場で余生を送りました。

　2020年の6月まで、ジェファソン＝デヴィスが議員を務め、南軍の中心となったミシシッピ州の旗には、南軍の旗のデザインが使われていました。奴隷制を存続させようとした南部の象徴を残すことの是非が議論され、変更に至ったのですが、合衆国にとっては「敵」側にあたる旗を現代に至るまで掲げていたというのは、とても興味深いことだと思います。

第7章

帝国主義と
世界大戦の時代

セシル＝ローズ

1853年〜1902年

**イギリスの帝国主義をすすめた
ダイヤモンド王**

ストートフォード（イギリス）出身。南アフリカ
で、ダイヤモンドの採掘・トランスヴァールの金
鉱業で巨富を得て、ケープ植民地首相となり、ロ
ーデシアを建国。本国政府とともに帝国主義政策
を推進した。しかし、トランスヴァール共和国へ
の侵入で失敗し、失脚。その後はジョゼフ＝チェ
ンバレン植民地相が南アフリカ植民地化を継承。

デビアス社の創業者

　ひと昔前、「ダイヤモンドは永遠の輝き」というCMを盛んに流していた、
デビアスという会社があります。現在も、ダイヤモンドの採掘から流通、販
売を行うほか、鉱山開発の副産物としての金属も扱う大企業です。

　現在は、そのシェアをロシアや中国のダイヤモンドに少しずつ奪われて
いますが、一時は世界のダイヤモンド市場のほとんどを握り、ダイヤモン
ドの価格をほぼ一社で決めていたほどの力を持った企業です。現在、多く
の方々の指で光っているダイヤモンドの大半が、このデビアス社が流通さ
せたダイヤモンドだといってもいいぐらいなのです。

　さて、デビアス社の本社はロンドンなのですが、そのホームページを見
ると、象やシマウマなど様々なアフリカの光景がちりばめられています。こ
れは、この会社がアフリカのダイヤモンド鉱山の経営から始まったことを
示します。この会社の創業者が、すなわち**セシル＝ローズ**なのです。

アフリカをまたにかけた植民地政策

　セシル＝ローズを描いた有名な風刺画があります。それは、アフリカの地図の上に乗り、右足は南アフリカを、左足はエジプトを踏んで手を広げている絵です。**セシル＝ローズはケープ植民地首相としてイギリスのアフリカ植民地政策をリードした人物であり**、この風刺画ではイギリスが展開した「**アフリカ縦断政策**」を示しています。セシル＝ローズは「神は世界地図がイギリス領で塗りつぶされることを望んでいる」「私は夜空に浮かぶ惑星をも併合したい」「地球の表面を１インチといえども取らなければならない」と豪語したといいます。

　そんな、セシル＝ローズとアフリカの出会いのきっかけは、意外にも、幼少期に体が弱かった、ということでした。ダイヤモンド王にして剛腕の植民地主義者というセシル＝ローズのイメージとはだいぶ違います。セシル＝ローズの父は体の弱い幼少のセシル＝ローズを、ローズの兄が経営している綿花農園があるアフリカに移住させたのです。南アフリカはイタリアやスペインと同じ温暖な地中海性気候で、療養に適していたのです。

　青年になったローズはダイヤモンドの採掘に成功して富を得ます。自ら採掘するだけではなく、ローズは鉱山を買い取って経営者にもなりますが、このときに設立したのがデビアス社というわけです。

　セシル＝ローズはケープ植民地の首相となり、イギリス本国政策と連動して電信や鉄道に積極的に投資を行いました。この鉄道や電信はデビアス社の経営にも大きな利益をもたらしました。植民地が広がるごとにデビアス社も成長し、設立10年にして世界のダイヤモンドの９割を握るようになりました。**セシル＝ローズは現在のジンバブエにあたる地域を征服し、そこを彼の名前をとった「ローデシア」と名付けました。**

　そして、狙いを現在の南アフリカ共和国の北部にある**トランスヴァール共和国**に定め、私兵を率いて侵入をしました。しかし、これは「勇み足」となり、この攻撃に失敗したことでローズは失脚してしまいます。

第1章 ヨーロッパ（古代〜中世）

第2章 中東（古代〜オスマン帝国）

第3章 インド（古代〜ムガル帝国）

第4章 中国（古代〜清王朝）

第5章 一体化する世界の時代

第6章 革命の時代

第7章 帝国主義と世界大戦の時代

第8章 近代の中東・インド

第9章 近代の中国

第10章 現代の世界

ジョゼフ゠チェンバレン

1836年～1914年

アフリカの帝国主義政策を
すすめたイギリスの植民地大臣

ロンドンの出身。アイルランド問題で自由党から分離し、自由統一党を組織。その後、保守党との連立内閣の植民地首相として帝国主義政策を推進。セシル゠ローズを支援し、南アフリカ戦争を遂行。

消耗戦となった南アフリカ戦争

　セシル゠ローズのトランスヴァール共和国への「無断侵入」は失敗し、ローズは失脚しましたが、**トランスヴァール共和国**には金が、そして隣接する**オレンジ自由国**にはダイヤモンドの魅力がありました。この両国はかつてのオランダの進出先となっており、オランダ系の入植者の子孫であるブール人たちの国となっていました。ローズの意志を引き継ぎ、トランスヴァール共和国とオレンジ自由国の支配を狙ったのがイギリス本国の植民地大臣、**ジョゼフ゠チェンバレン**です。

　イギリスの強大な軍事力を背景に、チェンバレンはトランスヴァール共和国に、イギリスの国民と同じ権利を与える代わりに支配下に入れと強要しますが、トランスヴァール共和国からの返答は、トランスヴァール共和国とオレンジ自由国の両国からイギリス兵を引け、というものでした。ここに、**南アフリカ戦争**（ブール戦争）が勃発したのです。

　開戦後、ブール人たちはケープ植民地に逆侵攻し、ゲリラ戦術を駆使して大いにイギリス軍を苦しめました。イギリスは増援に次ぐ増援を重ね、徹底的な焼き打ちでゲリラをあぶりだす作戦により、なんとか勝利しますが、**国力の消耗は大きいものがありました。この消耗がイギリスの絶対的なものであった地位を低下させ、ロシアの南下を止めるために「光栄ある孤立」政策を転換し、日英同盟を結ぶきっかけとなったのです。**

リヴィングストン

1813年～1873年

南アフリカ奥地を探検し数々の地理的発見をもたらした医療宣教師

ブランタイヤー（イギリス）出身。キリスト教布教のために南アフリカに向かった。アフリカ中南部を探検し、数々の地理的発見をもたらし、奴隷貿易の廃絶も訴えた。アフリカを探検しヴィクトリアの滝などを発見。ナイル川の水源調査中に、飢餓と体調不良に見舞われ、消息をたったところ、スタンリーにより発見された。

第1章 ヨーロッパ（古代～中世）

第2章 中東（古代～オスマン帝国）

第3章 インド（古代～ムガル帝国）

第4章 中国（古代～清王朝）

第5章 一体化する世界の時代

第6章 革命の時代

第7章 帝国主義と世界大戦の時代

第8章 近代の中東・インド

第9章 近代の中国

第10章 現代の世界

 宣教と医療を志し「未知の大陸」に向かう

　セシル＝ローズがケープ植民地に移住する前、19世紀の半ばまでのアフリカはヨーロッパから見れば「未知の大陸」でした。このアフリカ大陸を探検し、様々な報告をもたらした人物がこの**リヴィングストン**です。

　貧しい家に生まれ、10歳のときから紡績工場で働き、1日14時間も働いたといいますが、向学心のあついリヴィングストンは夜間学校に行き、熱心に学んだといいます。成長したリヴィングストンは、大学で医学と神学を学び、「医療宣教師」を志すようになります。

　はじめは中国に行こうとしていたリヴィングストンですが、アヘン戦争により中国行きをあきらめ、ケープ植民地（南アフリカ）を次なる目標にしました。リヴィングストンが南アフリカに派遣されたのは27歳のときでした。到着早々にライオンに襲われ、大けがをしたといいますが、それでも布教や医療に対する情熱は消えませんでした。より奥地の、より多くの

アフリカの人々に布教をするため、布教に適した場所を探しながら「探検」することとなります。地図を片手に、リヴィングストンの探検路をなぞっていただきたいと思います。

🫙 植民地化を加速させた探検

　第1回探検は南アフリカから北上し、カラハリ砂漠を越えてンガミ湖に達します。そこからさらに北上し、ザンベジ川に到達し、ザンベジ川をさかのぼります。そこからコンゴ川流域に入り、さらに西に向かってアフリカ西岸のルアンダに到達しました。ルアンダは古くからヨーロッパ人が入植する都市であり、ここで半年ほど休養したのちにここを折り返して今度は東に向かいます。コンゴ川流域からザンベジ川に達し、こんどはザンベジ川を下っていきます。途中、壮大な滝に出会いますが、この滝をリヴィングストンはヴィクトリアの滝と名付けます。そしてザンベジ川の河口まで下ったのちは少し北上し、アフリカ東岸のケリマネという町に到達します。ここにはイギリスの領事がいるので、リヴィングストンは到達の報告を行い、アフリカ横断を完遂してこの探検は終わりました。

　第2回探検は、ザンベジ川の河口からザンベジ川をさかのぼり、そこから「アフリカ大地溝帯」に沿って北上し、チルワ湖とマラウイ湖を「発見」します。第3回探検は、ナイル川の源流を探す探検でした。マラウイ湖からタンガニーカ湖に向かいますが、西寄りに行程がそれ、コンゴ川流域に出てしまいました。その後も探検を続けたリヴィングストンですが、タンガニーカ湖のほとりで消息が絶えてしまいました。

　リヴィングストンは探検を通して奴隷制の根絶を訴え、現地の人々にも丁寧に接したため、アフリカの人々から敬愛されたといいます。**しかし、皮肉なことに、リヴィングストンの探検によってアフリカの状況がヨーロッパにも知られるようになり、かえって植民地化が加速してしまうもとになりました。**リヴィングストンの探検は敬愛を受けたアフリカの人々にとってあだとなってしまったのです。

スタンリー

1841年〜1904年

リヴィングストンを捜索した
アメリカの新聞記者

デンビー（イギリス）出身。アフリカを探検し行方不明だったリヴィングストンを発見。その後はベルギーのレオポルド２世の要請で、コンゴを探検し、コンゴ自由国設置の端緒となった。

第1章 ヨーロッパ（古代〜中世）

第2章 中東（古代〜オスマン帝国）

第3章 インド（古代〜ムガル帝国）

第4章 中国（古代〜清王朝）

第5章 一体化する世界の時代

第6章 革命の時代

第7章 帝国主義と世界大戦の時代

第8章 近代の中東・インド

第9章 近代の中国

第10章 現代の世界

リヴィングストンとばったり遭遇

　前ページはリヴィングストンの「消息が絶えてしまいました」というところで終わっていますので、こちらで続きをお話しします。アメリカの新聞『ニューヨーク＝ヘラルド』紙の記者として働いていたイギリス人、**スタンリー**はある日、ニューヨーク＝ヘラルドの社長に呼ばれ、「行方不明になったリヴィングストンを捜してくれ」という依頼を受けました。報酬はそれなりに高かったようですが、「アフリカで行方不明になった人を捜せ」、という依頼はずいぶん「むちゃぶり」のような感じがします。「ナイル川の源流を捜していた」というリヴィングストンの情報はスタンリーに入ってきていたでしょうから、「東アフリカのどこか」ということはわかっていたのでしょうが、それにしても雲をつかむような話です。捜索中、同行者も多く亡くなったといいますが、とある日、タンガニーカ湖の湖畔の町、ウジジを訪れたスタンリーの前に突然、リヴィングストンが現れるのです。「リヴィングストンさんでいらっしゃいますか？」というのは、イギリスで思いがけず知り合いと出会ったときの常套句になっていると言いますから、よほどの偶然の出会いだったことでしょう。

　スタンリーは帰国後、『暗黒大陸横断記』を書き、のちにベルギー王の援助でコンゴを探検しました。このことがベルギーの厳しいコンゴ支配のきっかけとなり、後世のスタンリーのマイナスポイントとなっています。

ニコライ2世

1868年〜1918年

ロシア革命で退位に追い込まれた
ロマノフ朝最後の皇帝

ペテルブルク（ロシア）出身。ツァーリズム強化と帝国主義政策（南下政策）を推進。特に極東進出は日露戦争の勃発と「血の日曜日事件」に端を発する第一次ロシア革命、そしてバルカン進出は第一次世界大戦の勃発と第二次ロシア革命の一因となった。ロシア二月革命で退位し、ロマノフ朝が崩壊した。

🔫 第一次ロシア革命を描いたショスタコーヴィチの名作

　ロシアからソ連にかけての作曲家であるショスタコーヴィチは、ソ連政府に自由な創作を制限されながらもたくさんの名作を残したことで知られます。その交響曲の多くには、ロシアやソヴィエト政権にまつわるタイトルが付けられています。交響曲第2番『十月革命にささげる』、交響曲第7番『レニングラード』、交響曲第12番『1917年』、交響曲第13番『バビ・ヤール（ナチス・ドイツがユダヤ人を大量殺害したといわれるウクライナの峡谷の名前）』などのタイトルに、歴史好きは惹きつけられるはずです。

　中でも私のお薦めは交響曲第11番『1905年』です。この曲は「血の日曜日事件」から始まる一連の第一次ロシア革命の様子を曲にしているのです。最後のロシア皇帝となった**ニコライ2世**にとっては、この「1905年」という年こそが大きな転機となった年です。

　交響曲第11番の第2楽章は「1月9日」というサブタイトルが付けられ

第1章　ヨーロッパ（古代〜中世）

第2章　中東（古代〜オスマン帝国）

第3章　インド（古代〜ムガル帝国）

第4章　中国（古代〜清王朝）

第5章　一体化する世界の時代

第6章　革命の時代

第7章　帝国主義と世界大戦の時代

第8章　近代の中東・インド

第9章　近代の中国

第10章　現代の世界

ており、ロシア暦の１月９日に起きた「血の日曜日事件」の１日が音楽であらわされています。この曲の聴きどころは、民衆の請願の行進に対する、皇帝の軍隊の一斉発砲のシーンが打楽器であらわされているところです。小太鼓の音が銃声を模し、その後のパニックをオーケストラで描いています。オーケストラが奏でるものは美しさだけではなく、残酷さやパニックというものもあるのだなと、初めて聴いたときに思ったものです。

民衆の皇帝観が変わった「血の日曜日事件」

この、「血の日曜日事件」は、民衆が皇帝に生活改善をお願いするためのデモを起こしたところ、皇帝はそれを聞き入れるどころか、王宮前の皇帝の親衛隊が武器を持たない民衆に発砲し、大量の死者が出たという事件です。**この事件を境に、「皇帝は恐ろしいけど頼りになる存在」という民衆の皇帝観が、「皇帝は倒すべき国民の敵かもしれない」というように変化していったのです。**

この事件を境に、動乱や反乱が頻発し、第一次ロシア革命と言われる状況が起きました。農民や労働者が「ソヴィエト」という自治組織をつくり、政府によらない独自の政治を目指すようになるのです。この動きはのちに第二次ロシア革命を招き、ニコライ２世は退位に追い込まれるのです。

また、この「血の日曜日事件」は日露戦争の中で起きた事件です。**第一次ロシア革命の混乱により、ロシアの戦争遂行能力が低下したことは、日露戦争が日本の勝利に終わった一因と考えられています。**もし、この事件がなかったら、日本はロシアに反撃されていたかもしれません。

この第一次ロシア革命の12年後、第一次世界大戦中にロシアの二月革命が起きます。ペトログラードの町で起こった食糧を求める暴動が拡大し、革命に発展したのです。皇帝は軍隊に出動を命じ、鎮圧にあたらせますが、こんどの軍隊は「血の日曜日事件」のように、皇帝の軍隊としての発砲はしませんでした。皇帝の独裁を支えてきた軍隊までもが反乱に加わったことを知ったニコライ２世は退位を決意し、ロシア帝国は滅びるのです。

セオドア＝
ローズヴェルト

1858年～1919年

超大国へのステップを
着実に踏んでいったアメリカ大統領

ニューヨークの出身。先代マッキンリー暗殺に伴い、副大統領から昇格。帝国主義政策を推進し、特にカリブ海への積極的な進出は「棍棒外交」と呼ばれた。また、日露戦争やモロッコ事件では講和を調停し、ノーベル平和賞を受賞。一方、内政においては、革新主義をとり、労働者の保護政策を展開。

高い人気を誇る「ラシュモア」の4傑

　アメリカのサウスダコタ州のラシュモア山に、アメリカの有名な大統領の顔が彫られた巨大な彫刻があります。ここにはワシントン、ジェファソン、リンカンと、この項で紹介する**セオドア＝ローズヴェルト**の4人の顔が彫られています。

　この彫刻ができたときには後の評価が高いフランクリン＝ローズヴェルトもケネディも登場していませんから、セオドア＝ローズヴェルトはここまでの大統領の「4傑」ということになります。大統領の人気ランキングで見れば、フランクリン＝ローズヴェルトやケネディを含めても、セオドア＝ローズヴェルトは常に5位以内に入る存在です。

　ワシントン、ジェファソン、リンカンは日本でも超有名人ですが、その3人に並ぶほどの業績の持ち主だと考えられているセオドア＝ローズヴェルトは、日本人にはあまりなじみがないかもしれません。日本の高校の授

業でもセオドア=ローズヴェルトという人物はどちらかといえば「脇役」のような存在です。

　日露戦争やモロッコ事件を調停し、ノーベル平和賞をもらったことは「パッとした業績」ではありますが、それ以外ではどのような業績があるかといえば、「**革新主義**」を掲げて大資本、大企業の専横をふせぎ、**反トラスト法**を厳格に適用して独占資本を抑制したこと、モンロー主義をカリブ海に拡張してカリブ海諸国をしたがえ、パナマの独立を支援してパナマ運河の建設を着工したこと、などの業績が並んでいますが、「いろいろやったみたいだけど、この人は何がスゴイの？」「なんでアメリカ大統領の人気順で5位以内なの？」という印象を持つ方も多いのではないでしょうか。

アメリカをブラッシュアップし次のステージに

　セオドア=ローズヴェルトが大統領に就任していたときのアメリカは、世界一の工業国にはなっていましたが、巨大な企業が市場を独占して国の政治や外交に口を出し、民衆の声が政治に届かなくなってしまっていました。

　そこで、セオドア=ローズヴェルトは反トラスト法を厳格に適用し、企業合併を制限して大企業の市場支配を阻止し、いきすぎた独占を防いだのです。鉄道や食糧などに関しても国の監督の目を届かせました。

　外交面ではそれまでの「合衆国」の枠を超えた、西半球の国々への積極的な介入が見られました。中南米地域で政情不安な国には積極的に軍隊を派遣して治安を維持するという方針をとり、政治・経済にわたって支配を強めます。アメリカが「世界の警察」路線を取り始めるのもこの頃からです。パナマ運河も、アメリカの艦隊が太平洋と大西洋を行き来して両方の海に影響力を強めることができると考えられました。

　つまり、**セオドア=ローズヴェルトはそれまでのアメリカをブラッシュアップするとともに、「アメリカのアメリカ」を「世界のアメリカ」というステージに押し上げた**、超大国アメリカの形成になくてはならないキープレイヤーだったというわけです。

第1章 ヨーロッパ （古代〜中世）

第2章 中東 （古代〜オスマン帝国）

第3章 インド （古代〜ムガル帝国）

第4章 中国 （古代〜清王朝）

第5章 一体化する世界の時代

第6章 革命の時代

第7章 帝国主義と世界大戦の時代

第8章 近代の中東・インド

第9章 近代の中国

第10章 現代の世界

ヴィルヘルム2世

1859年～1941年

攻めの「世界政策」に転換し
第一次世界大戦を招いたドイツ皇帝

ベルリンの出身。即位後すぐに宰相ビスマルクを
罷免。ロシアとの再保障条約の更新拒否、日本へ
の三国干渉、中国分割、モロッコ事件、３Ｂ政策
など、積極的な世界政策を展開し、第一次世界大
戦へ突入した。しかし大戦末期はドイツ革命が起
き退位に追い込まれて帝政は崩壊し、ドイツ共和
国が発足した。

「守り」から一転「攻め」の政策へ

　第一次世界大戦はヨーロッパの主要国のほとんどが参戦し、戦死者1500
万人、戦傷者2000万人を数える、悲惨な戦争になりました。戦争の主要な
舞台はヨーロッパでしたが、それぞれの植民地の人員や資源も総動員され
ることで、世界中にその影響が広がりました。

　この、第一次世界大戦が勃発したひとつのきっかけとなったのは、ドイ
ツ皇帝**ヴィルヘルム２世**によるドイツの方針転換でしょう。**ビスマルクが
主導していた「勢力均衡によりフランスとの戦争を避ける」というそれま
での方針から、ヴィルヘルム２世は「ライバル国と戦い、世界に植民地を
広げる」という、世界政策と呼ばれた方針に転換し、**「パン＝ゲルマン主
義」を唱えてバルカン半島方面へ進出する「３Ｂ政策」を展開しました。

　このヴィルヘルム２世の方針転換が、同じように「パン＝スラヴ主義」
を唱えてバルカン半島に進出しようとしていたロシアと、アジア・アフリ

第1章
（古代～中世）
ヨーロッパ

第2章
（古代～オスマン帝国）
中東

第3章
（古代～ムガル帝国）
インド

第4章
（古代～清王朝）
中国

第5章
一体化する
世界の時代

第6章
革命の時代

第7章
帝国主義と
世界大戦の時代

第8章
近代の
中東・インド

第9章
近代の中国

第10章
現代の世界

カを航路で結ぶ「３C政策」を展開していたイギリスを刺激し、第一次世界大戦の構図ができるのです。

この、「守りのビスマルク」から「攻めのヴィルヘルム２世」への転換には、２人の「年齢差」が大きく関わっているのではないかと思います。２人の年齢関係がもっと違っていたなら、第一次世界大戦の様相もまた違ったものになっていたかもしれません。

🔭 ビスマルクとドイツ皇帝たちとの関係性

ヴィルヘルム２世の祖父である、プロイセンの王のヴィルヘルム１世は首相にビスマルクを起用しました。当時、65歳だったヴィルヘルム１世に対してビスマルクは47歳でした。老境の域にもうすぐさしかかる王が外交官としての経験豊富な、あぶらの乗り切った首相を起用したのです。高齢にさしかかった王としては、主要な政策は基本、優秀な首相に「お任せ」でよいわけです。ビスマルクは任せられてこの力を遺憾なく発揮し、ドイツ統一を達成しました。ヴィルヘルム１世は90歳まで長生きし、ビスマルクと安定した関係を保ちました。次の皇帝、フリードリヒ３世は即位後すぐに亡くなってしまいます。

そして、孫世代のヴィルヘルム２世が29歳で即位したのです。29歳と言えば、どうしても自分の力を発揮したい盛りです。しかし、そこには73歳で、国民からもはや「神格化」されたような首相がいたのです。自分が思うとおりの国づくりをしたいというときに、皇帝をしのぐ名声を持つ、「ご意見番」のような首相が国を牛耳っているのは、とてもやりにくかったことでしょう。ヴィルヘルム２世はビスマルクの政策にことごとく反発したうえでビスマルクを解任し、積極政策に転換したのです。

もちろん、年齢だけが理由ではないと思いますが、もう少しヴィルヘルム２世が幼少ならばビスマルクが政策のレールを敷いていたでしょうし、ビスマルクとの年齢が近ければ、別の形での協力関係が見られたかもしれません。

レーニン

1870年～1924年

世界史上初の社会主義政権を樹立したロシアの革命家

シンビルスク（ロシア）出身。第一次ロシア革命後スイスに亡命したが、ロシア二月革命後に帰国して「四月テーゼ」を発表。ボリシェビキの指導者として、ロシア十月革命で臨時政府を倒し、革命を成功させた。その後、コミンテルンを創設してモスクワに遷都し、ソヴィエト社会主義共和国連邦を建国した。後継者はスターリン。

 「社会主義のシンボル」だったレーニンの像

　本書を書いている私が中学生から高校生の頃にかけて、ヨーロッパの社会主義体制が崩壊していきました。私が14歳のときに東ヨーロッパで革命が起きてベルリンの壁が解放、15歳のときに東西ドイツが統一してバルト3国が独立し、16歳のときにソ連が解体されたのです。この時期のニュースは連日のように東ヨーロッパでの暴動の様子が映されていたと思います。

　当時の私はこのニュースがどんな意味をもっているのかわからなかったのですが、大変なことが起きている、ということはなんとなくわかりました。そのときによく壊されたり、倒されたりした「社会主義のシンボル」の像があることには気づいていました。それが、レーニン像だったのです。

 臨時政府を打倒し社会主義政権を樹立

　ロシアの革命家であった**レーニン**は学生の頃から社会主義運動に参加し、

27歳のときに社会主義思想を宣伝した罪でシベリアに流刑になりました。釈放後は国外に亡命しますが、第一次ロシア革命に際して帰国し、蜂起を試みました。しかし、その後の弾圧にあって挫折し、スイスに亡命後、ロンドン、パリなどを転々としつつ、国外から革命運動を指導しました。

第一次世界大戦が勃発すると、戦争の長期化に伴う民衆の困窮によりロシアでは二月革命が起こり、帝政が倒されました。しかし、**政権を握った臨時政府は戦争続行の方針を決めたため、民衆の困窮は変わりませんでした。**こうした状況を見たレーニンはスイスからドイツ領内を通ってロシアに戻りました（ドイツにとっては、対戦国のロシアで革命が起きることは歓迎すべきことでしたが、ドイツ国内で社会主義思想をまき散らされては困るため、外部との接触を禁じた「封印列車」で帰国させたと言います）。

ロシアに舞い戻ったレーニンは「四月テーゼ」で戦争の中止と国家権力をソヴィエト（自治組織）に移行することを訴え、その半年後に十月革命を起こし、臨時政府を倒して史上初の社会主義政権を樹立しました。この政権を中核としてソヴィエト連邦が形成されます。

「社会主義の象徴」から「ロシアの偉人」に

その後、ソ連を構成する国家や冷戦時代の社会主義国の広がりとともに「社会主義国家の生みの親」のレーニン像が東ヨーロッパの各地に建てられることになります。**社会主義政権が崩壊したときには、ソ連共産党からの圧力を受け続け、自由を奪われていた国々は相次いで「社会主義の象徴」であるレーニン像を引き倒し、社会主義と決別したのです。**

しかし、社会主義を捨て、市場経済に移行したとはいえ、現在でもロシア共和国では各都市の役所の前にはレーニン像が建てられていることが多いのです。ロシアの中ではレーニンは次第に「社会主義の象徴」から「ロシアの偉人」というようにイメージが変わり、否定されるべき存在ではなくなっているようです。今でもモスクワの赤の広場にあるレーニン廟に行けば防腐処理をされているレーニンの遺体と対面することができます。

第1章 ヨーロッパ（古代〜中世）

第2章 中東（古代〜オスマン帝国）

第3章 インド（古代〜ムガル帝国）

第4章 中国（古代〜清王朝）

第5章 一体化する世界の時代

第6章 革命の時代

第7章 帝国主義と世界大戦の時代

第8章 近代の中東・インド

第9章 近代の中国

第10章 現代の世界

ウィルソン

1856年〜1924年

第1次世界大戦の
講和に尽力したアメリカ大統領

ストーントン（ヴァージニア州）出身。「新しい自由」をスローガンに、民主党大統領として就任。内政では革新主義を継承した。第一次世界大戦には当初中立の立場だったが、ドイツの無制限潜水艦作戦を受けて参戦した。戦後は自身の掲げた「十四カ条」の実現に向け国際連盟創設に尽力したが、上院の反対により加盟はならなかった。

 大統領制の長所と短所

　高校の公民の授業では、現在の日本やイギリスは「議院内閣制」をとっていると教えます（戦前の日本は「議院内閣制」ではありませんでしたが）。現在の日本やイギリスは、議会の多数派が内閣を構成し、内閣が議会に対して責任を負うことになります。首相と内閣のメンバーは基本的に議員から選ばれるため、法を定めたメンバーと法を執行するメンバーが「かぶる」ことになり、内閣と議会に矛盾がなくなります。もし、議会と内閣の方針にズレが生じた場合、内閣が総辞職するか議会が解散することになり、一般的には選挙をやり直して新たな議会と内閣が組まれ、内閣と議会の矛盾を解消してから、再び政治を運営していきます。

　一方、アメリカの場合は「大統領制」をとっていると教えます。大統領は国民の選挙で選ばれるため、国民の信任のもとで議会から独立して強力なリーダーシップが発揮できることが長所です。一方、立法権を持つ議会

の議員も国民の選挙で選ばれます。大統領は議会に議席を持ちませんので、議会は独自の判断で法を制定することができます。大統領ができることは議会が制定した法に一度だけ拒否をすることと、議会に大統領の政治方針を示すことだけです。法案を提出したい場合は、協力してくれる議員に法案の提出を依頼するしかありません。

大統領と議会の足並みがそろえば、大統領は強い権力で国の先頭に立てますが、足並みがそろわない場合は大統領の方針に対して、逆のことを議会が決めてしまうこともあります。そうなると、「厳格な三権分立」をとる大統領制のもとでは、政治は停滞してしまうのです。

議会との関係に苦しんだ大統領

プリンストン大学に学び、政治学の博士号を持っている**ウィルソン**は大統領就任以前に、アメリカの権力分立制は、権力が融合する議院内閣制と比べると、本来対立しやすい政治的な機関同士が協力しなければ立法ができないため、停滞や行き詰まりになりやすいことを論文で指摘しています。

大統領になったのちのウィルソンの政権運営は、議会の協力がなかなか得られず、まさに自分が発表した論文の懸念のとおりに停滞と行き詰まりに悩まされたのです。

第一次世界大戦直前の重要な議会においても、多くの重要法案が廃案になっていますし、議会が制定した「禁酒法」に関しては拒否権を発動したものの、議会が再可決してウィルソンが押し切られました。のちに禁酒法は密造酒の製造・販売につながり、社会の混乱を誘発してしまいます。

ウィルソンは第一次世界大戦後、**十四カ条の原則**を示し、**国際連盟**の創設を提案して国際協調路線をとりました。**しかし、肝心の議会が国際連盟の加盟に対してNOを突きつけたのです。条約の締結に同意を与える権限を持つ上院は、「アメリカがヨーロッパに干渉されるべきではないし、干渉すべきでもない」という「国是」の「モンロー主義」を守るように要求し、ウィルソンの「最重要政策」にも合意を与えなかったのです。**

ドーズ

1865年〜1951年
「ドーズ案」を提案し
世界の安定に貢献した実業家

マリエッタ（オハイオ州）出身。第一次世界大戦後のドイツの賠償問題をめぐり、ロンドン会議で賠償支払い計画を提案。連合国らにより採択が決定されるとヨーロッパの緊張は緩和に向かった。ノーベル平和賞を受賞。

 賠償金に苦しむドイツに差し伸べた「助け舟」

　この章で登場したセオドア゠ローズヴェルト、ウィルソンという２人の大統領はノーベル平和賞を受賞していますが（セオドア゠ローズヴェルトは日露戦争の講和に対して、ウィルソンは国際連盟創設の提案者としてです）、ここでは、「ノーベル平和賞」つながりで、アメリカの実業家の**ドーズ**を紹介したいと思います。ドーズは、重い賠償金を課せられたドイツの財政の安定を図るための「**ドーズ案**」と言われる一連の案を作成し、世界の安定に貢献したことでノーベル平和賞を受賞した人物です。

　第一次世界大戦後のドイツは「天文学的」と言われた重い賠償金に苦しめられ、その支払いも大幅に遅れていました。フランスとベルギーは賠償金の支払い遅れを理由に、「賠償金のカタ」としてドイツ工業の心臓部であるルール工業地帯を占領し、そのことがさらに、ドイツの苦境と世界の不安定を呼んでいました。そこで、ドーズらは「ドーズ案」で、ドイツの苦境を解決しようとしたのです。この案の内容は、**アメリカがドイツにお金を貸し付けてドイツ企業の生産を回復させ、ドイツはそこから得た税収で賠償金をイギリスやフランスに払い、イギリスやフランスはそのお金でアメリカに戦争中借りたお金を返すという、「アメリカのお金が一周回ってアメリカに戻る」という輪をつくる**、というものです。このしくみは世界の安定に大きな役割を果たしますが、世界恐慌の発生により崩壊しました。

ハーディング、クーリッジ、フーヴァー

(ハ)1865年〜1923年／(ク)1872年〜1933年／(フ)1874年〜1964年

繁栄を過信していた
共和党の大統領たち

3代の共和党政権で、戦間期アメリカの繁栄期を現出。ハーディングは大企業保護政策を推進。クーリッジは自由放任経済を採用した。フーヴァーの時代に世界恐慌が起こったが、実効性のある対策はとれなかった。

「自由放任経済」を推進

　第一次世界大戦は、アメリカにとって「得」な戦争になりました。戦争では多額のお金を連合国に貸し付け、参戦後は連合国の勝利を決定づける役割を果たしました。しかも、アメリカの国土はほぼ無傷でした。**国際金融の主導権を握り、ずば抜けた工業力と経済力を持つアメリカに「永遠の繁栄」と言われる好景気が訪れたのです。**

　T型フォードに代表される大衆車や家電製品が生活を満たし、ラジオ放送や町中の広告が購買意欲を刺激し、ローンや通信販売などで手に入れたい物がいつでも手に入るというしくみができました。ニューヨークには「摩天楼」と言われるような高層建築が立ち並びました。

　この「永遠の繁栄」の時期の大統領が、**ハーディング、クーリッジ、フーヴァー**の3人の共和党の大統領です。彼らは好景気に支えられ、「神の見えざる手」を信じる古典派経済学に基づく自由放任経済を展開し、企業の独占を復活させました。**しかし、そのことが株価の無制限な上昇とマネーゲームの過熱を生み、世界恐慌を招くことになってしまったのです。**

　フーヴァー政権発足の年に起きた世界恐慌は、またたく間に世界に広がりました。フーヴァーは、戦債や賠償の支払いを1年間猶予しましたが、それだけでは恐慌の進行は止まらず、有効な策が打てないままに残りの3年間の任期を過ごさなければなりませんでした。

フランクリン＝ローズヴェルト

1882年〜1945年

恐慌を打開し第二次世界大戦の遂行にあたった大統領

ハイドパーク（ニューヨーク州）出身。世界恐慌のさなか、「ニューディール政策」を掲げて、共和党のフーヴァーを破り、民主党の大統領として就任し善隣外交を展開。第二次世界大戦は日本の真珠湾攻撃を機に参戦。大西洋憲章の発表、カイロ宣言の発表、ブレトン＝ウッズ協定の締結、ヤルタ会談など、連合国陣営を主導した。

史上唯一の4選を果たした大統領

　アメリカ大統領で唯一、4回の選挙に当選し、大統領を4期（12年間）務めた人物が**フランクリン＝ローズヴェルト**です。アメリカ大統領は初代大統領のワシントンが3期目の大統領選に出ることを固く断ったことから、それまで最長2期というのが慣例になっていました。その慣例を破ってフランクリン＝ローズヴェルトが4期も大統領を務めたのは、当時のアメリカが「非常時」だったからでしょう（現在では合衆国憲法が改正され、大統領の任期は2期までと正式に定められています）。その「非常時」こそが、「世界恐慌」と「戦争」だったのです。

それぞれの任期ごとの政策

　1期目はとにかく恐慌をしのぐしかありません。今までの大統領が自由放任的経済を取ったのに対し、「**ニューディール**」政策と言われる一連の政

策を導入し、大統領の権限を武器にして、**国家が経済活動に積極的に介入することで経済を回復基調に乗せようとしました。**「全国産業復興法」や「農業調整法」で産業の統制を行い、金本位制を停止して金融緩和を行い、公共事業の拡大や社会保障の充実などによって財政支出を増加し、市場にお金を供給していきました。また、「炉辺談話」と言われるラジオ演説を毎週行うことも始めました。大戦中もこれは続けられ、国民の支持獲得と士気の高揚につながりました。

　これらの政策により、恐慌克服へのきっかけがつかめたことが評価され、2期目の選挙は48州のうち、46州で勝利するという大勝利で再選をおさめました。しかし、全国産業復興法や農業調整法が「州の権限を国がおかしている」「経済活動の自由を侵害している」ということで違憲判決を受け、軌道修正しながらのニューディール政策を強いられました。**大統領の政策の根幹をなす、実行中の政策を裁判所が違憲だと判断するあたりは、まさにアメリカは「三権分立の国だな」と思います。**第二次世界大戦が近くなると日本やドイツとの対抗姿勢を明確にし、集団安全保障体制に加わることを表明します。大戦勃発後は連合国側に兵器を売ることにより景気は上向きになりました。実際はニューディール政策よりも、戦争がアメリカの経済を回復させたという見方も強いのです。また、核兵器開発の「マンハッタン計画」の開始に承認を与えたということも事実ではあります。

　第二次世界大戦中に行われた3期目の選挙の頃には、すでにナチス＝ドイツが拡大し、フランスはヒトラーのものになっていました。イギリスに対するヒトラーの圧迫も始まっており、こうした非常時には経験ある大統領が必要だと主張し、圧勝で再選を果たしました。日米開戦後は連合国の中心となって戦争を遂行し、ミッドウェーの戦い、ノルマンディー上陸作戦により戦局は優勢に転換していきました。

　4期目の大統領選挙も当選しましたが、就任直後の4月に急死しました。その翌月にはドイツ、8月には日本が降伏していますので、終戦を目の前にして亡くなったことになります。

第1章　ヨーロッパ（古代〜中世）

第2章　中東（古代〜オスマン帝国）

第3章　インド（古代〜ムガル帝国）

第4章　中国（古代〜清王朝）

第5章　一体化する世界の時代

第6章　革命の時代

第7章　帝国主義と世界大戦の時代

第8章　近代の中東・インド

第9章　近代の中国

第10章　現代の世界

ヒトラー

1889年～1945年

**困窮するドイツに登場して大衆を
熱狂させたナチスを率いた独裁者**

ブラウナウ・アム・イン（オーストリア）出身。ド
イツ労働者党（のちのナチ党）に入党し、雄弁で
頭角を現したが、ミュンヘン一揆に失敗。出獄後、
反ユダヤ・反共を掲げ支持を集め、ファシズム体
制をとり第三帝国の総統となる。ポーランドに侵
攻して第二次世界大戦が始まった。連合国軍の反
撃を受け劣勢となり敗戦前に自殺した。

画家を目指した若きヒトラー

　ドイツ第三帝国の「独裁者」**ヒトラー**の名は第二次世界大戦の数々の悲
劇をもたらした人物として知らない人は少ないでしょう。しかし、若き頃
のヒトラーが画家をめざしていて、ウィーン美術学校の受験に2度失敗し
ていることを知っている人は多くないかもしれません。ヒトラーの「作品」
も多く残されており、「ヒトラー　絵画」で検索すると、その何枚かを見る
ことができます。

　この絵を見ると、写実的で緻密で、どちらかと言えば「繊細」さや「マ
メ」さを感じさせる絵であり、とてもヨーロッパ中を戦渦に巻き込んだ独
裁者が描いた絵だとは信じられません。ヒトラーは受験に失敗した鬱屈し
た感情やその芸術性を、独裁という形で「表現」したのかもしれません。

　美術学校の受験に失敗したヒトラーは日雇い労働などをしながらなんと
か生活をしていたのですが、ヒトラーが25歳のときに第一次世界大戦が勃

発し、ヒトラーは志願兵として従軍します。第一次世界大戦はドイツが敗北に終わり、ヒトラー自身も毒ガスで負傷してしまいます。

第一次世界大戦が終わるとヒトラーはドイツ労働者党（のちの**ナチ党、国民社会主義ドイツ労働者党**）に入党しました。ヒトラーは敗戦と混乱により自信を失ったドイツ国民に対して、**ドイツ民族の絶対的優位と反ユダヤ主義を唱えた巧みな演説を行い、党を率いる存在となりました。**

性急すぎたミュンヘン一揆と『我が闘争』

フランス・ベルギーによるルール占領を受け、経済の混乱が進行していくドイツで政権を奪取するために、ヒトラーはひとつの賭けに出ました。それが**ミュンヘン一揆**です。戦後のドイツを率いる「ヴァイマル共和国」政府のルール占領に対しての抵抗が消極的だと主張したヒトラーは、ミュンヘンで武装蜂起し、政府に圧力をかけようとしたのです。しかし、この一揆は失敗し、ナチスはしばらくドイツでの活動を禁じられ、ヒトラーは投獄されます。ヒトラーはこの投獄により、武装蜂起によらず、宣伝と行動を積み重ねて政権を握るという考えに転換しました。

この獄中でヒトラーが書いた書物が『我が闘争』です。前半はヒトラーの生い立ちの自伝、後半はドイツ民族の優位性や再軍備の必要性、東ヨーロッパへの勢力拡大など、自らの政策の構想について述べられています。

この『我が闘争』を「下書き」に、ヒトラーは巧みな演説を繰り返して政策を推進していきます。時にはベルリンオリンピックまでも利用し、あらゆる手段を尽くしてナチスの政策を宣伝しました。ヒトラーを熱狂的に受け入れ、その政策に力を与えていったのは敗戦と経済混乱の中で自信を失っていたドイツ国民自身であったことは否めません。

ポーランドへの侵攻から第二次世界大戦が始まると、ヒトラーは戦線をヨーロッパ中に拡大させ、敗戦を迎えることとなります。ヒトラーとドイツ国民がたどった運命を見ると、メディアや政治家の発言を批判的、客観的に見ることの大切さがわかります。

第1章　ヨーロッパ（古代〜中世）

第2章　中東（古代〜オスマン帝国）

第3章　インド（古代〜ムガル帝国）

第4章　中国（古代〜清王朝）

第5章　一体化する世界の時代

第6章　革命の時代

第7章　帝国主義と世界大戦の時代

第8章　近代の中東・インド

第9章　近代の中国

第10章　現代の世界

ムッソリーニ

1883年～1945年

ファシスト党を結成した
イタリアの独裁者

プレダッピオ（イタリア）出身。ファシスト党を
創設し、ローマ進軍で政権を握り「ファシスタ大
評議会」を設立しファシズム体制をつくった。エ
チオピアを併合しスペイン戦争でフランコ反乱軍
を支援し、英仏と対立。ヒトラーと結び、さらに、
日本とも同盟して枢軸国を形成。第二次世界大戦
にも参戦したが、敗北した。

 ファシズムを展開した代表的人物

　ヒトラーに並ぶ「ファシズム」を展開した代表的な人物がイタリアの**ム
ッソリーニ**です。ヒトラーのほうが有名人なので「ヒトラー、ムッソリー
ニ」と、よく2人を並べて言うことがありますが、実際はムッソリーニが
「先輩」です。ヒトラーが政権を握ったのが世界恐慌後であることに対し、
ムッソリーニはすでに世界恐慌の前に政権奪取と独裁を完了しており、フ
ァシズムを展開していたのです。ですから、2人の独裁に共通点が多いの
は、後輩のヒトラーがその手法に学んだため、という理由もあるのです。

ヒトラーが学んだその手法

　たとえば、右手を上げる敬礼は、古代ローマで行われていた敬礼をムッ
ソリーニが復活させ、それをヒトラーがドイツで採用したといいます。ナ
チス＝ドイツは制服や持ち物に統一感を持たせ、それを「様式美」のよう

にしたことは有名ですが、それもムッソリーニが「黒シャツ隊」を組織し、統一した服を身に着けることによって求心力を高めたことに似ています。

　また、スポーツを愛好していたムッソリーニは第2回のサッカーワールドカップの自国開催を誘致し、大々的に行うことで、国威発揚につなげようとしました。第1回のウルグアイ大会は首都のモンテビデオのみで小規模に開催されたことに比べ、ムッソリーニはイタリアの各地に「国家ファシスト党スタジアム」や「ベニト=ムッソリーニスタジアム」などの名前を付けたスタジアムを建設して、大々的に大会を開催したのです。イタリアの人々は決勝までコマを進めたイタリア代表の試合をローマの「国家ファシスト党スタジアム」に観に行くわけですから、その宣伝効果は高いものがあったでしょう。イタリア代表はこの大会で優勝を勝ち取りましたが、前回のワールドカップ準優勝国のアルゼンチンからイタリア系の選手を引き抜き、審判を買収して疑惑の勝利を重ねたことで「最悪のワールドカップ」と呼ぶ人もいます。

　このワールドカップの2年後、ベルリンオリンピックが開催され、ヒトラーはこのオリンピックをナチス=ドイツの国威発揚の場として大いに活用しました。ヒトラーの頭の中にはイタリアのワールドカップのイメージがあったことでしょう。スポーツの大会を政治に利用すべきではないのでしょうが、冷戦時代にはモスクワオリンピックを西側諸国が、ロサンゼルスオリンピックを東側諸国がボイコットしたという例があります。また、スポーツの国際大会が「国威発揚」の場になるケースも多くあります。

敗北を重ねた第二次世界大戦のイタリア軍

　イタリアワールドカップの翌年、ムッソリーニは国民の熱狂的な支持のもと、**エチオピア侵攻**を行います。そして、ヒトラーと共同歩調をとるようになり、第二次世界大戦に参戦します。しかし、イタリア軍は軍事的な成功が少なく、ムッソリーニは失脚して逮捕されます。一時はドイツ軍に救出されますが、再び捕らえられ、処刑されました。

第1章　ヨーロッパ（古代〜中世）

第2章　中東（古代〜オスマン帝国）

第3章　インド（古代〜ムガル帝国）

第4章　中国（古代〜清王朝）

第5章　一体化する世界の時代

第6章　革命の時代

第7章　帝国主義と世界大戦の時代

第8章　近代の中東・インド

第9章　近代の中国

第10章　現代の世界

フランコ

1892年～1975年

35年間の長きにわたる
独裁を行ったスペインの独裁者

フェロル（スペイン）出身。スペイン革命後に成立したアサーニャを首班とするスペイン人民戦線内閣に対抗し、モロッコを拠点に反乱を起こしてスペイン内戦を起こす。ヒトラー、ムッソリーニらファシズム政権の支援を受け内戦に勝利し、独裁政権を樹立。第二次世界大戦では中立の立場をとり戦後は親米政策に転換し、独裁を維持した。

 ## 内戦を制しスペインの独裁者となる

　ヒトラーやムッソリーニらの「独裁者の系譜」につながる人物がスペインの**フランコ**です。ヒトラーやムッソリーニの独裁が第二次世界大戦での敗北によって終わりを告げたことに対し、**フランコの独裁は戦後も長期間にわたって続きました。**

　フランコといえば歴史上の人物、という感じですが、亡くなったのは私が生まれる10日前で、そんな近い時代まで独裁制をとっていたことに驚きます。こうした長期間の独裁を続けることができたのも、フランコの「変幻自在」な立ち回りによるところが大きいのではないかと思います。

　世界恐慌の時に、スペインでは革命が起こり、ブルボン朝の王が亡命して共和政になっていました。この共和政では、労働者や農民が支持する社会主義寄りの「人民戦線内閣」が成立していました。

　それに対し、軍部や地主、資本家の支持を集めたのがフランコです。フ

ランコは反乱軍を組織して人民戦線内閣を攻撃し「スペイン内戦」が始まります。フランコはこの内戦を、ヒトラーとムッソリーニのファシズム陣営を味方に引き入れ戦いました。**フランコがヒトラーとムッソリーニという、「世界で最も危険な２人」を結び付けた**、とも言えるのです。ドイツとイタリアの軍事支援によってフランコの反乱軍は勝利し、自身はスペインの総統に就任し、ファシズム体制を確立します。

長期独裁政権を続けた変幻自在の立ち回り

当然、ヒトラーやムッソリーニは、第二次世界大戦ではフランコは自分たちの陣営に加わってくれると期待したと思いますが、第二次世界大戦が始まるとフランコは中立を宣言します。ヒトラーの参戦要求に対し「義勇軍」を派遣するのみにとどめ、自身の態度は明らかにしませんでした。結果、スペインは戦争に負けることなく終戦を迎えることができたのです。

第二次世界大戦が終わると、戦前にドイツ寄りの態度をとっていたことからフランコは国際社会で孤立しかけますが、冷戦構造をうまくとらえてアメリカに接近し、アメリカ軍の基地の設置をスペイン国内に受け入れることで、アメリカの軍事援助を受けて国際社会に復帰します。

戦後30年近く経つと、老いにさしかかったフランコは経済統制をゆるめて自由化し、ブルボン王家の王子を後継者に指名して体制の安定を図りました。そして、自身の死とともに、遺言によってスペインの統治権をブルボン朝のファン＝カルロス１世にそのまま譲り、スペインを王政に戻しました。その後、ファン＝カルロス１世は民主化を推進し、現在のスペインにつながります。

フランコは、スペイン内戦での膨大な犠牲者や反対派の弾圧などから悪名高い独裁者として知られますが、したたかにその政策を変えていきながら国際社会を渡り歩き、35年間という長期の独裁を続けました。そうした立ち回りが歴史の「妙味」を感じさせる、興味深い人物でもあります。

第1章 ヨーロッパ（古代〜中世）

第2章 中東（古代〜オスマン帝国）

第3章 インド（古代〜ムガル帝国）

第4章 中国（古代〜清王朝）

第5章 一体化する世界の時代

第6章 革命の時代

第7章 帝国主義と世界大戦の時代

第8章 近代の中東・インド

第9章 近代の中国

第10章 現代の世界

ネヴィル=チェンバレン、ダラディエ

1869年〜1940年／1884年〜1970年
ミュンヘン会談で
ヒトラーに譲歩した英仏の代表

ヒトラーのズデーテン地方割譲の要求に対し、ミュンヘン会談で宥和政策をとり、要求を容認。結果、ヒトラーの暴走を許し、独ソのポーランド侵攻と第二次世界大戦の端緒となった。

後世にも批判されたミュンヘン会議での妥協

　ヒトラーがチェコスロヴァキアにズデーテン地方の割譲を要求し、イギリスとフランスの譲歩によりチェコスロヴァキアが泣く泣く割譲を受け入れたというミュンヘン会談という国際会議がありました。イギリス代表の**ネヴィル=チェンバレン**とフランス代表の**ダラディエ**が、ヒトラーとの対決を避けるためにその侵略的な要求に譲歩したのです。

　参加国はドイツ、イタリア、イギリス、フランスの4か国で、当事国のチェコスロヴァキア代表は隣の部屋で待たされ、参加できないままに要求をのまされたのです。

　当時のイギリス・フランスの国民は摩擦を避けて戦争を回避した「宥和政策」に賞賛の声を上げたとされますが、後世ではこの「宥和政策」が**「弱小国を犠牲にして要求に譲歩した」ことでヒトラーを「図に乗せて」しまい、第二次世界大戦の原因をつくった、と批判されることになります。**

　この「宥和政策」は、後世になっても、「妥協をすることでますます重大な結果を招いてしまうこと」の例として使われることがあります。たとえばアメリカのブッシュ大統領親子は、湾岸戦争やイラク戦争の開戦の理由として宥和政策を引き合いに出し、イラクに妥協的な態度をとれば第二次世界大戦前の「宥和政策」のときのようにますます重大な結果を招いてしまうだろう、と訴えてイラク侵攻に踏み切っているのです。

チャーチル

1874年〜1965年

ヒトラーに対抗した
イギリスの首相

ブレナム（イギリス）出身。保守党から自由党に転じ、第一次世界大戦中はロイド＝ジョージ挙国一致内閣に入閣したが、共産主義に危機感を持ち再び保守党へ。その後は宥和政策を批判して第二次世界大戦時首相に就任し、連合国陣営を主導。戦後は「鉄のカーテン」演説で、冷戦構造の存在を指摘した。

 軍人から議員になり多くの役割をこなす

チャーチルは多くのポストを歴任した人物です。チャーチルのプロフィールを紹介するだけでも、この項に書ききれないほどです。

チャーチルははじめ、軍人としてのキャリアを重ねます。陸軍士官学校から騎兵隊に入隊しましたが、次第に従軍したレポートを新聞に送る特派員という格好になり、インドでの植民地戦争やスーダン制圧に従軍し、そのレポートを発表しました。

陸軍をやめた後、チャーチルは政治家に転身します。まず、保守党から選挙に出馬し、下院議員となりますが、関税政策に反対して自由党に移ります。そこで植民地省の政務次官を経て内務大臣に就任します。その後、第一次世界大戦を迎えて海軍大臣、ランカスター公領大臣、軍需大臣、戦争大臣兼航空大臣、植民地大臣、そして保守党に移って大蔵大臣、そして第二次世界大戦が開戦し、海軍大臣からついに首相に就任します。第二次大

戦終結後、野党の党首から再び首相となり、首相引退後は下院議員として10年過ごしています。議員生活は55年間にも及びます。よくこんなに多くの大臣を務めることができたな、と驚くばかりです。

🔫 ノーベル文学賞も受賞した「多動の人」

チャーチルは所属政党が変わり、「変節漢」と言われることもありました。また、決して「正義の人」ではありませんし、失敗も多くあります。植民地省の政務次官や植民地大臣のときには、植民地の独立運動を弾圧し、南アフリカの人種隔離政策を推進しました。内務大臣のときは労働者の暴動を軍隊で弾圧しようとし、逆に暴動が激化しようとしたこともありました。海軍大臣のときにはオスマン帝国の持つダーダネルス海峡の要衝を奪うために上陸作戦を行い、25万人と言われる損害を出す大失敗に終わったこともあります。その責任をとって海軍大臣をおろされ、「しろうと大臣」と言われることもありました。

しかし、何度も失敗をしても、行動することをやめず、そのたびごとに復活するところにチャーチルの凄みがあります。海軍大臣をやめさせられたのち、陸軍に加わって戦車の開発を思い付き、**軍需大臣に起用されるとすぐに戦車のアイデアを実用化して戦場に投入し、「戦車の父」と言われるようになります。**転んでもただでは起きない人なのです。

こうした不屈の「多動の人」であるチャーチルだからこそ、イギリスが宥和政策に失敗後、ヒトラーに対抗できる人として首相に就任できたのではないかと思います。ドイツによるロンドン空襲が始まっても、ロンドンに敵が集まってくるため、むしろ迎撃しやすくなる、と平然としていたといいます。また、チャーチルは「演説の名人」でした。時にはユーモアを交えて、時には熱く政策を語る姿に人々はひきつけられたのです。本書ではノーベル平和賞をとった各国の首脳の話が出てきますが、ここで紹介するチャーチルは、各国首脳の中では珍しくノーベル「文学賞」をとっている人物です。チャーチルは「言葉の力」を知る人でもあったのです。

ド=ゴール

1890年～1970年

フランスの威信を示した
フランスの首相・大統領

リール（フランス）出身。第一次・第二次世界大
戦に従軍。フランスがドイツ軍に降伏後、ロンド
ンに亡命し、自由フランス政府を樹立して抗戦を
主張。戦後は、フランスで挙国一致内閣を組織し、
第五共和政憲法を成立させ、初代大統領に就任し
た。フランスの栄光を掲げるいわゆるド=ゴール
外交を展開。

第1章 ヨーロッパ（古代～中世）

第2章 中東（古代～オスマン帝国）

第3章 インド（古代～ムガル帝国）

第4章 中国（古代～清王朝）

第5章 一体化する世界の時代

第6章 革命の時代

第7章 帝国主義と世界大戦の時代

第8章 近代の中東・インド

第9章 近代の中国

第10章 現代の世界

 ## ヒトラーの「電撃戦」でパリを失ったフランス

　ヒトラー率いるドイツがポーランドに侵攻したことに対して、イギリス
とフランスが宣戦布告をして第二次世界大戦が始まりました。当然、ドイ
ツと国境を接しているフランスはドイツの侵攻があるものと構えていまし
たが、開戦から半年はフランス・ドイツの国境ではほとんど戦闘が行われ
ず、ドイツは東欧や北欧へ進出していたのです。構えていたフランスは拍
子抜けをして、これを「奇妙な戦争」と称していました。

　しかし、開戦から8か月後、ヒトラーが一挙に動き出したのです。オラ
ンダ・ベルギーをとおり、フランスの「盲点」であった森林地帯のアルデ
ンヌ高原を通って一気にフランスに飛び込んできたのです。空軍による爆
撃とパラシュート降下と戦車を組み合わせ、敵の弱点をついて一気に崩壊
させる「電撃戦」の好例とされるこの作戦によって、ひと月の戦闘期間で
フランスはドイツの支配下に入り、パリは占領されたのです。

抵抗を訴えた亡命政権のリーダー

　フランスの北半分はドイツ軍が制圧し、南半分はドイツの息がかかった政権ができることになりました。**フランスはナチス=ドイツによって消滅した、と誰もが思ったところですが、あきらめなかった男がいたのです。**それが**ド=ゴール**でした。

　イギリスに逃れたド=ゴールは、パリ制圧の4日後にはイギリスのBBCラジオのマイクの前にいました。そして、自らつくった亡命政権「**自由フランス政府**」のリーダーとして、「まだ敗北と決まっていない、フランスは孤立などしていない」と訴えかけたのです。そして、フランス内外のフランス人に対し、自分に連絡をとってほしい、そして再起を図ろうと訴えかけのです。

　自由フランス政府はその後もドイツに対する抵抗活動を支援し続けます。連合国軍がノルマンディー上陸作戦を実行すると、自由フランス軍も連合国軍に加わり、パリの奪回に成功するのです。解放者としてパリの市庁舎で演説するド=ゴールを民衆は熱狂的に受け入れました。

 独自の政策を貫いた戦後のフランス

　戦後のド=ゴールにはもうひとつの仕事が待っていました。それはフランスの地位の強化です。第二次世界大戦の戦勝国とはいえ、「イギリスにかくまってもらって」「アメリカにパリを解放してもらった」という事実は残ります。**アメリカやイギリスと対等に渡り合い、国内に自分の威信を示すためにもアメリカ・イギリスに対抗する独自外交をとらなければなりませんでした。**イギリスがEECに加盟したいと言ってきてもフランスは拒否権を行使し、NATOから脱退してアメリカ中心の安全保障体制から距離を置きます（43年後にNATOに復帰しています）。また、ド=ゴールは積極的に核兵器の開発を進めました。現在でもフランスの核弾頭保有数は、アメリカ、ロシア、中国に次ぐ4番目とされています。

第8章

近代の
中東・インド

ムハンマド＝アリー

1769年〜1849年

エジプトの近代化に努めた
ムハンマド＝アリー朝の創始者

カヴァラ（現在のギリシア）出身。ナポレオンの
エジプト遠征の際、オスマン帝国の派遣した傭兵
部隊の副隊長として活躍。その後カイロ市民の支
持を得、エジプト総督に就任。マムルークを一掃
し、エジプトの近代化を図った。また、積極的な
外征で領土を拡大。エジプト＝トルコ戦争でオス
マン帝国を破り、事実上の独立を手に入れた。

 ## ナポレオン戦争で頭角を現す

「虎に翼をつけて野に放つ」という言葉があります。のちに大きな災いを
もたらすような人物を野放しにする、という意味で、『日本書紀』に登場す
る言葉ですが（このときの「虎」は、のちに天武天皇になる大海人皇子で
す）、オスマン帝国にとっては、エジプト総督に任命したムハンマド＝アリ
ーこそ「虎」、そしてエジプトは彼の「翼」となったのです。

　ムハンマド＝アリー登場の背景となったのがナポレオンのエジプト遠征
です。ナポレオンはイギリス経済に打撃を与えるため、イギリスとインド
の間に位置するエジプトを支配して通商路を分断しようとしていました。

　オスマン帝国はエジプト救援の軍を派遣しますが、この中の小部隊の副
官だったのが、ムハンマド＝アリーです。

　当時のエジプトはオスマン帝国の一部でしたが、マムルーク（トルコ系
の奴隷兵のことですが、軍事エリート化していました）たちが実質的な支

配を行っていました。その上、いくつものマムルーク集団が分立し、権力闘争をしている状況でした。そこにナポレオンが侵入してきたものですから、ナポレオンと戦う者、ナポレオンに接近する者など、混沌とした状況になっていたのです。

🐪 エジプトの富国強兵を推進

　ナポレオン軍との戦いに功績をあげたムハンマド＝アリーは、ナポレオン撤退後のエジプトの権力闘争に割って入りました。マムルークたちの抗争を利用しながらマムルーク勢力を排除していき、市民やイスラームの宗教指導者の支持を得ていきました。そして、オスマン帝国にエジプト総督の地位を認めさせたのです。ムハンマド＝アリーに「翼」が与えられた瞬間です。

　ムハンマド＝アリーはこの機会をとらえ、**一気にエジプトの富国強兵化に乗り出します。教育、行政、軍制などをヨーロッパ風に改革し、ナイル川の灌漑を行って綿花を増産し、輸出に力を入れます。**一方、衰退を続ける本国のオスマン帝国は、領内の反乱や外国との戦争にもムハンマド＝アリーの強力な軍隊の力を借りざるを得なくなってしまいます。財政難に苦しむオスマン帝国は、ムハンマド＝アリーの力を借りても、十分に報いることができなくなっていました。

　これに不満を持ったムハンマド＝アリーは、ついに「虎」の牙をむくのです。シリアの領有を求め、2回の**エジプト＝トルコ戦争**を起こしてオスマン帝国に勝利し、事実上の独立を果たしたのです。

　しかし、このことはヨーロッパ列強の介入を招いてしまいました。特に、ムハンマド＝アリーによるエジプトの自立がインドへの道の障壁となるイギリスが国際会議を開き、ムハンマド＝アリーにシリアを返還させ、オスマン帝国の一部にとどまることを要求したのです。列強の圧力によりムハンマド＝アリーはこの要求を承認せざるを得ませんでしたが、その地位は世襲となり、戦後まで続くムハンマド＝アリー朝の始祖になりました。

第1章 ヨーロッパ（古代〜中世）

第2章 中東（古代〜オスマン帝国）

第3章 インド（古代〜ムガル帝国）

第4章 中国（古代〜清王朝）

第5章 一体化する世界の時代

第6章 革命の時代

第7章 帝国主義と世界大戦の時代

第8章 近代の中東・インド

第9章 近代の中国

第10章 現代の世界

アブデュル＝メジト1世

イスタンブール（トルコ）出身。トルコの近代化に努力し、ギュルハネ勅令を出して上からの改革であるタンジマートを展開した。ロシアの圧迫に対しては英仏の支持を得てクリミア戦争に勝利。

近代化やクリミア戦争の勝利が裏目に

　イスタンブールはかつてのオスマン帝国の都にして、現在のトルコ共和国最大の都市です。この都市には、ブルーモスクの名を持つスルタンアフメト＝モスクやトプカプ宮殿など、イスラーム風の建物が立ち並んでいますが、それらの旧市街から少し離れた、ボスポラス海峡を望む海岸に巨大な西洋風の宮殿建築であるドルマバフチェ宮殿があります。中に入ればヴェルサイユ宮殿よりも豪華ではないかと思う絢爛な装飾に目を奪われます。

　これを建てたオスマン帝国のスルタンが**アブデュル＝メジト1世**です。幼少より聡明だったと言われるアブデュル＝メジト1世は衰退するオスマン帝国を立て直すため、近代化に着手しました。**イスラーム国家から西欧的な近代国家へと国をつくり替えるため、タンジマートと言われる司法、行政、兵制などあらゆる分野での改革を行います。**西洋風の宮殿も「ヨーロッパ列強のような国にしたい」という強い意志の表れでしょう。

　しかし、彼の改革はやがて裏目に出てしまいます。**法律や税制をヨーロッパの国々のように整備したことで、西欧の資本家にとって進出しやすい国となり、経済的な従属が進んでしまいます。**イギリスやフランスの手を借りてクリミア戦争に勝利したことも、両国の介入が強まる原因になりました。また、激しい浪費によって、国家の財政が傾いたといいます。豪華な宮殿の建築も、財政難を招く一因となったのです。

ミドハト

第1章 ヨーロッパ（古代～中世）

第2章 中東（古代・オスマン帝国）

第3章 インド（古代～ムガル帝国）

第4章 中国（古代～清王朝）

第5章 一体化する世界の時代

第6章 革命の時代

第7章 帝国主義と世界大戦の時代

第8章 近代の中東・インド

第9章 近代の中国

第10章 現代の世界

1822年～1884年

近代的憲法をつくった
トルコの「憲政の父」

イスタンブール（トルコ）出身。改革派官僚として、立憲政治の導入などの近代化を目指し、オスマン主義を取り入れたアジア最初の憲法「ミドハト憲法」の制定に尽力した。

「アジア初」と言われる先進的な憲法を作成

アブデュル＝メジト1世のときになんとかクリミア戦争に勝利したオスマン帝国でしたが、ヨーロッパ列強の進出を受け続け、弱体化は止まりませんでした。特にロシアは、北から強い圧力をかけ続けていました。

そこで起用された宰相が**ミドハト**です。ヨーロッパを視察した西欧通として知られ、また、地方の知事としても実績をあげていたこの人物に改革の期待が高まっていたのです。宰相になったミドハトはミドハト憲法と言われる憲法を作成します。**先のタンジマートの欠点はスルタンの命令という「上からの改革」だったと考えたミドハトは、憲法をつくり、議会を開設して人々の意見を取り入れることで、より良い国づくりができると考えたのです。**イスラーム教徒と非イスラーム教徒の完全平等や、宗教別の比例代表の議会など、なかなか先進的な内容も盛り込まれています。

この憲法の完成は日本の大日本帝国憲法制定の13年前で、「アジア初の憲法」とも言われます。オスマン帝国を「アジア」とみなすかどうかで、大日本帝国憲法が「アジア初」と言われることもありますが、当時のアジア諸国ではかなり先進的な憲法ではありました。

人々の意見を取り入れるための憲法や議会なので、「批判が出ること」自体がメリットなのですが、時のスルタンは批判的になってきた議会を良く思わず、施行からわずか2年でミドハト憲法を停止してしまいます。

アブデュル＝ハミト2世

1842年〜1918年
ミドハト憲法を停止し
反動政治を行ったスルタン

イスタンブール（トルコ）出身。憲法の発布や議会開設などを行ったが露土戦争に敗北し、専制政治を再開。これに対し武装蜂起した若手将校ら「青年トルコ」が革命を起こして第2次立憲制をしき、退位した。

 ## 30年間の独裁制をしき革命を招いた

　ミドハト憲法を停止したスルタンが、この**アブデュル＝ハミト2世**です。即位後まもなく、**ロシア＝トルコ戦争**が勃発し、ロシア軍がイスタンブールに迫る戦況の悪化の中、議会では政府の戦争の進め方についての批判が高まっていました。アブデュル＝ハミト2世は戦況の悪化の責任を宰相のミドハトに負わせ、国外追放の上、殺害したのです。**そして、ミドハト憲法を停止し、30年間にわたって独裁制をしきました。**

　ロシア＝トルコ戦争そのものには敗北したものの、アブデュル＝ハミト2世は能力的にはそれなりに高く、ギリシアとの戦争には勝利し、国内に電信網や鉄道網を整備するなど、一定の評価が与えられています。しかし、その独裁は「赤い流血の皇帝」と言われ、秘密警察を使って民衆を弾圧、処刑する恐怖政治だったのです。

　そこで勃発したのが青年トルコ革命でした。ヨーロッパ的自由を主張する結社、「**青年トルコ**」がミドハト憲法の復活を求め蜂起したのです（革命の背景には明治憲法をもつ日本がロシアに勝利したことが挙げられます。憲法に基づく議会政治により、国家を強くする必要があるとオスマン帝国の人々も思ったのです）。その勢いに押されてアブデュル＝ハミト2世は一時的に要求を受け入れますが、再び弾圧の姿勢を見せると逆に退位を迫られてしまい、幽閉されてスルタンとしての人生を終えてしまいました。

ムスタファ＝ケマル

1881年～1938年

国の危機に立ち上がり
共和政を樹立した「トルコ人の父」

サロニカ（現在のギリシア）出身。第一次世界大戦でオスマン帝国が敗戦し締結したセーヴル条約に反発した。国民軍を指導してギリシア＝トルコ戦争でギリシア軍とスルタン軍を破り、小アジアとイスタンブール周辺の領土と主権を回復し、トルコ共和国を成立させる。憲法の発布、カリフ制廃止などの改革を主導し、近代国家を樹立した。

 ## 時を止めたドルマバフチェ宮殿の時計

　アブデュル＝メジト1世の項で紹介したドルマバフチェ宮殿に入ると、不思議なことに気づきます。巨大な建物ですから、たくさんの時計が置いてあるのですが、その時計のすべてが9時5分で止まっているのです。この時刻はこの宮殿で執務をしていたムスタファ＝ケマルが亡くなった時刻です。現在でも、毎年、彼の命日である11月10日の9時5分にはトルコ全土で2分間の黙とうがささげられています。宮殿内のムスタファ＝ケマルの寝室のベッドの上には大きなトルコの国旗がかけられており、トルコ国民の父として亡くなったケマルを今でも記念しているのです。

 ## 領土を奪回した敗戦国の反転攻勢

　第一次世界大戦でオスマン帝国はドイツ側につき、敗北してしまいました。連合国から突き付けられたセーヴル条約は領土の大幅な削減を含む過

酷なものでした。かつては「青年トルコ」に所属し、第一次世界大戦で軍功をあげて名声を得ていた**ムスタファ＝ケマル**にとっては、この条約を無条件でのむ政府は弱腰に見えたのです。

ケマルはアンカラに大国民議会を招集して臨時政府樹立を宣言し、「国民軍」を編制して小アジア半島（現在のトルコ共和国のある半島です）に駐留していたギリシア軍に攻め込んだのです。連合国が支援するギリシア軍を一撃し、地中海沿岸の大商業都市のイズミルを奪還すると、連合国はこの新しいトルコ軍の実力を認め、新しく**ローザンヌ条約**を結びなおしてトルコに領土の一部を返還するのです。**「敗戦国が反転攻撃して、条約を結びなおさせて領土を取り戻した」**という例は、世界史をずっと教えていても、この例ぐらいしか思い当たりません。

 ## 大改革に取り組んだ「父なるトルコ人」

この勝利を機に、ムスタファ＝ケマルが中心になって憲法を新たに制定し、スルタン制を廃止してオスマン帝国を滅ぼし、**トルコ共和国の樹立**を宣言します。

ムスタファ＝ケマルは自ら初代大統領に就任し、就任後はイスラームの指導者であるカリフを廃止し、イスラーム法を廃止し近代的な法律を定めて政治と宗教を分離させ、女性の地位向上につとめました。それまでのアラビア文字での表記を捨て、アルファベット表記を採用するという「文字改革」の実施（日本で言えばかな漢字の表記をやめ、アルファベット表記に切り替えるようなものです）などはよく国民を納得させたな、と思うばかりです。また、国民全員が姓をもつことも義務付けました。

このような大改革を次々と行えたのも、「アタテュルク（父なるトルコ人）」の称号を大国民議会から贈られ、トルコ人の父としての国民のあつい信頼があったからこそでしょう。「先生に聞いてわからないことはムスタファ＝ケマルに聞け」という言葉が今でも口にされるほど、現在もなお国民から敬愛される存在です。

ガンディー

1869年～1948年

非暴力・不服従を貫いた
インド独立の父

ポルバンダル（インド）出身。南アフリカ赴任中のインド人差別の経験から帰国後は、国民議会派を組織し、非暴力・不服従を掲げ、「塩の行進」などでインド独立を指導。度重なる投獄・拘禁を経験したが独立を達成した。その後はヒンドゥー・イスラーム両教徒の融和のために尽力したがヒンドゥー教徒過激派により殺害された。

 不服従という独自の抵抗の在り方

　1982年に公開された映画「ガンジー」は、「マハートマー（偉大な魂）」と言われたガンディーの青年時代から暗殺までを描いています。この映画でガンディーを演じたベン・キングズレーはアカデミー主演男優賞を受賞しました。演技力も素晴らしいのですが、イギリス人でありながらインド人の血も引くというベン・キングズレーは、イギリスとインドの歴史に深く関わるガンディーの生涯を描くには適役だったのではないかと思います。

　ガンディーといえば、すぐに「非暴力・不服従運動」という言葉が出てくるほど、その非暴力主義は知られています。**「独立運動」といえば、民衆の支持を集めて武器を手に取らせ、武力闘争に立ち上がらせるという時代に、暴力を使わずに「不服従」で独立闘争を挑むというそのスタイルは、同時代のどんな革命家や独立運動家とも違うものでした。**

第1章 ヨーロッパ（古代～中世）
第2章 中東（古代～オスマン帝国）
第3章 インド（古代～ムガル帝国）
第4章 中国（古代～清王朝）
第5章 一体化する世界の時代
第6章 革命の時代
第7章 帝国主義と世界大戦の時代
第8章 近代の中東・インド
第9章 近代の中国
第10章 現代の世界

「聖人」さながらの風貌とその行動

　西インドの小さな藩王国の宰相の長男として生まれた**ガンディー**は、ロンドンに留学し、弁護士の資格を得て帰国しました。南アフリカのインド系企業の依頼で南アフリカに渡り、白人による不当なインド系移民への差別を目の当たりにし、在住インド人の市民権獲得闘争を指導しました。

　インドに帰国したガンディーはインドの自治獲得に向けて運動を開始します。そのとき世界は第一次世界大戦の真っただ中でした。「参戦のかわりに戦後、インドに自治を与える」というイギリスの約束に期待し、「名士」だったガンディーは人々にイギリスへの戦争協力を呼びかけたのです。結果、インドは150万人の兵を「イギリス軍」として戦場に送り、多くの死者を出しています。しかし、**戦後のイギリスは戦争に協力したインドに自治の約束を守らず、かえって弾圧を強化する法を制定し**、この法に反対したインド人をイギリスが殺害するという事件が起きました。

　このイギリスに対し、「非暴力・不服従」で対抗したのがガンディーでした。ボイコットをしたり税の不払いをしたり、公立学校からわざと退学させたり、イギリスの禁令を破り、塩づくりをする「塩の行進」を行ったりしたのです。宗教や民族、言語などが様々で、貧富の差も激しい「多様性」を持つインドの人々にとっては、あらゆる立場、階層の人が参加することができる運動が必要でした。そんな運動のリーダーには難しい言葉で語りかけるエリートではなく、「聖人」さながらの風貌で、人格そのもので人々をひきつけるガンディーのような人物がふさわしかったのです。

　西洋の近代文明を批判し、暴力に訴えず、宗教間の対話を訴えるガンディーを現実的でないと訴える人も多くいましたが、多様なインド社会をイギリスからの独立に向かわせたというのは、ガンディーの大きな功績です。しかし、**ガンディーであっても、ヒンドゥー教徒とイスラーム教徒の融和は難しいことでした。イスラーム教徒に融和的な姿勢が過激なヒンドゥー教徒の不満を呼び、ガンディーは暗殺されてしまった**のです。

ネルー

1889年～1964年

独立後も国際社会で活躍した
インドの初代首相

アラーハーバード（インド）出身。ガンディーの「サティヤーグラハ」に共感し、国民議会派に加わり、「プールナ＝スワラージ」のために尽力。第二次世界大戦後の分離独立したインド連邦で初代首相に就任。また、インド共和国憲法成立後はインド共和国首相として、周恩来やスカルノと共同歩調をとり、第三世界を主導した。

 現実路線をとった「政治家」ネルー

　ガンディーは「思想家」の側面が強い人物でしたが、ガンディーとともにインドの独立に力を尽くした**ネルー**はあくまでも現実を直視する「政治家」でした。「理念」を説くガンディーに対し、理念だけでは独立は達成できないと「現実」を説いたのです。ガンディーがインドの伝統的な手工業に回帰することを主張しても、ネルーは近代的で合理化された機械工業の導入を主張し、ガンディーが非暴力を説いても、ネルーは武力闘争をも辞さない態度を貫きました。イギリスは「将来、ガンディーよりも危険になりそうな人物」と、ネルーをマークし、投獄されること9回、政治犯としての獄中生活は3200日にも及びました。

　その獄中でネルーが書いたものが『父が子に語る世界歴史』を始めとする著書です。『父が子に語る世界歴史』は、娘のインディラに手紙を書く形で世界の歴史を平易な言葉で語った名著です（もちろん、世界情勢は当時

第1章　ヨーロッパ（古代～中世）

第2章　中東（古代～オスマン帝国）

第3章　インド（古代～ムガル帝国）

第4章　中国（古代～清王朝）

第5章　一体化する世界の時代

第6章　革命の時代

第7章　帝国主義と世界大戦の時代

第8章　近代の中東・インド

第9章　近代の中国

第10章　現代の世界

とはまったく違い、今見ると古い説も取り入れられていますが）。この本の中でネルーは娘に、少年少女たちがただ日付や事件を暗唱することを学習と捉えているのは残念なことであり、歴史というのは全体なのだから、一国や二国に限定するような学び方をせずに、世界中のことを勉強するようにしなさいということを説いています。また、いろいろな民族には違いもあるが、共通点も多く、国境や地図の塗り分けにとらわれない広い視野に立って歴史を捉えるようにとも説きます。こうしたネルーの言葉には、私たち歴史の教員に対する大きな示唆があるように思えます。

🐫 独立後のインドの首相に

ネルーは独立後のインドの首相兼外相となり、17年間政権の座にありました。ネルーの政治でよく知られるのは、外交面でのめざましいはたらきです。第二次世界大戦後の米ソ対立を中心とする冷戦構造に対し、アジア・アフリカ諸国に呼び掛けて非同盟・平和共存の姿勢を打ち出します。

中華人民共和国の成立にはいち早くこれを承認し、周恩来首相と平和五原則の声明を出します。そして、この五原則に基づき、インドネシアのバンドンで、インドネシアのスカルノ、中国の周恩来、エジプトのナセルら29か国の首脳を招いてアジア＝アフリカ会議を開催し、**米ソのどちらにもつかないという「第三世界」の形成を訴えました。**

しかし、ヒンドゥー教徒の国であるインドと「ケンカ別れ」をした格好の隣国のパキスタンには断固たる対応をとり、インド＝パキスタン戦争を起こしました。現在もなおインドとパキスタンが領有権を争う「**カシミール問題**」が続いているなど、世界の「宿題」を残した格好にもなっています。また、一時は接近していた中国とも晩年は関係が悪化しました。

内政面でも社会主義を志向していましたが、カーストの存在や多くの宗教、言語が混在する「多様性の国」インドを社会主義で一枚岩にすることは難しく、効果は限定的でした。晩年は経済が停滞してしまい、内外ともに行き詰まる、失意の日々であったようです。

ナセル

第1章　ヨーロッパ（古代～中世）

第2章　中東（古代～オスマン帝国）

第3章　インド（古代～ムガル帝国）

第4章　中国（古代～清王朝）

第5章　一体化する世界の時代

第6章　革命の時代

第7章　帝国主義と世界大戦の時代

第8章　近代の中東・インド

第9章　近代の中国

第10章　現代の世界

1918年～1970年

スエズ運河の国有化を宣言した
エジプト共和国の大統領

バコス（エジプト）出身。エジプト革命を指導し独裁政権を敷いた。イギリス占領軍の撤廃に成功。また、スエズ運河を国有化しシリアと合同のアラブ連合共和国を成立させた。第3次中東戦争時に急死。

帝国主義的な英仏に非難が集中

　ネルーらを中心に開催された、アジア＝アフリカ会議に出席したエジプトの**ナセル**大統領は、その翌年、世界をあっと言わせる宣言を行いました。それが、スエズ運河の国有化宣言です。

　アジア＝アフリカ会議では、かつて帝国主義諸国に植民地化されていた国々が、反帝国主義・反植民地主義を訴え、アメリカとソ連のどちらにもつかないという第三世界の結束を確認し合いました。**イギリスにその経営権が握られていたスエズ運河は、まさに帝国主義の象徴でした。ナセルの国有化宣言に力を与えたのが、アジア＝アフリカ会議だったのです。**

　国有化の背景にはアスワン＝ハイダムの建設費用をめぐる、アメリカとの関係悪化もありました。アメリカが結成をすすめたバグダード条約機構にエジプトが反発し、ソ連側の国から武器の供給を受けたことに対し、アメリカはアスワン＝ハイダム建設への投資を引き揚げてしまったのです。アスワン＝ハイダムの建築資金を調達したいエジプトは、スエズ運河を国有化して、通行料収入を自国のものにしたかったのです。

　スエズ運河の大株主であったイギリス、フランスはイスラエルをけしかけ、スエズ運河の国有化阻止を図り第二次中東戦争を起こします。しかし、帝国主義的なイギリスとフランスに国際的な非難が集中したため、米ソが介入して両国を制し、スエズ運河はエジプトのものになったのです。

サダト

1918年〜1981年
イスラエルと和平を結んだ
エジプトの大統領

ミヌーフィーヤ県（エジプト）出身。ナセルに代わって大統領に就任。親ソ連路線から親米路線に転換し、イスラエルとの和平に合意した。アラブ連合共和国を廃しエジプト＝アラブ共和国を成立させた。

ノーベル賞を受賞したが暗殺される

　パレスチナをめぐるユダヤ人とアラブ人との対立問題から起こった**パレスチナ問題**は、イスラエルとアラブ諸国による4度の**中東戦争**に発展しました。この中東戦争で、アラブ諸国の先頭に立ってイスラエルと戦っていたのがエジプトです。第3次中東戦争まではアメリカの支援を受けたイスラエルが軍事的優位に立っていましたが、第4次中東戦争の様相は少し違っていました。奇襲攻撃によりアラブ側が先手をとったことと、アラブ側が**アラブ石油輸出国機構**を結成し、石油の輸出制限や値上げを行う「**石油戦略**」でイスラエルに対抗できるようになっていたからです。

　その後、エジプトの大統領の**サダト**は、ソ連寄りであったナセルの方針を転換し、アメリカとの連携を模索しました。アメリカもサダトの接近や原油価格の高騰、ベトナム戦争による疲弊などから、エジプトとイスラエルの和平の斡旋に大きく傾きました。「エジプトとイスラエルが和平をすることが中東の安定につながる」という世論も大きいものがありました。

　ここに、アメリカの仲介による**エジプト＝イスラエル平和条約**が結ばれたのです。これにより、サダトとイスラエルの**ベギン**首相はノーベル平和賞をもらっています。しかし、長年の「仇敵」であるイスラエルとの和平は、味方であるはずのエジプトのアラブ人から反発が起きたのです。「敵と手を握る者は敵」とみなされ、サダトは暗殺されてしまいました。

アラファト

第1章 ヨーロッパ（古代～中世）
第2章 中東（古代～オスマン帝国）
第3章 インド（古代～ムガル帝国）
第4章 中国（古代～清王朝）
第5章 一体化する世界の時代
第6章 革命の時代
第7章 帝国主義と世界大戦の時代
第8章 近代の中東・インド
第9章 近代の中国
第10章 現代の世界

1929年〜2004年
PLOの議長となったパレスチナの
アラブ民族運動の指導者

カイロ（エジプト）出身。武装集団の指導者として名声を上げPLOの議長に就任。パレスチナ人の権利回復のため過激な方針を転換し、イスラエルとの共存路線を打ち出しオスロ合意を成立させた。

テロの指導者がイスラエルとの和平に転換

　ユダヤ人がパレスチナにユダヤ人国家を再建しようとした**シオニズム運動**は、長い迫害の歴史を持つユダヤ人にとっての悲願でした。第一次世界大戦後、**祖国建設のためにパレスチナに移住するユダヤ人が増え始めた時代は、そこに居住するアラブ人にとっては土地を追われる時代の始まりでもありました。**そのような時代に、アラブ人コミュニティの一員として生まれたのが**アラファト**です。

　第二次世界大戦後、パレスチナに**イスラエル**が独立を宣言したころから、**パレスチナ問題**が本格化しました。亡命を余儀なくされたアラファトは、エジプトでイスラエルからパレスチナを取り戻すためのアラブ人組織「ファタハ」をつくり、拠点を移しながらイスラエルに対してゲリラ戦を展開していきました。ファタハの活動は次第に活発化し、アラファトはパレスチナ解放をめざす様々な機関の連合体である**PLO**の議長になりました。しかし、テロ行為に国際的な非難が集まり、長く活動するにつれて、アラファトの活動にも次第に行き詰まりが見えるようになります。

　そこで、アラファトは国連総会でテロ行為をはっきりと放棄することを宣言し、イスラエルを承認することにしたのです。オスロで交渉が行われ、イスラエルとパレスチナ人がお互いの存在を承認しあい、パレスチナ人による**ガザ地区**と**ヨルダン川西岸地区**の暫定自治の合意が成立したのです。

ラビン

1922年〜1995年
和平に合意するも
暗殺されたイスラエルの首相

イェルサレムの出身。軍人として第三次中東戦争でイスラエルを勝利に導いた。その後は政治家になって和平路線をとり、首相としてパレスチナと和平協定を成立させたがユダヤ人に暗殺された。

 歴史的な合意を行ったが同胞に暗殺された

アラファトとの暫定自治に合意したのがイスラエルの**ラビン**首相です。アメリカのクリントン大統領の前でアラファトとラビンが握手する光景は、高校生の頃に私がテレビで見た光景としてはっきりと思い出せます。まだ、それがどのような意味を持つかはわかっていませんでしたが、歴史的な瞬間であることは間違いない、と思ったものでした。アラファトとラビンはこの和平に合意したことで、ノーベル平和賞を受賞しています。ラビンは「あまりにも多くの涙と血が流れた」と言って、対立の沈静化を望み、イスラエル人としてパレスチナに対する償いの言葉も述べたのです。**しかし、これはイスラエルの民族主義者にとっては「敵と手を組もうとする裏切り行為」となるのです。**このときに手を結んだラビンも、そしてアラファトも、こんどは同じ民族から何度も命を狙われるようになります。そしてラビンは、イスラエルの民族主義者である学生に暗殺されてしまいました。

この章では、ガンディー、サダト、ラビンと、「敵と仲直りしようとして、味方に暗殺されるパターン」が繰り返されています。「復讐の連鎖」は一度始まったら、終わらせることは非常に難しいと痛感します。

この暗殺後、再び紛争は続いており、2020年代になってもイスラーム原理主義組織「ハマス」がイスラエル側にミサイル攻撃を行い、ハマスの施設にイスラエル国防軍が空爆を加えるという事件が起きています。

第9章

近代の中国

林則徐
りん そく じょ

1785年～1850年

アヘンの取り締まりに実績をあげた
地方行政のスペシャリスト

福州（安徽省）出身。湖広総督としてアヘン取り締まりの実績を上げ、道光帝から評価され、欽差大臣に任用された。その後広州で、アヘンの没収・処分を強行し、イギリス商人に対し、アヘン貿易の停止を命じた。しかしこれがアヘン戦争の端緒となり、イリ地方へ左遷された。その後太平天国討伐を命じられたが、赴任途中で病死した。

🏛 清王朝をむしばんだアヘンの被害

　開高健の短編小説にアヘンを題材に扱った『飽満の種子』という作品があります。そこにはフランスの詩人コクトーやイギリスの小説家グレアム＝グリーンの文章を紐解きながら、「飽満の種子」ケシから採取されるアヘンの「効果」について語られています。

　アヘンはヘロインと同じ系統に属する、鎮静効果をもたらす麻薬です。この小説の中でのコクトーやグリーンはアヘンを賛美していましたが、依存性が高く、「皮膚を虫が這いまわるように感じる」など、どの麻薬よりも禁断症状が激しいと言います。

　アヘンは太古から存在し、中国でも古くからの吸飲例がありましたが、**爆発的に消費量が増えたのは、なんといってもイギリスがインドのアヘンを大量に中国に持ち込んでからでした。**依存性が高く、禁断症状が激しいアヘンを「武器」にしていくところなどは、さすが帝国主義のイギリス、巧

妙だなと思います。密貿易によって持ち込まれたアヘンは次第に中国の内部まで持ち込まれていきました。本来、アヘン貿易を取り締まらなければならない広州の役人が真っ先にアヘン漬けになっていたというのも、非常に根が深い問題になっていました。

🏛 アヘン戦争を招いた厳しい取り締まり

この、アヘンの密貿易と戦った人物が**林則徐**です。少年時代から勉強熱心（父が科挙に失敗して没落していたため、熱心に教育をしたのかもしれません）だった林則徐は父の期待を背負って科挙に合格し、地方官を歴任しました。その後、中国沿岸部や中南部の江蘇や湖広の地方長官も務めたと言いますから、任地にはアヘンの害がかなり浸透していたことでしょう。この、地方長官時代からアヘンとの戦いは始まっていました。

その実績を買い、乾隆帝の2代あとの道光帝が林則徐にアヘン対策についての意見を聞くことになりました。このとき、林則徐はアヘン厳禁論を意見したことから、アヘン禁止のための特命大臣に任命されます。

林則徐はさっそく、**広州におもむき、アヘンの吸飲と販売を禁止し、イギリス商人が持っているアヘンを没収し、すべて処分したのです。その箱の数は2万箱に及んだと言います。**この大量のアヘンを海水に浸したうえで塩と石灰を投入し、化学反応で無毒化させたと言います。

この措置に反対するイギリスが艦隊を派遣し、アヘン戦争が始まるのですが、林則徐は持久戦、ゲリラ戦に持ち込んでの徹底抗戦を主張します。しかし、イギリス軍の攻撃におびえた清の政府は林則徐をクビにして、開戦の責任を問うて中央アジアのイリ地方に左遷するのです。

しかし、**左遷されても腐らないのが林則徐のえらいところです。赴任したイリ地方でも地方官としての実績を残して民衆の信頼を得て、ロシアとの国境近くでロシアの情報を入手して、ロシアへの防備の必要性を説きます。**この任を終え引退したのち、清の政府は再び林則徐を太平天国への対応の特命大臣に任命しました。

第1章 ヨーロッパ（古代～中世）

第2章 中東（古代～オスマン帝国）

第3章 インド（古代～ムガル帝国）

第4章 中国（古代～清王朝）

第5章 一体化する世界の時代

第6章 革命の時代

第7章 帝国主義と世界大戦の時代

第8章 近代の中東・インド

第9章 近代の中国

第10章 現代の世界

洪秀全
こう　しゅう　ぜん

1814年～1864年

太平天国の乱を起こした
宗教結社の指導者

花県（広東省）出身。アヘン戦争後、清朝への不満から起きた各地での反乱のひとつ、太平天国の乱を指導。キリスト教の影響を受け、独自の解釈を加えた「拝上帝会」を創始。特に農民や貧民層の支持を集め、「太平天国」を樹立し、南京を占領。その後中国華南一帯を征服。しかし、内紛が激化し、南京を失う前に病死した。

清王朝末期に起きた大反乱

　清王朝末期、宗教結社「拝上帝会」を組織した**洪秀全**は大規模な農民反乱である「太平天国の乱」を起こしました。国号を「太平天国」と定め、「国」の体をとった反乱軍は、南京を攻略して「天京」と名付け、さらに南西に勢力を拡大し、日本の本州に匹敵するような範囲を占領する大反乱となりました。この反乱に対抗すべく再び大臣になった林則徐は太平天国の乱に向かう途中、病死してしまいました。もし地方行政のプロであり、太平天国の主要な占領地となった江蘇や湖広に地盤を持つ林則徐が生きていたら、反乱も違った形になったかもしれません。

科挙に失敗してキリスト教に出会う

　この洪秀全が反乱に立ち上がったひとつのきっかけとなったのが、「科挙の失敗」というのはよく知られた話です。3度の科挙に失敗した洪秀全が、

その3回目の科挙に失敗したとき、失意のために病床に臥せていると、夢に不思議な老人が登場したといいます。洪秀全に言わせるとその老人はヤハウェであり、洪秀全自身はヤハウェの子でイエスの弟であり、洪秀全はそのときに悪魔退治の天命を受けたと自覚したそうです。

「科挙に落ちた逆恨み」と言えなくもない状況ですが、林則徐の父も科挙に落ちたことを根に持っていたようですし、やはり中国の人々にとって科挙は大きな存在だったのです。科挙に失敗した人物が大乱を起こした例としては、役人をあきらめた人物が塩の密売に手を出した後に反乱を起こして唐を滅ぼしたという、黄巣の乱があります。役人へのキャリアパスが超高倍率の試験だったということも考えもののような気がします。

🏛 失敗に終わった太平天国の建国

この太平天国は「滅満興漢（満州民族の清を倒し、新たに漢民族の国を興そう）」のスローガンのもと、反封建制などを掲げ、土地の均等配分を定めた「天朝田畝制度」、男女の平等、それまでの中国の「悪習」であった辮髪や纏足の禁止など、様々な政策を打ち出します。

しかし、洪秀全の宗教的な理想に皆がついてきたわけではないこと、部下が勝手に王を自称して内部対立が始まったことなどにより太平天国は弱体化し、義勇軍や外国人部隊の攻撃を受けて劣勢に立たされる中で洪秀全は病気で亡くなります。

私が最も興味深いと思ったのは、太平天国でも「科挙」が行われたことです。科挙に失敗して、恨みを持っているのならば、科挙なんてやめて新たな役人採用の方法をとればいいのに…と思うのですが、逆恨みをしているからこそ、それにとらわれて「自分が採用する側に回ってやりたい」という感情もあったのではないかと思います。大学受験に落ちた人がかえって、学歴にこだわるようになってしまうこともよくあることで、親子関係にしろ、人間関係にしろ、逆恨みをすると逆にそのことにとらわれてしまうこともよくあるのではないかと、洪秀全を見ていると思います。

第1章 ヨーロッパ（古代～中世）
第2章 中東（古代・オスマン帝国）
第3章 インド（古代・ムガル帝国）
第4章 中国（古代～清王朝）
第5章 一体化する世界の時代
第6章 革命の時代
第7章 帝国主義と世界大戦の時代
第8章 近代の中東・インド
第9章 近代の中国
第10章 現代の世界

西太后

1835年～1908年

皇帝になりかわり
権力をふるった太后

北京の出身。子の同治帝、次いで甥の光緒帝の治
世に、垂簾聴政を始めた。光緒帝が親政を始める
と、旧勢力を率いて反発。日清戦争の敗戦後は戊
戌の政変で改革派らを弾圧。その後独裁的となり、
義和団を支持。立憲政治への転換を試み清の延命
を図ったが、失敗に終わり、辛亥革命の端緒とな
った。

🏛 紫禁城に位置する皇帝のプライベートスペース

　北京の紫禁城は、明と清の両王朝を通して皇帝たちの宮殿でした。その
壮大さは「世界最大の宮殿建築」というにふさわしいものがあります。入
場して見学ルート順に進むと、巨大な太和殿をはじめとする「外朝」エリ
アに入ります。このエリアは公的な場所であり、様々な儀式が行われまし
た。

　中ほどの乾清門の奥は「内廷」と呼ばれ、皇帝の私的な生活エリアとな
ります。私的な生活エリアではあったのですが、康熙帝以降はここが日常
政務の中心にもなりました。康熙帝は寝る間も惜しむぐらいの皇帝ですか
ら、プライベートスペースと仕事場が近いほうがよかったのでしょう。

　さて、康熙帝の次の皇帝の雍正帝から、さらに政務の中心が移ります。内
廷の西側にある「養心殿」という建物がある一画がその場所です。この場
所は、皇帝以外の男子禁制の、いわゆる「後宮」の入り口にあたります。皇

帝にとっては、後宮から出てすぐの場所に政務の中心を置いたことになります。通常の見学ルートではすでに巨大な建物を見終えているので、養心殿を見ても、「ここがあの大清帝国の中心か」とは思えないほど小規模な建物群ですが、雍正帝や乾隆帝、清の後半の皇帝たちはその場所で政治を行ったのです。

🏛 「後宮」に隣接していた皇帝の執務室

さて、皇帝たちによる「養心殿」での政治のうち、清の10代目、11代目の同治帝、光緒帝の時代は、同治帝の母である**西太后**が実権を握っていました。そこで行われた政治が、**西太后が皇帝になりかわり、すだれの後ろで政務を見る「垂簾聴政」です。後宮の女性である皇太后は、男性である皇帝の家臣とは直接対面することができません。そのため、皇帝の玉座の後ろに黄色いすだれをたらし、その中に座って政務を行ったのです。**

養心殿の一画に隣接する「後宮」は「西六宮」と言われます、そこに「西」太后が居住しているというわけです。西太后は後宮を出て、すぐ前にある養心殿の「東の間」のすだれの後ろに陣取り、皇帝の執務を後ろから見ていた、ということになります。

息子の同治帝は早々に亡くなり、「垂簾聴政」の対象は甥の**光緒帝**になりました。即位のときはわずか4歳という幼い皇帝でしたので、西太后は独裁的な権力がふるえたのです。

しかし、光緒帝はすこしずつ大人になっていきます。親政への意欲を見せた光緒帝に対し、西太后は自分の姪を「目付け役」のように皇后に立てることで、影響力を及ぼそうとしますが、**光緒帝が改革に意欲を見せ、西太后を政務から除こうと企てると、西太后は保守派と結んで弾圧し、光緒帝から再び実権をとりあげ、「垂簾聴政」を復活させます。**西太后の指導力には再評価の声もありますが、義和団事件の際に列強に宣戦布告を行い、逆に出兵を招くなど、清王朝の滅亡を早めてしまったという評価が一般的です。

第1章 ヨーロッパ（古代〜中世）

第2章 中東（古代〜オスマン帝国）

第3章 インド（古代〜ムガル帝国）

第4章 中国（古代〜清王朝）

第5章 一体化する世界の時代

第6章 革命の時代

第7章 帝国主義と世界大戦の時代

第8章 近代の中東・インド

第9章 近代の中国

第10章 現代の世界

孫文
そん ぶん

1866年～1925年

三民主義を掲げ
革命を指導した中国革命の父

香山県（広東省）出身。中国の政治家で中国革命
の指導者。清朝打倒を掲げ、ハワイで興中会を結
成。その後東京で中国同盟会を結成し、三民主義
を理念に、革命運動を進めた。辛亥革命で臨時大
総統に就任したが、袁世凱に政権を譲った。その
後、中国国民党を組織し、第1次国共合作を実行
し、軍閥打倒を目指した。

孫文を支えた日本での活動

　横浜中華街の関帝廟通りに入る入り口のところに「華都飯店」という北
京料理のお店があるのですが、その3階に「中山紀念堂」と書いてありま
す。「中山」というのは、「中国革命の父」と言われる孫文のことです。孫
文と日本とのかかわりは深く、宮崎滔天や犬養毅など、多くの日本人と親
交を深めています。孫文は清朝打倒の挙兵に失敗し、何度か亡命しますが、
主要な亡命先のひとつが日本だったのです。日本に亡命していたとき、そ
の横浜の拠点となったのがこの「中山紀念堂」のあった場所とされていま
す。日本の各地に孫文ゆかりの地が点在しており、孫文の革命を支えたの
が日本での活動であったことがよくわかります。

海外で革命団体を立ち上げる

　孫文は清朝を倒す革命運動の中心人物として、中国に共和政をもたらし

た立役者です。**中華民国も、中華人民共和国もこの孫文による清王朝打倒の革命運動がなければ存在しなかったということから、その両方から「中国革命の父」と言われます。**

　中国の革命家として知られる孫文ですが、そのキャリアのかなりの部分を海外で過ごしています。幼い頃に父を失った孫文は移民の兄を頼ってハワイに移住します。ハワイの高校を卒業後、いったん中国に戻り、イギリス領である香港の医学学校を首席で卒業し、ポルトガル領であったマカオで開業して繁盛します。海外生活の中で欧米の市民革命や日本の明治維新や自由民権運動などの情報に触れていた孫文は、清王朝の打倒を志向するようになりました。そして、ハワイで清王朝打倒のための革命団体である興中会を結成し、広州で蜂起します。しかし、この蜂起は失敗に終わり、孫文は日本に亡命し、日本を拠点にアメリカ、イギリスと渡ります。途中、ロンドンの公使館に一時拘禁されますが、それまでの経験を英文で発表したことにより革命家としての名が上がります。そして、東京で清朝打倒の革命団体を結集させた中国同盟会を結成したのです。

🏛 中華民国の臨時大総統に選出される

　ここまで、孫文の拠点は基本的に海外にあり、革命団体の結成や資金集めを主に海外で行っていたのが特徴です。**海外から清を見ることによって、客観的に清の末期的状況をとらえ、革命の必要性を考えることができたのでしょう。その拠点として日本は重要な場所であったのです。**

　中国同盟会は「民族の独立・民権の伸長・民生の安定」の「三民主義」を掲げ、中国国内の支部を動かして何度も武装蜂起をしましたが、これは小規模な蜂起にとどまり、失敗に終わっています。

　そして、清の武昌で兵士たちの大規模反乱が起き、辛亥革命が勃発します。そのときアメリカにいた孫文は中国に帰国し、民衆に熱狂的に迎えられました。そして、孫文は臨時大総統に選出され、中華民国の建国宣言をすることになったのです。

第1章 ヨーロッパ（古代〜中世）

第2章 中東（古代〜オスマン帝国）

第3章 インド（古代〜ムガル帝国）

第4章 中国（古代〜清王朝）

第5章 一体化する世界の時代

第6章 革命の時代

第7章 帝国主義と世界大戦の時代

第8章 近代の中東・インド

第9章 近代の中国

第10章 現代の世界

袁世凱
えん せい がい

1859年～1916年
清王朝打倒のキープレイヤーに
なった野望多き人物

項城県（河南省）出身。辛亥革命の勃発により清朝政府の総理大臣となるが、中華民国の孫文と会談し、宣統帝を退位させ、自身が中華民国の臨時大総統に就任。その後皇帝を称したが反乱拡大を招き退位した。

革命派に転じた清軍のエース

　軍の実力者である**袁世凱**は西太后の信任を得て出世していましたが、西太后の死後、宣統帝の時代になると失脚していました。しかし、辛亥革命の勃発により危機に瀕した清王朝は、袁世凱を再起用して革命派の鎮圧にあたらせます。

　袁世凱は部下を革命派の鎮圧にあたらせますが、その一方で、革命派と接近もしています。袁世凱にとってこの状況は、中国の主導権を握る最大のチャンスだったのです。**清を倒して共和国の樹立を優先させたい孫文と交渉し、袁世凱が清王朝を滅亡させることと引き換えに、中華民国の臨時大総統の地位を譲らせたのです。**中国の混乱がロシアや日本の圧力の増大を招き、イギリスの持つ中国の市場を奪われると考えたイギリスも、中国の安定を狙って、革命派と袁世凱の接近を後押ししました。

　清王朝は驚いたことでしょう。**軍事的エースを鎮圧に差し向けたら、逆に革命派のリーダーとなって皇帝の退位を要求されたのですから。**

　袁世凱政権は列強の圧力に対抗するために中央集権化を図りましたが、日本からの「二十一カ条の要求」を受け入れたため、中国国内からの支持を失いました。その後、皇帝への就任をもくろみましたが列強に支持されず、反対派の革命も起きて帝政を取り消し、大総統を辞任しました。「ストロング・マン」と言われた野望多き人物でした。

蔣介石

<small>しょう　かい　せき</small>

1887年～1975年

国民革命軍総司令となり
北伐を完成させた中華民国の総統

渓口鎮（浙江省）出身。中国国民党・孫文の後継者。日本留学中に中国同盟会に入り、辛亥革命が起こると帰国して従軍。孫文の死後、上海クーデターで共産党を排除して南京国民政府を樹立した。北伐を完成させ中華民国の統一を達成。第二次世界大戦後の国共内戦は毛沢東の中国共産党に敗れ、台湾に政権を移した。

第1章 ヨーロッパ（古代～中世）
第2章 中東（古代～オスマン帝国）
第3章 インド（古代～ムガル帝国）
第4章 中国（古代～清王朝）
第5章 一体化する世界の時代
第6章 革命の時代
第7章 帝国主義と世界大戦の時代
第8章 近代の中東・インド
第9章 近代の中国
第10章 現代の世界

🏛 清王朝が倒れたあとの複雑な状況

　袁世凱は帝政への野望に挫折する中で病死しますが、袁世凱に任命されていた中国北部の各省の長官はそれぞれの省の軍事指導者として「軍閥」化し、互いに争う状況が生まれていました。軍閥たちは海外勢力と結び、それぞれの軍の近代化をおこなうために支配地域に重税をかけるようになりました。

　これに対し、孫文たちは中国の南の広東省で新たな政府をつくり、北方に割拠する軍閥たちに対抗しました。この頃から、孫文たちの政党は「中国国民党」と改称されます。

　そこに、さらに複雑な要素が中国に交ざってきます。それが、第一次世界大戦中に発生したロシア革命の影響です。学生を中心に社会主義に関心を持つ人々が増加し、「中国共産党」ができます。

「軍閥」「孫文の政府」「共産党」の３つの要素が絡む中、孫文は共産党と

の連携を行い、協力して軍閥に対抗しようとしました。孫文の政府は軍閥たちに対抗するための軍事力をつけようと、軍事技術を学ぶための使節をソ連に派遣したのですが、その一員となっていたのが蒋介石でした。

🏛 生涯持ち続けた共産党への警戒心

　ソ連におもむいた蒋介石は中国に戻って士官学校の校長になるのですが、軍事技術を学びに行ったソ連で、かえって共産党と社会主義に警戒心を抱くようになります。蒋介石の目には、ソ連が「中国を対等な関係と見ていない」「共産主義をかかげる帝国主義者」に映ったのです。

　孫文は「国共合作」と言われる共産党との連合を行い、軍閥を倒すための北伐を開始しますが、蒋介石の中には中国が共産党と接近することによってソ連の影響が増大し、いつか中国がソ連のものになってしまうとの懸念がありました。**孫文の死後、蒋介石は突如上海で共産党員を虐殺し、国民党の実権を握るクーデターを起こします。**ソ連と共産党に対する警戒心をもつ蒋介石を、上海を中心とする「浙江財閥」と言われる資本家たちやアメリカやイギリスなどの資本主義国が支持しました。彼らもまた、計画経済と社会的平等を掲げる共産党の思想を警戒していたのです。

　そして、「反共産党」で固めた蒋介石の国民党は南京に新たな政府を立て、共産党員の弾圧を開始します。ここに長きにわたる国民党と共産党の戦い、すなわち「国共内戦」が始まるのです。国民党単独で北部の軍閥たちを征服する「北伐」を完成させ、全国統一の宣言をした蒋介石はいよいよ、残る対抗勢力である共産党に対しての攻撃を強めます。

　日中戦争の勃発により、蒋介石は日本と戦うために一時的に共産党と手を組むことはありましたが、戦争が終われば再び共産党を敵視して内戦を再開しました。しかし、**日中戦争後の「国共内戦」では国民党は敗北して台湾に退き、中華民国政府を移転して共産党による中華人民共和国政府と対抗することになります。そこから中華人民共和国と中華民国の「2つの中国」が存在することになったのです。**

張作霖
ちょう　さく　りん

1875年〜1928年

中国東北部をおさめ
北京を支配した大軍閥

海城市（遼寧省）出身。奉天派の北洋軍閥。辛亥革命後、北京に進出し実権を握った。しかし蔣介石の北伐軍に北京を追われ奉天へ戻る途中、満州支配を狙った日本の関東軍により爆殺された。

馬賊から「満州の覇者」となる

　先ほど「軍閥」についてお話ししましたが、代表的な「軍閥」をひとり紹介しましょう。それがこの**張作霖**です。張作霖は中国東北部の農民の子として生まれ、騎馬による盗賊である「馬賊」の頭目になります。一方で、商売を営み、投機を行って財産を築いたそうです。

　そして、張作霖は清王朝の正規軍に組み込まれることになりました。清王朝はロシアや日本の圧迫に備え、中国東北部の防衛力を強化するため馬賊を正規軍に編入したのです。辛亥革命後、張作霖は袁世凱の信頼を得て東三省（奉天省・吉林省・黒竜江省）の軍を統率する立場になりました。袁世凱が死去すると、**その混乱に乗じて奉天省（現在の遼寧省）全域の実権を握り、吉林省と黒竜江省の支配権もおさえ「満州の覇者」として君臨する軍閥になったのです。**

　軍閥どうしの争いの中で北京に支配を広げた張作霖は北京で大元帥を名乗り、中華民国の実力者としてふるまうようになります。日本は張作霖と関係を深め、中国に対する影響力を強めようとしました。

　しかし、蔣介石による北伐軍に敗れた張作霖は北京を失ってしまいました。張作霖の乗った列車が爆破されたのは北京を引き上げ、本拠地の奉天に帰る途中でした。「満州の覇者」を爆殺して満州を「空席状態」にし、軍事介入をすすめようとした日本の関東軍の策略とされています。

張学良
ちょう　がく　りょう

1901年〜2001年
内戦の停止と国共合作を
訴えた張作霖の子

桓洞鎮（遼寧省）出身。張作霖の子。張作霖爆殺事件を受け、蒋介石の国民政府と提携。関東軍の満州事変以降、共産党との対立を続ける蒋介石に対し西安事件を起こし抗日を訴えた。

🏛 蒋介石を監禁し抗日を訴える

　父の張作霖が爆殺されると、子の**張学良**が中国の東北地方を引き継ぎました。関東軍に父親を殺された格好になった張学良は、父の敵であった国民党の蒋介石と合流し、日本との対決姿勢を明らかにしました。

　日本は張作霖の爆殺のあと、ますます中国東北部への軍事的圧力を強めました。そして、関東軍は満州事変により中国の東北部を制圧してしまったのです。張学良は本拠地を失いますが、蒋介石は日本軍よりも共産党との内戦を重視したため、張学良も日本との妥協を余儀なくされました。

　中国進出を強める日本に対し、中華民国は満州事変の不当性を訴え、国際連盟はリットン調査団を派遣しますが、調査団の報告を受け入れない日本は国際連盟を脱退します。そして、河北省に自治政府をつくらせ、中華民国からの切り離しを図ったのです。

　それでも蒋介石は共産党との内戦を重視し、張学良とその軍に共産党の攻撃を命じていました。張学良の軍は故郷を日本軍に占領されているのに、同じ中国人の共産党の攻撃を蒋介石に命令される格好になっていたのです。

　そこで、業をにやした張学良が動きました。張学良は軍とはかり、**西安を訪れた蒋介石を監禁し、内戦の停止と国民党と共産党が一致して日本軍へ抵抗することを訴えたのです。**蒋介石は要求を受け入れて解放され、中国は内戦を停止し、ひとつになって日中戦争を戦うことになりました。

溥儀

ふ　ぎ

1906年〜1967年

3たび皇帝となった
「ラスト・エンペラー」の数奇な生涯

北京の出身。清の最後の皇帝。辛亥革命で退位し、袁世凱によって紫禁城に幽閉された。その後日本の保護を受け、満州事変にともない満州国の執政となり、次いで皇帝に即位。第二次世界大戦の日本敗戦後は、戦犯としてソ連・中国で拘留された。釈放後は中華人民共和国の一市民として余生を送った。

第1章
ヨーロッパ
(古代〜中世)

第2章
中東
(古代〜オスマン帝国)

第3章
インド
(古代〜ムガル帝国)

第4章
中国
(古代〜清王朝)

第5章
一体化する
世界の時代

第6章
革命の時代

第7章
帝国主義と
世界大戦の時代

第8章
近代の
中東・インド

第9章
近代
の
中国

第10章
現代の世界

2歳で即位し6歳で清朝が滅ぶ

　清朝の第12代皇帝にして最後の皇帝、すなわち、秦の始皇帝から続いてきた中国の皇帝の歴史でも最後にあたる「ラスト・エンペラー」が、この**宣統帝**、すなわち**溥儀**です。

　宣統帝の数奇な運命は、2歳から始まります。伯父の第11代皇帝、光緒帝と、光緒帝の伯母である西太后が相次いで亡くなったのです（光緒帝の死の翌日に西太后が亡くなったといいますから、かなり不自然な死です。光緒帝が毒殺されたということは確実視されています）。宣統帝は皇帝になりましたが、2歳10か月の子どもに業績など残せるはずがありません。即位の頃にはすでに清王朝は末期的な状況でした。

　辛亥革命のとき、6歳の宣統帝は袁世凱によって退位させられ、清王朝は滅びました。しかし、紫禁城にとどまることは認められ、「大清皇帝」の称号と年金をもらい、生活そのものは皇帝と変わりませんでした。

その後、袁世凱が死去して、政治的な空白が生まれたことは、清王朝の復活を願う人々にとってはチャンスでした。宣統帝は清王朝復活派の張勲という人物にかつがれ、再び皇帝に返り咲きます。宣統帝はまだ10歳、もちろん自分の意志ではありません。張勲は政敵に追われたため、この復活もわずか13日間でした。その後、18歳まで紫禁城での日々が続きますが、中国の武力統一をめぐる軍閥の争いの中で北京を追われてしまいました。

🏛 満州国の皇帝となり戦犯となる

　溥儀の数奇な運命の第2章はここから始まります。北京を追われた溥儀は北京の日本公使館に受け入れられ、日本が行政権をもつ天津の租界で保護をうけたのです。天津の日々は溥儀にとっては静かな日々でした。「清王朝復活の旗印」という中華民国の危険人物になりえる溥儀に、おとなしく暮らすことを日本が要求したのです。

　しかし、25歳のとき、状況は急展開したのです。**大陸進出を図る日本軍が満州を占領する満州事変を起こし、満州国を建国すると、溥儀はその執政につけられたのです。その2年後には満州国の皇帝となり、年号を「康徳」とします。**ですから、溥儀は清の「宣統帝」となったのち、満州国の「康徳帝」にもなったことになります。満州国は日本軍の影響が強く、溥儀は事実上の日本の傀儡（かいらい）（あやつり人形）という性格が強くありました。

　溥儀が39歳になったとき、第二次世界大戦が終結しました。溥儀は満州国の解体と退位を宣言し、日本への亡命を図りますが、ソ連軍につかまり、強制収容所に送られました。途中、極東国際軍事裁判（東京裁判）で自身は日本の傀儡であり、帝位は日本軍の脅迫によるものと連合国に有利な証言をしますが、のちにそれは自己保身からの偽証であったと自伝に書いています。44歳でソ連から中華人民共和国政府に戦犯として引き渡され、53歳のときに特赦で許されます。ようやく一市民になれた溥儀はその後、中国の人民政治協商会議の委員などに就任し、61歳で亡くなりました。3度も皇帝になり、最後は一市民として亡くなった数奇な運命でした。

第10章

現代の世界

トルーマン

1884年～1972年

第二次世界大戦の終結と冷戦の始まりにかかわったアメリカ大統領

ラマー（ミズーリ州）出身。フランクリン＝ローズヴェルト死去に伴い、副大統領から昇格して就任。ポツダム会談で、日本に無条件降伏を勧告。戦後は反ソ・反共の立場をとり、トルーマン＝ドクトリンを発表するとともにNATOやANZUSなどの集団安全保障機構を組織したため、東西の冷戦構造を形成させることとなった。

 ## 突然の大統領就任

　アメリカの大統領が任期途中で亡くなった時には、副大統領が昇格して大統領になります。アメリカにおけるこのケースは多く、第10代大統領のタイラーをはじめ、フィルモア、A＝ジョンソン、アーサー、セオドア＝ローズヴェルト、クーリッジ、トルーマン、ジョンソン、フォードと、9人の大統領が、先代の大統領の死去により昇格して大統領になりました。そのうち、5人の大統領が殺害された（リンカン、ガーフィールド、マッキンリー、ハーディング、ケネディ）というのが、アメリカの歴史も激動の歴史だったのだな、と思います。この中でも、第33代の**トルーマン**大統領は、とりわけ難しいタイミングで大統領になりました。先代のフランクリン＝ローズヴェルトは脳出血による急死で、思いもかけない死でした。しかも、ローズヴェルトの4回目の当選に伴う初の副大統領就任であり、副大統領経験も大統領就任前の3か月だけという短さでしたので、経験や引

き継ぎも不十分です。**そんなトルーマンに、残り4か月になった第二次世界大戦の困難な「幕引き役」が回ってきたのです。**

 第二次世界大戦から冷戦へ

　ドイツ軍はほぼ壊滅し、残るは対日作戦という状況の中で、トルーマンは対日作戦に関する2つの課題に直面していました。ひとつは、新型爆弾、すなわち原子爆弾の開発が進んでいたこと、もうひとつはヤルタ会談で秘密裏にソ連の対日参戦が決まっていたことです。

　1945年4月12日に就任したトルーマンの第二次世界大戦中の動きを紹介しましょう。7月17日、トルーマンはポツダム会談に臨み、イギリス、中国との連名でポツダム宣言を出し、日本に無条件降伏を勧告します。そして、この宣言に対して7月28日に日本政府が「黙殺する」と表明したことを「拒絶」と理解したアメリカは、8月6日に広島に原子爆弾を投下します。8月8日にはソ連がヤルタ協定に基づき、日ソ中立条約をおかして対日参戦に踏み切ります。8月9日には長崎に原子爆弾を投下します。8月14日には日本がポツダム宣言の受諾を決め、9月2日には降伏文書の調印が行われました。トルーマンは就任から半年も経たずに、大きな決断を次々と迫られていたに違いありません。**その間、トルーマンは核兵器を初めて使用したアメリカの大統領になり、ソ連と太平洋をはさんだ主導権争いの始まりも引き受けた大統領になったのです。**

　戦後の時代はトルーマンの懸念の通り、ソ連との激しい対立の時代となりました。トルーマンは内戦状態にあったギリシアとソ連と対立していたトルコに軍事・経済援助を与え、ソ連を「封じ込める」いわゆる「**トルーマン=ドクトリン**」を発表し、反ソ連、反共産党を明確に打ち出しました。

　冷戦の進行は、ベルリン封鎖への対応や朝鮮戦争への対応などトルーマンに次々と難題を突き付けました、朝鮮戦争にはアメリカ軍を派遣しましたが中国の義勇軍との泥沼の戦いになり、支持率は急落しました。引退後のトルーマンは「ほぼ一文無し」といわれるほど困窮したそうです。

第1章
ヨーロッパ
（古代～中世）

第2章
中東
（古代・オスマン帝国）

第3章
インド
（古代～ムガル帝国）

第4章
中国
（古代～清王朝）

第5章
一体化する
世界の時代

第6章
革命の時代

第7章
帝国主義と
世界大戦の時代

第8章
近代の
中東・インド

第9章
近代の中国

第10章
現代の世界

マーシャル

1880年〜1959年
軍人からアメリカの国務長官となり
ノーベル賞を受賞

ユニオンタウン（ペンシルバニア州）出身。トルーマン政権で国務長官を務め、マーシャル＝プランを発表し、ソ連の封じ込め政策を実現。朝鮮戦争開戦期には国防長官を務め、マッカーサーと対立し、退任させた。

🌐 冷戦構造を強めた皮肉なノーベル平和賞

　日本の「外務大臣」にあたる役職を、アメリカ合衆国では「国務長官」といいます。英語でも国務長官は「Secretary of State」と言い、「外交」の要素はこの言葉にはありません。アメリカ合衆国の「業務」がすなわち「外交」というのも何か変な感じがしますが、アメリカは連邦国家なので、**内政の権限は州にあります。そのため、「合衆国」の中央政府の主要な仕事は外交と軍事となり、それぞれ「国務長官」と「国防長官」がその長を担っているというわけです。**超大国アメリカの外交は世界に大きな影響を与えますので、国務長官の動向や発言には世界中の注目が集まります。

　この本でアメリカの「国務長官」としてとりあげる唯一の人物がこの**マーシャル**です。軍人としてのキャリアが長く、第一次世界大戦、第二次世界大戦と軍の作戦立案に携わり、戦後はトルーマン大統領政権の国務大臣になりました。このマーシャルが、トルーマン大統領によるソ連の封じ込め政策の「トルーマン＝ドクトリン」を具体化していくのです。

　その具体策がいわゆる「マーシャル＝プラン」です。表向きはヨーロッパ復興のための財政支援計画で、これによりマーシャルはノーベル平和賞をもらいますが、**結果的には西ヨーロッパをアメリカ側に取り込む働きをし、ソ連側が参加を拒絶することにより冷戦構造はますます激化していきます。**なんとも皮肉なノーベル平和賞となりました。

アイゼンハワー

第1章 ヨーロッパ（古代〜中世）

第2章 中東（古代〜オスマン帝国）

第3章 インド（古代〜ムガル帝国）

第4章 中国（古代〜清王朝）

第5章 一体化する世界の時代

第6章 革命の時代

第7章 帝国主義と世界大戦の時代

第8章 近代の中東・インド

第9章 近代の中国

第10章 現代の世界

1890年〜1969年

**「史上最大の作戦」を
成功させた最高司令官**

デニソン（テキサス州）出身。連合国遠征軍最高司令官として第二次世界大戦でノルマンディー上陸作戦などを指揮。大統領就任後はまき返し政策を提唱し、ソ連に積極的に対抗。スターリン死後は平和共存に転換した。

 「大戦の英雄」としての人気を背景に大統領を務める

　　トルーマンの次に大統領に就任した**アイゼンハワー**の最大の業績は、**「史上最大の作戦」とも言われ、第二次世界大戦の重要な転換点となったノルマンディー上陸作戦の指揮官であったということです。**

　　ノルマンディー上陸作戦とは、ドイツの占領下にあった北フランスのノルマンディー海岸に連合国軍が上陸した作戦です。この上陸地点が連合軍の反撃の足場となり、ドイツに対する攻勢が始まることになりました。アイゼンハワーは、ドイツ軍を欺くためにイギリス国内のラジオ放送で偽の情報を流したり、架空のアメリカ軍を編制してフェイントをかけたりしながら、なんとか上陸を成功させたといいます。

　　戦後、アイゼンハワーはコロンビア大学の総長を務め、そののち、NATO軍最高司令官に就任します。アイゼンハワーは基本的に軍のキャリアが中心で、政治家としての経験はありませんでした。しかし、大戦の英雄としての人気を背景にトルーマン引退後の大統領選挙で当選し、2期8年を務めました。冷戦のさなか、核武装の拡大を主導しましたが、実際の使用には否定的な見解を示しています。スターリンの死以降の平和共存の流れを受け、**ジュネーヴ4巨頭会談に参加し、ソ連のフルシチョフとの会談に応じるなどの柔軟な外交姿勢**は、軍歴が長く、戦争の難しさを良く知るアイゼンハワーならではのものだったかもしれません。

スターリン

1879年～1953年

**独裁と粛清で社会主義国ソ連を
つくった共産党の指導者**

ゴリ（ジョージア）出身。レーニンのもとでトロ
ツキーとともに第二次ロシア革命に加わった。レー
ニン死後は、トロツキーと指導権をめぐり対立
したが、トロツキーを退けて独裁的権力をふるう。
第二次世界大戦時は連合国陣営へ加わった。戦後
は東欧諸国の統制を強め、ワルシャワ条約機構を
結成し、アメリカ陣営と対立した。

 レーニンの死後ソ連の実権を握った「鋼鉄の男」

　スターリンはソ連共産党の指導者で、**レーニンの死後、30年以上もソ連
の実権を握った人物です。**本名はジュガシヴィリで、スターリンというの
は「鋼鉄の男」という意味を持つペンネームです。

　もちろん、スターリンは一般に言われるように、「恐怖の独裁者」として
の要素が強く、死後その政治手法は大いに批判されたのですが、独裁者が、
しかも長期にわたって独裁を展開できたわけですから、その政治に対して
国民からの一定の支持があったのもたしかです。スターリンの独裁の基盤
には、２つの世界情勢が背景にあったのではないかと思います。

 世界恐慌の裏で発展したソ連

　そのひとつが、五か年計画と世界恐慌が重なっていたことです。実権を
握ったスターリンはそれまでの資本主義的なネップ（新経済政策）をやめ、

「第1次五か年計画」を実行に移します。国の計画によって経済を運営し、農村の集団化や機械化による穀物増産と重工業の振興を行ったのです。この「恐慌に強い」しくみをもつ政策により、ソ連の見た目の生産力は拡大し、生産力拡大に伴う国民所得も大いに向上しました。

　世界中の資本主義国家の経済が恐慌で崩壊する中で、スターリンは社会主義の勝利を宣言しました。また、プロパガンダ映画などを通してその優位性を内外にアピールすることによってさらに支持を獲得したのです。

　もうひとつは、反ファシズムに対するアピールです。世界恐慌はファシズム勢力の拡大を生みましたが、スターリンはファシズムを「独裁者が民衆を国に従属させている」のだと批判しました。一方で、ソ連を「革命によってできた平等な民衆たちの国」とアピールし、自分たちの国は反ファシズムの先頭をきっている存在だとアピールして支持を得たのです（しかし、社会主義国も民衆を国に従属させていることには変わりません。ファシズムと社会主義の見た目は非常に似てくるのです）。

 ## 反対派を粛清し独裁を確立

　こうして、スターリンへの内外の支持が高まり、ソ連の社会的な地位は向上しました。しかし、その陰では「大粛清」と言われる大弾圧が行われていました。

　農村では強引な農業の集団化を行い、豊かな農民や集団化に反抗する農民は弾圧され逮捕、処刑されます。また、都市部においても資本家たちや、スターリンの政敵たちが次々に逮捕され、処刑されました。逮捕された人々は1200万人にのぼり、処刑されるか、強制収容所に送られて強制労働させられました。処刑された人は100万人、強制収容所で亡くなった人は200万人を超えると言われます。資料によっては犠牲者が1000万人というのもありますので、想像を絶する規模の粛清だったのでしょう。生前のレーニンはスターリンを「粗暴すぎる」と評したと言われますが、スターリンはそのような「粗暴さ」の上に個人崇拝を展開したのです。

第1章 ヨーロッパ（古代～中世）

第2章 中東（古代～オスマン帝国）

第3章 インド（古代～ムガル帝国）

第4章 中国（古代～清王朝）

第5章 一体化する世界の時代

第6章 革命の時代

第7章 帝国主義と世界大戦の時代

第8章 近代の中東・インド

第9章 近代の中国

第10章 現代の世界

フルシチョフ

1894年～1971年

スターリン批判を行い
ソ連の方針を転換させた指導者

カリノフカ（現在のロシア）出身。スターリンの
死後、ソ連共産党の第一書記に就任。スターリン
批判を展開し、アメリカとの平和共存へ転換した。
また、人工衛星スプートニクの打ち上げに成功。ソ
連首相としてアイゼンハワーと対談し、冷戦は「雪
解け」へ向かったが、ケネディとはキューバ革命
をめぐって核戦争勃発の危機を生じさせた。

 映像に残るフルシチョフ像

　昔、NHKで「映像の世紀」というテレビシリーズがありました。戦後50
年の節目に、20世紀の世界を映像で振り返るというシリーズなのですが、
その中の冷戦の時代の映像に、当時副大統領だったアメリカのニクソンと
フルシチョフの会談の様子がありました。

　この会談で、ニクソンはカラーのビデオカメラや生活家電の便利さを冷
静に説いて、資本主義の優位性をアピールしたことに対し、フルシチョフ
はソ連の宇宙分野での成功を誇り、ソ連がアメリカを追い抜くだろうと、か
なり上機嫌でまくしたてていたことが印象に残っています。この時代はソ
連がアメリカに先駆けて人工衛星の「スプートニク１号」を打ち上げてお
り、大陸間弾道ミサイル（ICBM）の開発も一歩リードしていたため、そ
の優位性をアピールしたかったのだろうと思います。

　しかし、子どものように宇宙技術を自慢するフルシチョフには、少し「口

の軽い」ところがあるのではないか、とも思わせる映像でもありました。

 ## 「本音」を世界に漏らしたスターリン批判

　この会談のように、フルシチョフは自分の気持ちをつい出してしまう「本音の人」だったのだろうと思います。スターリンの死後、実質的なソ連の指導者となった**フルシチョフ**は、**個人崇拝と粛清を行ったスターリンの政治を振り返る「スターリン批判」を行いました。**

　スターリン批判の内容自体は事例や証言の引用が多く、フルシチョフ自身の言葉は多くはありません。しかし、フルシチョフは時折、語尾に自分の感想を入れたり、ウケを狙うような言葉を挟んだりしているのです。そして、記録には何度も（場内笑い）（場内憤激）というような表現が出てきますので、フルシチョフはスターリン批判を「自分の本音」のように熱く語っていたのだと推測できます。それだけに、この批判はソ連の指導者の「本音」として、世界中に大きな波紋を起こしたのです。

　この「本音」が世界中に流出したことにより、世界は大きく変わりました。米ソ関係は大きく平和共存路線に動きました。フルシチョフがアメリカを訪問したことに中国が反発し、「中ソ対立」が起きました。一方、ソ連の「握力」が緩むと考えた東ヨーロッパ諸国ではポーランドやハンガリーでの暴動が起きました。

 ## スターリン批判後も続いた冷戦構造

　しかし、フルシチョフは冷戦構造そのものを変えたわけではありませんでした。ハンガリーの動乱ではソ連軍を軍事介入させ鎮圧します。スプートニクの打ち上げ成功やミサイル技術の開発成功により、軍事技術の優位をアメリカに誇るようになり、米ソ関係は再び緊張します。そして、アメリカの「裏庭」であるカリブ海のキューバにミサイル基地を建設しようとしたことで、世界は一挙に核戦争の危機に瀕することになるのです。

第1章
ヨーロッパ
（古代～中世）

第2章
中東
（古代～オスマン帝国）

第3章
インド
（古代～ムガル帝国）

第4章
中国
（古代～清王朝）

第5章
一体化する
世界の時代

第6章
革命の時代

第7章
帝国主義と
世界大戦の時代

第8章
近代の
中東・インド

第9章
近代の中国

第10章
現代の世界

ケネディ

1917年～1963年

ニューフロンティア政策を掲げた
若きアメリカ大統領

ブルックライン（マサチューセッツ州）出身。史上最年少かつカトリック教徒最初の大統領。ニューフロンティア政策を提唱し、アポロ計画や公民権運動を支持。就任直後、ベルリン問題の深刻化に伴うベルリンの壁構築やキューバ危機により、冷戦は激化。また、ベトナム戦争への介入を開始。テキサス州での遊説中に暗殺された。

 ## 若き大統領の登場

　アイゼンハワー大統領のあと、大統領に当選した人物が**ケネディ**です。43歳という史上最年少での当選であり、初のカトリック教徒の大統領として知られています。ケネディは「**ニューフロンティア政策**」と言われる政策を掲げ、様々な改革を国民に約束するとともに、国民にも新たな開拓者としての自覚を持ち、国家に協力することを求めました。

　この政策の目玉のひとつが、アメリカの宇宙開発を大きく前進させようという「**アポロ計画**」です。世界に先がけて人類を月に到達させるという計画は、人々に大きな期待を与えました。

 ## 核戦争の危機を回避

　大統領就任の翌年、ケネディは難題に直面します。キューバで革命が起きて親米の独裁政権が倒れ、社会主義政権が樹立されたのです。キューバ

第1章
ヨーロッパ
（古代〜中世）

第2章
中東
（古代〜オスマン帝国）

第3章
インド
（古代〜ムガル帝国）

第4章
中国
（古代〜清王朝）

第5章
一体化する
世界の時代

第6章
革命の時代

第7章
帝国主義と
世界大戦の時代

第8章
近代の
中東・インド

第9章
近代の中国

第10章
現代の世界

はソ連側の国になり、ソ連はそこにミサイル基地をつくろうとしました。キューバのミサイル基地が完成してしまうと、ワシントンやニューヨークもソ連のミサイルの射程圏内に入ってしまいます。危機を感じたアメリカはキューバを海上封鎖し、ソ連船によるミサイル資材の搬入を阻止したのです。

　ソ連がこの海上封鎖に反発したことで、米ソ両国による核戦争勃発の危機が一気に高まります。これが「キューバ危機」と言われる事件です。

　ひとつ間違えると核戦争が起きるかもしれない息詰まる交渉の結果、アメリカがキューバの内政にかかわらないことを条件にフルシチョフがミサイル基地の撤去に合意し、危機は回避されました。ケネディの弟はこの数日間の緊張感を、ここ数日の出来事がこれからも続くようなら、戦いは全人類を巻き込み、世界を破壊してしまうだろう、と回顧しています。

ベトナム戦争への道筋をひく

　このキューバ危機で、米ソの首脳が核兵器を持つことの恐ろしさを再確認した格好になり、平和共存志向が本格的に強まることになります。キューバ危機の翌年には、部分的核実験禁止条約が成立し、米ソ首脳が直接話せる無線電話、すなわち「ホットライン」も引かれました。

　このキューバの情勢はなんとかしのげたものの、こんどはベトナムの情勢が悪化してきました。アメリカが支援していたベトナム南部の「ベトナム共和国」では北ベトナムのゲリラが活発に活動するようになります。ケネディは南ベトナムへの「軍事顧問団」として実質的なアメリカ軍を派遣しましたが、**ベトナム戦争後、この派遣がベトナム戦争の道筋になったということに対して非難の声が上がりました。**

　こうした情勢の中、テキサス州のダラスを訪れたケネディは一発の凶弾に倒れます。この、ケネディの暗殺については陰謀論も多く、いまだに議論が絶えません。次の大統領のジョンソンはベトナム情勢に本格的な介入を始め、泥沼のベトナム戦争に引き込まれていくことになりました。

カストロ

1926年〜2016年
アメリカと対立を深め
革命を起こしたキューバの指導者

ビラン（キューバ）出身。親米のバティスタ独裁政権打倒を目指し、ゲバラらとキューバ革命を指導。フルシチョフと友好関係を結び、社会主義宣言を発表し、ソ連の支援と影響を受け、社会主義路線をとった。

親米政権を革命によって打倒

　キューバはアメリカの「裏庭」と言われるカリブ海の島です。コロンブスが上陸して以来、この島は長らくスペインのものでした。19世紀後半頃から独立運動が活発化し、ようやく独立できたのは20世紀の初めです。しかし、独立後は経済的にも軍事的にもカリブ海に強い影響力をもつアメリカに従属する立場に置かれました。特に、第二次世界大戦後にキューバの実権を握り、大統領になった**バティスタ**という人物は、アメリカ寄りの政策をとり、アメリカ企業にキューバの利権を認めていきます。一時はキューバの貿易総額の７割、キューバの資本の９割がアメリカのものになっており、キューバの儲けをアメリカが吸い取っていた形になっていました。

　この状況をメキシコから見ていたのが**カストロ**です。バティスタ政権に反対し、メキシコに亡命していたカストロは盟友の**ゲバラ**とともに、革命を起こすためにキューバに向かいました。島国キューバへの上陸には10人乗りのボートに82人が乗り込むという心細さでした。不運なことにこの上陸は発見されて攻撃を受け、いきなり20人以下に減ってしまいます。

　しかし、粘り強くゲリラを続けるうちにカストロは勢力を拡大していきました。バティスタは軍を差し向けて鎮圧にあたらせましたが、バティスタに不満をもつ軍は命令に従わず、むしろカストロ側に寝返ってしまいました。バティスタはドミニカに亡命し、キューバ革命が達成されたのです。

ゲバラ

1928年～1967年

「反米・反独裁」のシンボル
となったカストロの盟友

ロサリオ（アルゼンチン）出身。カストロらとともにキューバ解放を掲げ、ゲリラ戦を開始し、キューバ革命を指導した。工業大臣などの要職を歴任後南米各地でも革命運動を指導したが、ボリビアのゲリラ戦で銃殺された。

様々な国を渡った革命家

カストロの盟友、**ゲバラ**はアルゼンチンの裕福な家庭に生まれ、医師となりました。南アメリカをバイクで縦断旅行する中で、民衆の貧困や独裁政治を目の当たりにし、社会主義を指向するようになりました。

メキシコで**カストロ**と出会い盟友となると、カストロの**キューバ革命**に参加してバティスタの独裁政権を倒し、革命家としての名をあげました。

ゲバラはキューバ革命政権で国立銀行の頭取や工業大臣に就任し、キューバの社会主義化に貢献しますが（この頃に起きた事件が**キューバ危機**です）、ゲバラ自身は革命家として、キューバだけではなく、様々な国の革命を支援することが自分の使命と考えました。

まず向かったのがコンゴの革命運動の支援です。しかし、これは失敗に終わります。次にボリビアに潜入し、独裁政権を相手に革命をもくろみました。しかし、アメリカのCIAの支援を受けたボリビア軍がゲバラのゲリラ部隊を追い詰め、ゲバラは射殺されました。

命がけで第三世界の革命運動にあたった**ゲバラは死後も「反米・反独裁」のシンボルとなり**、反米思想を持った人々や独裁のもとで革命を目指す者たちに熱狂的に支持されました。現在でもラテンアメリカの国々ではよく肖像画が掲げられています。日本でもゲバラの顔をプリントしたTシャツを着ている若者をたまに見かけることがあります。

キング牧師

1929年～1968年
非暴力主義を掲げて人種差別
撤廃に取り組んだ指導者

アトランタ（ジョージア州）出身。インドのガンディーなどに影響を受け、非暴力を貫く黒人差別の撤廃運動を指導。ワシントン大行進を成功させ、公民権法成立に尽力してノーベル平和賞を受賞した。

20万人が集結した「ワシントン大行進」

　ケネディの暗殺の3か月前、ワシントン記念塔広場を20万人の人々が埋め尽くしました。リンカンの奴隷解放宣言から100周年を記念し、**キング牧師**らが指導した人種差別撤廃を求める大規模デモが行われたのです。**このデモは「ワシントン大行進」と言われ、この大群衆を前にキング牧師は有名な「私には夢がある（I have a dream）」という演説を行いました。**

　キング牧師はジョージア州のアトランタで生まれ、神学校を経てボストン大学で博士号を得て、アラバマ州のモントゴメリという町で牧師としてのキャリアを始めます。その翌年、モントゴメリの市営バスの人種分離制度に反対し、ボイコット運動を行います。この事件をきっかけに、キング牧師は黒人差別の撤廃を求めるという「公民権運動」の先頭に立つことになります。インドのガンディーに影響され、非暴力主義をかかげて粘り強く活動するキング牧師に、世論も次第に動かされていきました。

　この世論の高まりを受け、ケネディ大統領は人種差別を禁じる**公民権法**の制定を議会に求め、大統領執務室からテレビ演説を行い、その趣旨を説明しました。ワシントン大行進はこのテレビ演説の2か月後の出来事です。ケネディは暗殺され、公民権法の成立を見届けることはできませんでしたが次のジョンソン大統領のときにようやく成立しました。公民権成立の4年後、キング牧師も凶弾に倒れ、生涯を終えています。

ニクソン

1913年〜1994年

ベトナム戦争の幕引きから2つの「ショック」を引き起こした大統領

オレンジ・カウンティ（カリフォルニア州）出身。ベトナム戦争からの撤退を決定したが、パリ和平会談がまとまらず、カンボジア侵攻やラオス空爆を行い、戦争は拡大し深刻な財政難へ。結果、金とドルの交換停止を発表。また、ニクソン＝ドクトリンとキッシンジャー外交によってニクソン訪中が実現。

第1章 ヨーロッパ（古代〜中世）

第2章 中東（古代〜オスマン帝国）

第3章 インド（古代〜ムガル帝国）

第4章 中国（古代〜清王朝）

第5章 一体化する世界の時代

第6章 革命の時代

第7章 帝国主義と世界大戦の時代

第8章 近代の中東・インド

第9章 近代の中国

第10章 現代の世界

 ## ニクソンに回ってきた難しい役回り

　アイゼンハワー大統領の副大統領だった**ニクソン**は、アイゼンハワーの退任後、大統領選に出馬します。しかし、若いケネディに僅差で敗れ、ケネディの「引き立て役」になってしまいました。その2年後、カリフォルニア州知事にも立候補したのですが、そこでも敗北してしまいます。ニクソンはこの連敗で一時は政界を引退し、「過去の人」のようになっていましたが、再び大統領選に挑戦し、当選を果たしました。

　ようやく大統領になれたニクソンでしたが、**ニクソンに回ってきたのは、ベトナム戦争の幕引きという、非常に難しい役でした。**ケネディが実質的なアメリカ軍の派遣を決め、その次のジョンソン大統領は北爆などの攻勢を強めてベトナム戦争を本格化させました。しかし泥沼の状況に陥り、深刻な財政難に陥ってしまったのです。ジョンソンは大統領選挙に不出馬を決め、次期大統領にベトナム戦争の幕引きを託したのです。

このような状況の中で、ニクソンは２つの「ニクソン＝ショック」を引き起こし、世界を驚かせることになります。

　ひとつめの「ニクソン＝ショック」は金とドルの交換停止です。それまでのブレトン＝ウッズ国際通貨体制というしくみは、アメリカの圧倒的な経済力を背景に、ドルと金の価値を結び付けて世界通貨にするというものでした。しかし、ベトナム戦争の戦費などからアメリカの持つ金が海外に流出し、ドルの価値を保っていけないほどになってしまったのです。そこで、ニクソンは金とドルの交換停止に踏み切り、世界はお互いの通貨の価値が日々変化する変動相場制に移行したのです。

　もうひとつの「ニクソン＝ショック」は、中華人民共和国への訪問です。今までアメリカは台湾の中華民国政府を唯一の中国政府と認めていたのですが、その方針を急転換して中華人民共和国との関係改善を図り、泥沼のベトナム戦争の局面を外交面から変えていこうとしたのです。

　この２つの変化の影響をまともに受けることになったのが日本です。金とドルの交換停止によるドル安は、日本の貿易不振を招くことになり、「低成長」と言われる時代の入り口になりました。また、日本も中華民国政府と国交を断ち、中華人民共和国との国交正常化に向けて動き出さざるを得なくなりました。

　こうした曲折を経て、パリ和平協定が成立し、アメリカはベトナムから撤退することになりました。しかし、その頃にはニクソンはもうひとつの難題の対処に追われていました。ニクソンは大統領選の再選を果たしていましたが、その選挙に先立ってニクソンの支持者たちが、野党の民主党の本部に盗聴器をしかけたという事件が起きたのです。ニクソンもこの「ウォーターゲート事件」の隠蔽工作にかかわっているという疑惑が浮上し、辞任に追い込まれたのです。ニクソンは任期途中で辞任した初の大統領という、不名誉な記録を残してしまいました。

ブレジネフ

1906年～1982年

**東ヨーロッパの自由化を
押さえ込んだソ連の指導者**

カメンスコエ（ウクライナ）出身。ウクライナの重工業発展を促進した。党務関係の要職を歴任し、フルシチョフを退陣させ、最高指導者となる。アメリカとは平和共存路線をとったが、しばしば緊張した。

第1章 ヨーロッパ（古代～中世）

第2章 中東（古代・オスマン帝国）

第3章 インド（古代～ムガル帝国）

第4章 中国（古代～清王朝）

第5章 一体化する世界の時代

第6章 革命の時代

第7章 帝国主義と世界大戦の時代

第8章 近代の中東・インド

第9章 近代の中国

第10章 現代の世界

東ヨーロッパへの支配を強化

　フルシチョフが行ったスターリン批判や、その後の中ソ対立、また、キューバ危機におけるミサイル基地の断念などによってソ連の国際的威信は次第に低下していました。こうした中、**ブレジネフ**を中心とする反フルシチョフ派はフルシチョフを辞任に追い込みました。実権を握ったブレジネフは、**フルシチョフ時代に緩んでいた、東ヨーロッパ諸国に対する支配力を再び強めるという政策を展開したのです。**

　チェコスロヴァキアでは、**ドプチェク**という人物が検問の廃止や市場原理などを打ち出し、社会主義体制の改革運動を起こしました。プラハの春と言われるこの自由化路線に対して、ブレジネフはソ連軍を主体としたワルシャワ条約機構軍を差し向け、これを鎮圧したのです。ブレジネフは、社会主義陣営全体の利益のためには、それぞれの国の主権は制限されてもよいという理論を唱えこの介入を正当化したのです。また、**ブレジネフは中国との武力衝突やアフガニスタンへの侵攻により、「強いソ連」を取り戻そうとしました。**

　また、ブレジネフは次第にスターリンのような独裁と個人崇拝の度を強めていきます。70歳の誕生日には胸像の建築や祝賀行事などが行われました。時計の針を逆戻しにしたようなブレジネフ時代の停滞が終わると、ソ連は急速に改革に向かうことになります。

ゴルバチョフ

1931年〜

改革に舵を切った
ソヴィエト連邦最後の指導者

プリヴォリノエ（現在のロシア）出身。ソ連共産党書記長就任直後、ペレストロイカ（改革）を打ち出し、市場経済を導入。チェルノブイリ原子力発電所の事故を受け、グラスノスチ（情報公開）を開始。外交面では新思考外交を展開して冷戦終結を図り、マルタ会談で冷戦終結を実現。改革への反発を受け辞任を余儀なくされた。

 ## 改革と情報公開を推進

　ブレジネフが急死すると、アンドロポフ、チェルネンコといった人物がソ連の政権を握りましたが、アンドロポフもチェルネンコも１年あまりで亡くなりました。その次に、当時のソ連の中では異例の若さで政権を担当することになったのが、54歳の**ゴルバチョフ**でした。ゴルバチョフは古い体質のソ連を変えるため「**ペレストロイカ（再建・改革）**」をスローガンに改革を推進します。

　ブレジネフはソ連の社会主義の立て直しを行おうとしていましたが、**人々はすでに社会主義の理想や理念を求めなくなっていました。**労働生産性も低いままで、生産設備の更新や技術の革新もなく、とうとう経済成長率は０％を記録することになってしまったのです。東ヨーロッパ諸国も、ブレジネフの支配力強化に表面上は従っていても、裏では不満がくすぶっていたのです。

さらに、ゴルバチョフが政権担当者になった翌年、**チェルノブイリ原子力発電所**で事故が起こったのです。政府に情報が集まらず、対応が後手になったソ連に国際的な非難が集まります。ゴルバチョフは「**グラスノスチ（情報公開）**」の必要性を痛感し、ペレストロイカの主要政策として推進しました。

冷戦の終結宣言を行う

こうしたソ連の動揺に対し、東ヨーロッパ諸国は民主化運動を起こし、ソ連の影響力から脱しようとしました。ゴルバチョフは東ヨーロッパの民主化運動にソ連軍を動かさず、実質的に東ヨーロッパの離脱を容認します。そして、「新思考外交」を掲げ、アメリカをはじめとする西側諸国との関係改善を行います。アメリカのレーガン大統領と会談を重ね、中距離核戦力全廃条約を締結します。次いで、レーガン大統領から代わった**ブッシュ（父）大統領とマルタ島沖で会談し、冷戦終結を宣言したのです。**

ソ連のリーダーがアメリカに歩み寄り、冷戦の危機が去ろうとしていることを、西側諸国は大いに歓迎しました。ゴルバチョフはその風貌も相まって人気を集め、「ゴルビー」の愛称が付けられ、日本でもゴルビーグッズが売られていたのを、私もよく覚えています。

西側諸国に歩み寄ったものの、ゴルバチョフはソ連のリーダーですから、あくまでもソ連の体制を維持しつつ、改革を行おうとしていたわけです。しかし、グラスノスチによって言論の自由が与えられたことで体制に対する批判が巻き起こりました。その結果、「バルト3国」をはじめとする各共和国が分離独立の方向に動き、ソ連を構成する最大の共和国であるロシア共和国もソ連共産党の指示に従わないようになりました。**ガチガチの社会主義の保守派からは「体制の破壊者」として見られ、完全な資本主義への移行をめざす改革派からは「不十分な改革」と見られる板挟みにあいます。**

そして、ソ連崩壊の日がやってきたのです。ソ連の「保守派」たちが、クリミアで休暇中のゴルバチョフを軟禁するという事件が起こりました。

第1章 ヨーロッパ（古代〜中世）

第2章 中東（古代〜オスマン帝国）

第3章 インド（古代〜ムガル帝国）

第4章 中国（古代〜清王朝）

第5章 一体化する世界の時代

第6章 革命の時代

第7章 帝国主義と世界大戦の時代

第8章 近代の中東・インド

第9章 近代の中国

第10章 現代の世界

エリツィン

1931年〜2007年
ソ連消滅後のロシアを
率いた初代大統領

ブトカ（ロシア）出身。モスクワ市第一書記となり、ゴルバチョフの改革の遅れを批判。その後、共産党保守派のクーデターを鎮圧し、ソヴィエト連邦からのロシアの離脱を呼びかけてソ連を崩壊に導いた。

保守派のクーデターを鎮圧しロシアの大統領に

ゴルバチョフを軟禁した保守派によるクーデターを鎮圧したのが、ロシア共和国の大統領だった**エリツィン**です。

エリツィンはモスクワ市民の先頭に立ってこのクーデターへの抵抗を訴え、モスクワ市民もこれに協力します。クーデター内からも離反者が続出して３日で鎮圧され、エリツィンは勝利宣言を行います。**もはや、ソ連共産党に力はなく、実権を握ったエリツィンを中心にロシア、ウクライナ、ベラルーシの３つの共和国が独立国家共同体（CIS）の創設に合意し、ソ連の消失が決まりました。**

ソ連解体後、ロシア連邦を率いたエリツィンは改革路線を引き継ぎますが、経済政策はうまくいかず、ロシアの財政は極度に悪化してしまいます。

また、ゴルバチョフ時代からのペレストロイカやグラスノスチ、そしてソ連の崩壊は、それ自体が連邦制の国家である「ロシア連邦」の中の国々にも影響を与えることになります。特に、ソ連の解体のときに独立を宣言したチェチェン共和国にはその独立を許さず、エリツィンは軍を差し向けてそれを鎮圧しました。

エリツィンは健康不安を理由に引退し、後継者に**プーチン**を指名することになります。プーチンは国民の高い支持を受け、チェチェン共和国を再び制圧しましたが、いまだ独立要求は完全にはおさまっていません。

ホー＝チ＝ミン

1890年〜1969年

今なおベトナム国民から
敬愛を集めるベトナム建国の父

アンチュ（ベトナム）出身。パリを拠点に植民地独立闘争を指導した。その後香港でベトナム共産党（のちのインドシナ共産党）を創立しベトナムへ帰国。ベトミンを結成し、第二次世界大戦後ベトナム民主共和国を建国して初代大統領に就任。インドシナ戦争とベトナム戦争を指導し国民の精神的支柱となった。

 建国の父「ホーおじさん」

　ベトナムの「建国の父」ホー＝チ＝ミンは「ホーおじさん」の愛称で今なお国民に敬愛されている人物です。その風貌はたしかに「おじさん」そのもので、ホー＝チ＝ミンは政治的な腐敗にまつわる話もなく、大規模な粛清などを行わず、自分の功績を人に誇ることもなかった「庶民派」の人物だったといいます。

　他の社会主義国の「建国の父」は、スターリンにしろ、毛沢東にしろ、金日成にしろ、粛清や個人崇拝に向かい、「建国の父」ではなくて「建国の神」のようになってしまい、その名前は「敬愛」というよりも「畏怖」をもって語られることが多いのですが、**ホー＝チ＝ミンはその点、粛清や個人崇拝に向かわず、社会主義化においても平等の理念を先行させるよりも「民族の独立」ということに重きをおいていたため、「建国の父」というポジションにうまくおさまることができているのです。**

ベトナム独立を粘り強く指導した不屈の闘士

　フランス領であったベトナムの学者の子として生まれた**ホー＝チ＝ミン**は、高校生の頃から愛国運動に参加していました。その後、船の見習いコックとして採用され、21歳のときにフランスに渡ります。フランスではロシア革命の勃発と社会主義の理論を知り、フランス共産党に入ります。その後、中国にわたって広州で「ベトナム青年革命同志会」、香港で「ベトナム共産党」を結成しました。ベトナムに戻ったときには、ホー＝チ＝ミンはすでに50歳を超えていました。

　ホー＝チ＝ミンが帰国した第二次世界大戦中のベトナムには日本軍が進駐しており、ベトナムにとっての新たな支配者となっていました。ホー＝チ＝ミンはベトナム独立運動組織である「**ベトナム独立同盟会（ベトミン）**」を結成し、日本が降伏した直後に「八月革命」と言われる武装蜂起を行い、**ベトナム民主共和国**を成立させて初代大統領になりました。

　この、ベトナム民主共和国の独立宣言に対して、もともと植民地支配をしていたフランスは独立を認めませんでした。ここに、**インドシナ戦争**と言われるフランスからの独立戦争が始まります。ホー＝チ＝ミンは全国民に抗戦を訴え、粘り強く戦争を指導し、**ジュネーヴ休戦協定**を結ばせ、フランス軍を撤退させます。

　フランスの撤退によってベトナム民主共和国の独立が確定したかに見えました。しかし、**そこにアメリカが介入したのです。ベトナムの社会主義化を阻止するため、アメリカは休戦協定に参加せず、南ベトナムに傀儡政権をつくり、ホー＝チ＝ミンのベトナム民主共和国と敵対してベトナム戦争を始めるのです。**このベトナム戦争中にホー＝チ＝ミンは亡くなり、南北統一を見届けることはできませんでしたが、ホー＝チ＝ミンはアメリカ軍を撤退させベトナム民主共和国を勝利に導いた「旗印」となりました。この勝利により南北が統一されたあと、南ベトナムの都市サイゴンが「ホー＝チ＝ミン」と改称され、「建国の父」の名が地図に残ることになりました。

ポル＝ポト

1925年～1998年

悲劇の大虐殺を生んだ
カンボジアの独裁者

プレック・スボブ（カンボジア）出身。カンボジアの赤色クメールの指導者。カンボジア独立の指導者シハヌークと結び、親米のロン＝ノル政権を倒し、プノンペンを占領して民主カンプチアを樹立。シハヌークを退け独裁体制を敷き、原始共産主義を現出。その後ベトナム軍がカンボジアを侵攻し、プノンペンを追われた。

第1章 ヨーロッパ（古代～中世）

第2章 中東（古代～オスマン帝国）

第3章 インド（古代～ムガル帝国）

第4章 中国（古代～清王朝）

第5章 一体化する世界の時代

第6章 革命の時代

第7章 帝国主義と世界大戦の時代

第8章 近代の中東・インド

第9章 近代の中国

第10章 現代の世界

 ## 社会主義国家で繰り広げられた粛清や弾圧

　この本を通して、様々な社会主義国や共産主義者の話をしてきました。社会主義や共産主義という言葉は様々に定義されるものの、いずれも、生産手段や富の共有によって平等をめざす社会のありかたです。20世紀はソ連、中国、ベトナムなど様々な社会主義国が登場し、それぞれの国の実情により様々な形の社会主義が目指されました。

　しかし、どの国においても社会主義・共産主義は、その「理念」が先行するため、実際の社会にあてはめていくのはとても難しいことです。人々は、平等という「理念」そのものは良いものと思っても、人よりも豊かになっていい暮らしがしたいと思うという本音があるからです。

　社会主義国においては、**政権を担当する者の理念が強ければ強いほど、その「理念」を国民に強要するための粛清や弾圧が厳しくなり、大きな悲劇を生んでしまうことも多くありました。**

悲劇をもたらした極端な共産主義政策

　ここでご紹介する**ポル＝ポト**がカンボジアで行おうとしたのが「原始共産主義」です。階級も貧富の差もない社会の実現のため、階級や貧富の差をもたらす原因となると考えられた貨幣も、市場も、工場も、学校も、すべて否定して廃止し、都市の住民はすべて農村に強制移住をさせ、食糧を獲得する肉体労働しか認めないという、文字通り「原始」のような社会をつくろうとしたのです。

　ポル＝ポトの政策に異を唱えた者はもちろん、ポル＝ポトの「これから『新しい社会』をつくるのだから、古い考えや学問は邪魔だ」という思想から、過去の歴史や文化に「染まっていた」教師や僧侶、少しでも学問がある者、外国の言葉が話せる者、時計が読める者などは次々と投獄され、処刑されました。その死者はカンボジアの人口の4分の1である100万人を超え、その処刑場は「キリング・フィールド」と呼ばれました。

　こうしたポル＝ポト登場の背景にはベトナム戦争の影がありました。ベトナムの隣国であるカンボジアは、北ベトナムのゲリラがアメリカ軍を攻撃するための「通り道」になり、北ベトナムの補給拠点が置かれていました。アメリカはカンボジアに親アメリカ政府をつくらせ、この補給拠点を攻撃したのです。

　カンボジア自体は親アメリカ政府でありながら北ベトナムのゲリラの補給拠点も存在するという状況は、北ベトナムからは親アメリカ政府を攻撃するため、アメリカからは北ベトナムの拠点を攻撃するため、どちらの勢力からも攻撃を受けるという状況であったのです。多数の難民が発生した中で、その難民を吸収して勢力を拡大したのが、中国の後押しを受けていたポル＝ポトの勢力「クメール・ルージュ」というわけです。

　その後もカンボジアでは親ベトナム派や親米派などを巻き込む激しい内戦が続き、多くの民衆が犠牲になりました。ポル＝ポト政権の高官が大量虐殺の罪で裁かれ、有罪判決を受けたのはごく最近の2018年のことです。

李承晩
イ スン マン

1875年〜1965年

独裁を展開し反政府運動で
亡命した韓国の初代大統領

平山郡（現在の北朝鮮）出身。アメリカの大学で学び、日本統治時代は国外から独立運動を展開した。終戦後、アメリカの後押しを受けて韓国の初代大統領に就任。朝鮮戦争では「北進統一」を掲げて北朝鮮と戦った。

 ## アメリカの後押しを受け朝鮮南部の指導者に

　韓国の初代大統領として金日成と朝鮮戦争を戦った人物がこの**李承晩**です。成人後、アメリカ人のミッションスクールで学び、英語教師になった李承晩は大韓帝国の皇帝退位要求運動に関係し、投獄されますが、出獄後はアメリカに渡り、ジョージ＝ワシントン大学、ハーバード大学、プリンストン大学で学びます。このときにプリンストン大学の総長であったウィルソンと親交を深めています。

　日本による韓国併合ののち、朝鮮では日本の支配に抵抗する「三・一独立運動」が起きましたが、李承晩はその影響を受けて上海に成立した臨時政府の大統領に就任しました。日本の弾圧を受けるとアメリカに渡り、国外から朝鮮の独立運動を指導するようになります。

　第二次世界大戦の日本の敗北により朝鮮に戻り、アメリカの後ろ盾で大韓民国の初代大統領に選出されると、独裁的なふるまいが目立つようになります。朝鮮戦争が勃発し、北朝鮮の軍がソウルに近づくと秘密裏にソウルから逃亡したことは現在でも非難の対象になっています。

　大統領として４選を果たしますが、独裁が長期にわたり、政治の腐敗も問題視されたことから大規模な反政府運動が起き、ハワイに亡命しました。日本にとっては、いわゆる「李承晩ライン」を一方的に設定し、竹島をそのライン内に取り込んだ人物としても知られています。

金日成
キム　イル　ソン

1912年～1994年

個人崇拝や軍国主義化をすすめ
北朝鮮の基礎をつくった初代首相

万景台（北朝鮮）出身。第二次世界大戦の終戦後、朝鮮労働党に加わり、ソ連軍の指導で建国した北朝鮮の初代首相に就任。「チュチェ思想」を掲げ、国家主席として独裁体制を敷いた。

ソ連の後押しを受け朝鮮北部の指導者に

　北朝鮮はよく、「近くて遠い国」のような表現をされます。北朝鮮をめぐるニュースはよく目にしますが、国内の情勢や人々の暮らしなどはなかなか見えてきません。金日成、金正日、金正恩と続く３代の指導者が国民の崇拝を集めながら「世襲王朝」のように交代している、というのも特異な体制のように思えます。

　ピョンヤンで貧しい農民の子として生まれた**金日成**は中国へ移住して社会主義運動に加わり、中国共産党に入党します。満州事変が起き、中国東北部が日本の支配下に入ると、金日成は現在の中国と北朝鮮の国境付近で日本への抵抗運動を行いました。日本軍の攻撃によって抵抗運動が鎮圧されるとソ連に逃れ、日本が降伏して第二次世界大戦が終結するとソ連が占領していた朝鮮へ帰国します。

　ソ連の支援を受けて朝鮮共産党の実権を握った金日成は、**朝鮮民主主義人民共和国**の初代首相に就任します。金日成は、祖国の統一と朝鮮半島南部のアメリカの影響からの「解放」を訴えて**朝鮮戦争**を起こします。戦後には朝鮮労働党の政治理念である「チュチェ（主体）思想」を強く打ち出し、工業化を図りました。それとともに権力集中と個人崇拝も強まるようになり、現在の北朝鮮の体制が形作られました。そして、次第に子の金正日に権力が移され、「世襲」を図るようになったのです。

毛沢東
もう　たく　とう

1893年～1976年

中国共産党を率いた
中華人民共和国の建国者

韶山冲（湖南省）出身。中華人民共和国の最高指導者。中国共産党創立大会に参加。上海クーデター後は瑞金に中華ソヴィエト共和国臨時政府を樹立し、実権を掌握。第二次世界大戦後、蔣介石の国民党軍を破り、中華人民共和国を樹立して国家主席に就任した。大躍進運動を展開したが失敗に終わり、その後文化大革命を指導した。

 天安門の巨大な肖像画で知られる

　現在、北京の故宮博物院になっている、かつて「紫禁城」と言われた明、清王朝の宮殿の入り口である天安門に、縦6mにも及ぶ大きな毛沢東の肖像画が掲げられています。よく、ニュースなどでも中国の話題が出るときには天安門が映し出されるので、ご覧になった方も多いのではないかと思います。この天安門の前には天安門広場が広がり、天安門から見て正面には毛沢東の遺体が保存してある毛主席記念堂があります。

　じつは、天安門に掲げられている毛沢東の肖像画は「初代」ではなく、前例があります。それが、中華民国時代の中国の指導者である蔣介石です。

　第二次世界大戦終結後、国民党と共産党の内戦によって共産党が勝利した際、蔣介石の肖像画が毛沢東の肖像画に替えられたのです。

　蔣介石は中国に共和制をもたらした中華民国のリーダーですし、毛沢東は階級を否定する社会主義国家のリーダーです。本来、紫禁城は「古い時

363

代の中国王朝の象徴」で、共和制国家や社会主義国家の理念とは相いれないはずなのですが、蔣介石にしろ、毛沢東にしろ、その権威づけのために紫禁城の表玄関を「借りて」いるのが興味深いのです。

評価が分かれるその人物像

北京大学の図書館に勤務していた**毛沢東**は、北京大学の教授であった**李大釗**という人物に出会い、社会主義思想に触れます。李大釗らが中国共産党を設立すると毛沢東はそれに加わりました。

蔣介石が共産党勢力への攻撃を強めると、毛沢東は**中華ソヴィエト共和国臨時政府**を樹立して抵抗します。国民党軍の攻撃が激しくなると毛沢東率いる共産党軍は国民党軍の追撃を受けながら、新しい根拠地をめざして1万2500kmにも及ぶ「長征」という移動を行います。10万人いた人員は到着時には1万人に減るという大きな犠牲を払いつつも、長征を完遂するリーダーシップを発揮したことで、さらに支持を集めました。

日中戦争では国民党と協調して日本軍と戦いますが、戦後は国民党との内戦を再開し、勝利をおさめます。そして、**中華人民共和国**を建設し、国家主席に就任すると、中国の社会主義体制の確立にとりかかります。はじめはソ連型の社会主義を目指しますが、ソ連と対立するとソ連モデルを離れ、「人民公社」を基礎単位に工業・農業の増産を図る中国独自の「大躍進運動」を行います。しかし、**工業も農業も、量的なノルマをこなすことが優先されたため、粗悪な製品を生産したり、労働意欲の低下により飢饉が引き起こされたりして、3000万人以上が餓死してしまいました。**

この大躍進政策が批判されると毛沢東は**文化大革命**を発動し、**反対派を政界から追放し、知識人や「資本主義寄り」と見られた人々を次々と逮捕・処刑しました。**文化大革命は毛沢東の死まで続き、死者は数百万人、被害者は1億人に及ぶとみられます。功績も罪過も大きいため、毛沢東の評価は分かれますが、「中国共産党の象徴」とみなされ、現在発行されている6種類すべての紙幣に肖像画として描かれています。

周恩来

しゅう　おん　らい

1898年～1976年

毛沢東を支え中国の外交を担った
中華人民共和国初代首相

山陽県（江蘇省）出身。中国共産党の指導者。戦前より中国共産党に参加して毛沢東を支えた。中華人民共和国樹立後は、国務院総理（首相）に就任。主に外交を担い、ソ連との条約締結やネルーとの「平和五原則」の合意を行い、アジア＝アフリカ会議を開催して、第三世界の形成を訴えた。米中国交正常化や日中国交正常化も主導した。

第1章 ヨーロッパ（古代〜中世）

第2章 中東（古代〜オスマン帝国）

第3章 インド（古代〜ムガル帝国）

第4章 中国（古代〜清王朝）

第5章 一体化する世界の時代

第6章 革命の時代

第7章 帝国主義と世界大戦の時代

第8章 近代の中東・インド

第9章 近代の中国

第10章 現代の世界

 ## 東アジア史の要所要所に顔を出す人物

　高校で近現代の歴史を教えていると、**世界史でも日本史でも、要所要所でこの「周恩来」が登場することに気づきます。**世界史では「西安事件」や「中華人民共和国の初代首相」「ネルー・周恩来会談」「アジア＝アフリカ会議」「ニクソン訪中」「文化大革命の収拾」などの場面で登場しますし、日本史でも「LT貿易の交渉」や田中角栄首相のときの「日中国交正常化」の場面に登場します。どうやら、中国の外交担当で、共産党では毛沢東に次ぐ重要人物のようですが、とびとびに教科書に登場するので、授業の中では全体像が思い描きにくい人物でもあるのです。

 ## すぐれた調整能力で毛沢東を補佐

　周恩来は天津の中学を卒業後、日本に留学し、法政大学付属学校と明治大学に学びました。次いでフランスに留学し、中国共産党に入党してフラ

ンス支部を組織します。帰国後、蒋介石の上海クーデターにより逮捕されてしまいますが脱出に成功します。

　その後は**毛沢東**に伴い、長征にも参加します。毛沢東の最も苦しい時代を共にしたことにより信頼を得て、**周恩来は「毛沢東に従いながらも周囲と調整して現実的なところに着地させる」というようなポジションを獲得するのです。**国民党を率いる蒋介石を**張学良**が監禁した西安事件が起こったときには、周恩来は西安に急行し、蒋介石を釈放させるとともに、蒋介石を説得し、共産党と協力して日本軍にあたることを約束させます。大の共産党嫌いである蒋介石を説き伏せたというのは、周恩来がそれだけ優れた調整能力の持ち主だということでしょう。

　中華人民共和国成立後は首相と外交部長を兼任し、ソ連を訪問して**中ソ友好同盟相互援助条約**を締結しました。スターリンが亡くなると中国は独自の道を模索し始め、周恩来は**ネルー**と会談し「平和五原則」を発表し、翌年、**アジア＝アフリカ会議**を開催し、「第三世界」の団結を説きました。

　文化大革命のときには、毛沢東に従い粛清に協力しながらもその収拾を図るという難しい立場に立ち、その間にも**ニクソン**の中国訪問を受けて会談し、米中共同声明の骨子を作成します。また、同年には田中角栄の中国訪問も受け、**日中共同宣言**を発表するのです。

 ## 国民から慕われた「不倒翁」

　毛沢東、張学良、蒋介石、スターリン、ネルー、ニクソン、田中角栄というそうそうたるメンバーと渡り合いながら、激しい権力闘争の中で常に毛沢東に次ぐ地位を保ち続けた周恩来には「不倒翁（おきあがりこぼし）」というニックネームがついています。周恩来の実務能力や調整能力、バランス感覚に対する内外の評価は高いものがあり、死後も中国の国民から慕われています。アメリカや日本と国交を結んだ際にはそれまでの敵対的なムードを緩和するため、パンダをアメリカと日本に贈りました。柔軟性に富む周恩来の外交力を示すエピソードだと思います。

鄧小平
とう　　しょう　　へい

1904年～1997年
改革開放路線に舵を切り、
中国の経済発展を導いた実力者

広安県（四川省）出身。中華人民共和国樹立後は、国務院副総理などに就任するも文化大革命で解任された。毛沢東の死後華国鋒政権の下で復帰し、最高指導者として改革・開放路線を掲げ経済・政治の近代化を推進した。

 「経済大国」へのレールをひいた改革開放路線

　最近は経済成長に陰りが見えてきたとはいえ、現在の中国は世界第2位の経済大国として国際的に強い影響力を持ちます。毛沢東による大躍進政策や文化大革命のダメージから立ち直り、**「世界の工場」として躍進する中国へのレールをしいた**のが**鄧小平**です。

　毛沢東による大躍進政策の失敗後、経済の立て直しにあたっていた鄧小平は文化大革命のときに「資本主義寄りの思想を持つ者」として弾圧を受け、失脚しました。文化大革命が終結すると中国の実権を握り、いわゆる「改革・開放路線」を推進します。農村では人民公社を解体し、農民が一定量を国におさめればあとは自分で販売できるという「生産責任制」をとりました。また、沿岸部に経済特区を設置し、海外投資を呼び込みます。

　この改革によって中国の経済は大いに発展しますが、発展に伴って物価の上昇や経済格差の拡大が起こり、民衆の不満は高まります。民衆は経済の自由化のみならず、政治面での自由化も求めるようになりました。
そして、学生や多くの市民が天安門広場に集まり、言論の自由や一党独裁の打破を訴えたところ、鄧小平は人民解放軍を動かし、弾圧を加えたのです。この「天安門事件」によって示された**「経済は自由化をするが、共産党による一党独裁は変わらない」**という鄧小平のスタンスが、現在の習近平政権まで引き継がれていくのです。

367

おわりに

　私が歴史に興味を持ったのは小学生のころです。歴史の深い福岡県太宰府市で生まれたことから古代の歴史に興味を持ち、それを皮切りに、小説やマンガ、ゲームなどから戦国時代や幕末、三国志に興味をもちました。

　中学生になるころにはすっかり歴史の魅力にとりつかれていました。中学生や高校生のころは、世界史や日本史、地域や時代を問わず多くの本を読みあさり、そのたびにワクワクしていたものです。そうした興味の入り口になっていたのは、歴史上の人物の人間性や、意外なエピソードの数々でした。

　この本を書いているときに、歴史上の人物に一人ずつ、改めて再会するような気持になり、昔のワクワク感が蘇ってきました。そうしたワクワク感を、読んでいただけたみなさんにも感じていただければ幸いです。

　また、この本には私が高校の教員として授業の場で感じたことや、私が実際にニュースで見聞きしたことも多く盛り込みました。現代に生きる私たちも「歴史の目撃者」であることを、少しでも実感してほしかったからです。また、歴史上の人物が活躍した背景には、その人物を支えた人々や、その人物が登場する時代背景をつくった数多くの、名もなき民衆の存在があります。そうした人々にも思いをはせてほしいと思います。

　最後になりましたが、数々の勤務校で出会った教え子の皆さんに深く感謝します。皆さんとの日々の授業の中で、多くの人物を紹介したことを思い出しながらこの本を書きました。また、いつも私を支えていただき、多くのアドバイスをしてくださるオンラインの仲間の皆さんにも深く感謝します。

2021年1月

山﨑 圭一

巻末付録

人物索引

人物名	人物ショート解説	掲載ページ
アイゼンハワー	冷戦の時代に任期を務めたアメリカ大統領	341
アイバク	奴隷王朝を創始した トルコ人奴隷出身の軍人	106
アウラングゼーブ	ジズヤ（人頭税）を復活させた ムガル帝国6代皇帝	112
アクバル	ジズヤ（人頭税）を廃止し 宗教融和を図ったムガル帝国第3代皇帝	108
アショーカ	仏教に帰依したマウリヤ朝最盛期の王	100
アブデュルハミト2世	ミドハト憲法を停止した オスマン帝国のスルタン	310
アブデュルメジト1世	タンジマートを推進した オスマン帝国のスルタン	308
アメリゴ＝ヴェスプッチ	新大陸の存在を確認し アメリカにその名を残した航海者	199
アメンホテプ4世	アトン神の信仰を強制した エジプト新王国の王	86
アラファト	ゲリラ指導者から和平に転じた パレスチナの指導者	319
アレクサンドル1世	ナポレオンのロシア遠征から ロシアを守った皇帝	254
アレクサンドル2世	農奴解放令を出し ロシアの近代化に着手した皇帝	268
アレクサンドロス大王	東方遠征を行い東西融合政策を行った マケドニアの大王	25
アントニウス	オクタウィアヌスに敗れた ローマの軍人・政治家	35
アンリ4世	ナントの王令でユグノー戦争を終結させた フランス王	230
イエス	神の愛を唱え十字架にかけられた キリスト教の始祖	37

人物名	人物ショート解説	掲載ページ
エンリケ	大航海時代の先駆けとなった ポルトガルの「航海王子」	80
王安石	新法といわれる一連の改革を行った 北宋の政治家	162
王莽	前漢と後漢を分断し復古政治を行った 新王朝の皇帝	132
オクタウィアヌス	カエサルの養子となり元首政を開始した 初代ローマ皇帝	33
オットー1世	マジャール人を破って冠を授けられた 初代神聖ローマ皇帝	61
オラニエ公ウィレム	スペインに対して独立闘争を行った オランダの初代総督	221
ガウタマ＝シッダールタ	菩提樹の下で悟りを開いた仏教の創始者	98
カエサル	ガリアを征服し終身独裁官に就任した ローマの軍人・政治家	30
岳飛	金との徹底抗戦を主張した 主戦派の南宋の武将	165
カストロ	反米をかかげキューバ革命を起こした キューバの指導者	348
カニシカ	ガンダーラ美術が生まれた クシャーナ朝最盛期の王	102
ガリバルディ	赤シャツ隊を率い イタリア南部を国王に献上した軍人	265
カルヴァン	『キリスト教綱要』を著した スイスの宗教改革者	214
カール大帝	西ローマ皇帝の冠を教皇から授かった フランク国王	56
カール＝マルテル	トゥール＝ポワティエ間の戦いで活躍した フランク王国の宮宰	54
カルロス1世 （カール5世）	新大陸進出を促した スペイン・神聖ローマ兼任の王	218

人物名	人物ショート解説	掲載ページ
項羽 （こう う）	江南で挙兵し秦を滅ぼして劉邦と戦った 「楚の覇王」	124
康熙帝 （こう き てい）	三藩の乱を鎮圧し文化事業に力を入れた 清の第4代皇帝	187
孔子 （こう し）	理想国家のあり方を説いた 春秋時代の儒家の祖	115
洪秀全 （こう しゅう ぜん）	反乱を起こし太平天国を建てた 拝上帝会の指導者	324
光武帝 （こう ぶ てい）	漢王朝を再興し洛陽に都を定めた 後漢の初代皇帝	133
孝文帝 （こう ぶん てい）	徹底した漢化政策を行い仏教を保護した 北魏の皇帝	146
コルテス	アステカ帝国を滅ぼし植民地化した スペインの軍人	202
ゴルバチョフ	ペレストロイカ（改革）を進めた ソ連の指導者	354
コロンブス	スペインの支援で新大陸に到達した イタリアの航海者	195
コンスタンティヌス	キリスト教公認に転換し 帝国支配を安定させたローマ皇帝	49
サダト	イスラエルとの和平に合意した エジプトの大統領	318
サラディン	第3回十字軍と戦った アイユーブ朝の創始者	92
始皇帝 （し こう てい）	戦国の争乱を収拾し中国を統一した 初の中国皇帝	121
司馬炎 （し ば えん）	三国分立の中国を再び統一した 西晋王朝の創始者	142
シャー＝ジャハーン	妻の霊廟タージ＝マハルを建立した ムガル第5代皇帝	110
ジャンヌ＝ダルク	百年戦争で活躍し フランスの危機を救った少女	76

人物名	人物ショート解説	掲載ページ
西太后 せい たい こう	宮中の実権を握り改革派を弾圧した 清の皇太后	326
正統帝 せい とう てい	オイラトとの戦いに敗れ捕虜となった 明の皇帝	180
セオドア＝ ローズヴェルト	カリブ海やアジア情勢への介入を強めた アメリカ大統領	282
セシル＝ローズ	南アフリカの鉱山を支配した イギリスケープ植民地首相	274
曹操 そう そう	魏の事実上の創始者となり華北を支配した 後漢末の群雄	137
則天武后 そく てん ぶ こう	唐の皇帝を廃位して国号を周とした 中国史上唯一の女帝	155
ソロン	「財産政治」などの改革を行った 古代ギリシアの改革者	18
孫武 そん ぶ	戦略や戦術を『孫子』の中で説いた 春秋時代の兵家	120
孫文 そん ぶん	中国同盟会を組織し 辛亥革命を指導した革命家	328
太武帝 たい ぶ てい	華北を統一し 道教の保護と仏教の弾圧を行った北魏皇帝	144
ダヴィデ	イェルサレムを都とした ヘブライ王国の第2代国王	88
ダレイオス1世	全国に知事を派遣した アケメネス朝ペルシア最盛期の王	83
チャーチル	ヒトラーとの抗戦を訴えドイツと戦った イギリスの首相	301
チャールズ1世	議会と対立し ピューリタン革命で処刑されたイギリス王	225
チャンドラグプタ2世	文芸を奨励したグプタ朝最盛期の王	104
張学良 ちょう がく りょう	西安事件を起こし第2次国共合作を促した 張作霖の子	334

人物名	人物ショート解説	掲載ページ
ナポレオン	天才的な用兵でヨーロッパを制覇した フランス第一帝政の皇帝	252
ナポレオン3世	対外戦争で人気を保持した フランス第2帝政の皇帝	260
ニクソン	ドルの金兌換停止を行い中国訪問を実現した アメリカ大統領	351
ニコライ1世	貴族の反乱とクリミア戦争の敗北に 苦しんだロシア皇帝	267
ニコライ2世	第一次世界大戦を戦い ロシア二月革命で退位したロシア皇帝	280
ヌルハチ	女真族を八旗で組織化し後金国を興した 清王朝の創始者	183
ネヴィル・チェンバレン、 ダラディエ	ヒトラーに対して宥和政策をとった 英首相と仏外相	300
ネルー	外交面で活躍したインド独立後の初代首相	315
ネルウァ	トラヤヌスを後継者に指名した 五賢帝最初のローマ皇帝	40
ネロ	キリスト教の迫害を行い 「暴君」とされたローマの皇帝	39
ハーディング、 クーリッジ、フーヴァー	「永遠の繁栄」の時代の 共和党の3人のアメリカ大統領	291
バーブル	北インドを征服したムガル帝国の創始者	107
ハールーン＝ アッラシード	アッバース朝の最盛期をもたらした 第5代カリフ	91
ハインリヒ4世	カノッサの屈辱でローマ教皇に屈服した 神聖ローマ皇帝	63
バトゥ	キプチャク＝ハン国を建てた チンギス＝ハンの孫	169
ハドリアヌス	長城を築くなど辺境防衛に力を入れた ローマの皇帝	43

人物名	人物ショート解説	掲載ページ
ハルシャ＝ヴァルダナ	唐の玄奘を迎えたヴァルダナ朝の創始者	105
バルトロメウ＝ディアス	アフリカ南端の喜望峰に到達した ポルトガルの航海者	194
班超	西方の諸国をしたがえた後漢の西域都護	135
ハンニバル	第2回ポエニ戦争でローマを攻めた カルタゴの将軍	27
ハンムラビ	ハンムラビ法典を制定した バビロン第1王朝の王	82
万暦帝	張居正の補佐のあとは放漫な政治を行った 明の皇帝	181
ピサロ	インカ帝国を滅ぼし植民地化した スペインの軍人	203
ビスマルク	ドイツ統一を推進し国際外交で活躍した ドイツの首相	262
ヒトラー	ナチス＝ドイツを率い ファシズム体制を作った政治家	294
ピピン	カロリング朝をたてたフランク王国の国王	55
ピョートル1世	ロシアの近代化を進め 北方戦争に勝利したロシア皇帝	238
フィリップ2世	イギリスとの抗争で大陸の領地を回復した フランス王	66
フィリップ4世	教皇ボニファティウス8世を屈服させた フランス王	70
フィリッポス2世	ギリシアを制圧した アレクサンドロス大王の父	24
フェリペ2世	「太陽の沈まぬ帝国」を実現した スペイン全盛期の王	219
溥儀	清王朝最後の皇帝から 満州国の皇帝となった人物	335

人物名	人物ショート解説	掲載ページ
武帝（ぶてい）	積極的な外征により 前漢の最大領域をもたらした皇帝	128
フビライ＝ハン	中国を支配し国号を元とした モンゴル帝国のハン	172
フラグ	イル＝ハン国を建てたチンギス＝ハンの孫	171
フランクリン＝ ローズヴェルト	ニューディール政策で恐慌の克服を図った アメリカ大統領	292
フランコ	スペイン内戦を起こし長期独裁を行った スペインの軍人	298
フリードリヒ2世	富国強兵をすすめ マリア＝テレジアを破ったプロイセン王	235
ブリューゲル	民間伝承や農民生活を描いた フランドルの画家	209
フルシチョフ	スターリン批判を行い 冷戦構造を転換させたソ連指導者	344
ブレジネフ	プラハの春に軍事介入して非難を受けた ソ連の指導者	353
ペイシストラトス	政権を握り独裁を始めた 古代ギリシアの代表的僭主	19
ペリクレス	アテネの直接民主政を完成させた 古代ギリシアの政治家	22
ヘンリ3世	シモン＝ド＝モンフォールに 反乱を起こされたイギリス国王	74
ヘンリ8世	首長法を発布しイギリス国教会を創設した イギリス国王	216
墨子（ぼくし）	「兼愛」「非攻」を唱えた戦国時代の墨家の祖	119
ホー＝チ＝ミン	インドシナ戦争・ベトナム戦争を戦った ベトナム建国の父	357
ボニファティウス8世	アナーニ事件でフィリップ4世に屈服した ローマ教皇	72

人物名	人物ショート解説	掲載ページ
ポル＝ポト	急進的な社会主義化と大量虐殺を行った カンボジアの指導者	359
ホンタイジ	国号を清とし朝鮮を服属させた 清王朝の第2代皇帝	185
ポンペイウス	第1回三頭政治で カエサルのライバルとなったローマの軍人	32
マーシャル	マーシャル＝プランを推進した アメリカの国務長官	340
マゼラン	スペインの支援で世界周航に向かった ポルトガルの航海者	200
マリア＝テレジア	フリードリヒ2世と戦った オーストリアの女王	237
マリ＝アントワネット	オーストリアから嫁ぎ フランス革命で処刑された王妃	250
マルクス＝アウレリウス＝ アントニヌス	学問を愛好し『自省録』を著した ローマの哲人皇帝	45
ミケランジェロ	「ダヴィデ像」「最後の審判」を残した イタリアの芸術家	206
ミドハト	ミドハト憲法を制定した オスマン帝国の政治家	309
ムスタファ＝ケマル	トルコ革命を起こし改革を進めた トルコの初代大統領	311
ムッソリーニ	ファシズム運動を展開し独裁を行った イタリアの政治家	296
ムハンマド	神の啓示を受けイスラームの始祖となった メッカの商人	89
ムハンマド＝アリー	エジプト＝トルコ戦争で オスマン帝国から自立したエジプト太守	306
メッテルニヒ	ウィーン会議を主催した オーストリアの外務大臣	256
メフメト2世	コンスタンティノープルを陥した オスマン帝国スルタン	94

人物名	人物ショート解説	掲載ページ
孟子、荀子	「性善説」と「性悪説」を唱えた儒家の人物	117
毛沢東	中国共産党を率い 中華人民共和国を樹立した国家主席	363
ユーグ＝カペー	フランス王家のもととなる カペー朝を創始した国王	60
ユスティニアヌス	ビザンツ帝国の最大領域をもたらした皇帝	52
楊貴妃	玄宗の寵愛を受け安史の乱を招いた皇妃	159
楊堅	科挙を実施し中央集権を推進した 隋王朝の創始者	148
雍正帝	軍機処を設け国力を充実させた 清の第5代皇帝	189
煬帝	大運河を完成させたが 高句麗遠征に失敗した隋の皇帝	150
ラビン	パレスチナ人の暫定自治に合意した イスラエルの首相	320
ラファエロ	「アテネの学堂」や聖母子画を残した イタリアの芸術家	208
リヴィングストン	アフリカ大陸を探検した イギリスの医療宣教師	277
李淵	隋の末期に挙兵し 唐王朝を建国した初代皇帝	152
李世民	貞観の治と呼ばれる初唐の盛期を実現した 唐の第2代皇帝	153
リチャード1世	第3回十字軍に参加し奮戦した イギリスの「獅子心王」	64
劉備、孫権	蜀・呉の初代皇帝となり 魏と天下を分け合った群雄	139
劉邦	項羽との戦いに競り勝った 前漢王朝の創始者	126

著者プロフィール

山﨑圭一（やまさき・けいいち）

福岡県公立高校講師。1975年、福岡県太宰府市生まれ。早稲田大学教育学部
卒業後、埼玉県立高校教諭、福岡県立高校教諭を経て現職。昔の教え子から
「もう一度、先生の世界史の授業を受けたい！」という要望を受け、YouTube
で授業の動画配信を決意。2016年から、200回にわたる「世界史20話プロジ
ェクト」の配信を開始する。現在では、世界史だけでなく、日本史や地理の
授業動画も公開しており、これまでに配信した動画は500本以上にのぼる。授
業動画の配信を始めると、元教え子だけでなく、たちまち全国の受験生や教
育関係者、社会科目の学び直しをしている社会人の間で「わかりやすくて面
白い！」と口コミが広がって「神授業」として話題になり、瞬く間に累計再
生回数が2,000万回を突破。チャンネル登録者数も10万人を超えている。著
書に『一度読んだら絶対に忘れない世界史の教科書』『一度読んだら絶対に忘
れない日本史の教科書』『一度読んだら絶対に忘れない世界史の教科書【経済
編】』（以上、小社刊）などがある。

公立高校教師YouTuberが書いた
一度読んだら絶対に忘れない
世界史人物事典

2021年 2 月28日　初版第 1 刷発行
2024年 7 月23日　初版第 9 刷発行

著　者	山﨑圭一
発行者	出井貴完
発行所	SBクリエイティブ株式会社
	〒105-0001　東京都港区虎ノ門2-2-1

装　丁	西垂水敦（Krran）
本文デザイン・DTP	斎藤 充（クロロス）
本文イラスト	南部美乃（めとめ）、大歯遊子
特別協力	安部拓巳、有田光佑、大河内綾乃、兼松秀幸、
	神田愛実、鴨川高雄、森山翔太、山田仁美
編集担当	鯨岡純一（SBクリエイティブ）
印刷・製本	三松堂株式会社

本書をお読みになったご意見・ご感想を
下記URL、QRコードよりお寄せください。
https://isbn2.sbcr.jp/07982/